草與禾

中華文明4000年融合史

波音 著

草與禾

中華文明
4000年融合史

香港中和出版有限公司
www.hkopenpage.com

謹獻給

蒼天與大地、祖先與孩子

目錄

序

中華文明的視角

　　透視中華文明數千年的融合過程，其中最主要的推動力是草原文明與華夏文明之間的互動。

　　「夏商周秦漢，唐宋元明清」，長期以來，我們的教科書以及史書通常以華夏王朝的更迭為主線，來展現中華文明的面貌。然而，要想真正了解並理解中華文明的來龍去脈，僅僅觀察華夏的文明進程，僅僅以華夏的視角觀察中華文明，是片面的。

　　原因在於，史書大多是華夏文人書寫的，他們往往站在華夏的視角看待華夏、看待草原。而草原世界早期沒有發明文字，即便後來有了文字，其文獻的生產量也遠遠不能與華夏相比。草原和草原族群隱藏在歷史的迷霧之中。

　　而且，史書中展現出來的不同區域的文明面貌，對華夏來說出自一種自我觀察的視角，而對草原來說，出自一種旁觀者的視角。不足為奇，史書中的華夏更多地被描述為文明的高地，即使華夏被外來勢力征服後，史書的書寫者也試圖

通過對「正統」的重新解釋，把成功入主的外來統治階層納入自己構建的文明體系之中。

而從旁觀者的視角看，草原往往被描述為蠻荒之地，遊牧民族經常被賦予「野蠻人」和「掠奪者」的形象。遊牧民族對於自身的認識、他們在面對華夏時的策略、他們對華夏的看法，由於視角的問題，被史書長期忽視、誤讀甚至歪曲了。

「不識廬山真面目，只緣身在此山中」，要俯視中華文明的全貌，就要跳出「廬山」觀察。

本書試圖更為全面地反映中華文明漫長的融合歷史，儘量客觀地描述中華文明如何從4000多年前星星點點的史前文化據點開端，經過漫長的融合過程，逐漸擴大到元明清時代的規模；大江南北、長城內外不同生產環境裡的人們在歷史長河中如何接觸、互動、交流，共同譜寫了文明融合的篇章。

本書所說的「草的世界」（草原文明）是較為廣義的概念，包含了北方蒙古草原及其兩側的東北地區和西北地區，或者粗略地說，是長城之外的區域。本書所說的「禾的世界」（華夏文明）同樣不止包含了狹義的平原農耕區，而是指長城之內，以農耕平原為主幹，囊括了山川河湖的區域。

以清朝鼎盛時期的版圖看，北方草原帶加上東北地區、西北地區，其面積已經超過了「禾的世界」的面積，如果前者加上青藏高原，二者之間的差距就更大了。雖然在人口和物產上，農耕的「禾的世界」一直擁有明顯的優勢，但是草原的

優勢在於以騎兵為主的強大軍事力量，這足以使草原與華夏成為對等的兩大區域文明，忽視任何一方區域文明的影響力和歷史貢獻，都無法清晰解釋中華文明的發展脈絡。

於是，本書探討的核心主題是，相隔萬里的古人們何以超越了不同的自然環境的差異，彌合了「草的世界」與「禾的世界」在政治體制、經濟模式、文化傳統方面的巨大隔閡，最終形成了大一統的國家。

要明晰這個主題，就不能只從華夏視角觀察，或只從草原視角觀察，而應該是多視角的。

本書並不是要否定華夏的視角，華夏文明數千年來的輝煌燦爛，已經無須贅言。廣闊平原上的農耕經濟哺育了眾多人口，這一區域的文明早已公認為全球主要的古代文明之一。本書也不是完全從草原的角度來重新書寫中華歷史，因為從任何單一區域文明的角度來解讀古代中國，都只是對作為整體的中華文明的管中窺豹、盲人摸象。本書嘗試以更為廣闊的視野，從多個視角來觀察華夏與草原的歷史演進，探查不同區域文明的歷史細節，展現各區域文明之間生動的融合過程，特別是對中國歷史走向影響巨大的草原文明與華夏文明之間長達數千年的碰撞、互動、融合過程。

本書大體上以 4000 多年來的中華文明的演變為主線，從「滿天星斗」的史前文化時代一路走過商周秦漢、三國兩晉、唐宋元明清，也一路走過匈奴鮮卑、柔然突厥、回鶻契丹、女真蒙古，走到大一統的清朝，及受到全球化強烈衝擊

的清末民初時期。內容在一定程度上偏向草原文明的視角，主要強調了不同文明如何協調自身，如何呼應對方，如何選擇文明的發展方向。

在寫作過程中，筆者有着超越自己學識水平的貪天之念，意欲對中華文明融合過程進行一次整體上的簡要梳理，不僅從各種區域文明的視角出發，還從多學科的視角出發，因此必然錯誤多多。希望讀者能夠原諒筆者的學識短淺，理解筆者所強調的多視角解析文明融合的殷殷之意圖。

本書文字上力求通俗有趣，在尊重史實的基礎上，深入淺出地講解中華歷史與中華文明，既有豐富的故事性，也有一定的思想性。希望本書對於讀者了解中華文明的來龍去脈能夠有所幫助。

感謝在此書從醞釀到出版的過程中提供幫助的所有人，感謝我的家人，感謝創造了輝煌中華文明的祖先們。

波音

於汗八里／北京

雙峰對峙

——草的世界與禾的世界

從「滿天星斗」到「月明星稀」

在那久遠的上古時代，大陸是廣闊的，人煙是稀少的。最早湧現的那批人類文明，就像是宇宙中的繁星一般，散落在凡間廣袤的大陸上，彼此相距遙遠，交通不便。

當時的人類以狩獵和採集為生，每個族群的人不多。即使到了距今1萬年前左右，也就是農業出現之後，在很漫長的一段時間裡，人類仍然耕種、狩獵和採集並重，因為早期的農作物產量很低，整個族群靠單一的生產方式是無法存活的。

隨着人口數量緩慢增加，大陸上終於出現了一些光彩奪目的早期文化。如果我們穿越回四五千年前的中華大地，會遇到許多繁榮而有趣的文明。

比如在今東北地區南部的遼河流域，有小河沿文化，它可能是承襲了更古老且神秘的紅山文化。後人在紅山文化遺址發現了祭壇、女神廟和積石塚，還出土了各種精美玉器，其中的玉豬龍被很多人看作中華文明最早的龍的形象。

再比如分佈在黃河中下游區域的龍山文化，那裡的古人可以製造出輕薄而堅硬的黑陶。更有位於黃河北部山西

臨汾盆地的陶寺文化，那裡擁有規模巨大的城市，人口密集，匯聚了周圍各種文化的精華，人們甚至猜測陶寺遺址可能是傳說中的「堯都」。

把目光轉向南方，輝煌的良渚文化一定會令你驚歎。良渚文化分佈在長江下游至錢塘江流域，其中位於太湖流域、總面積約 300 萬平方米的良渚古城，有着水利系統、宮殿、祭壇以及鮮明的城鄉體系。在良渚古城中，市民住在類似城牆的環形區域之上，貴族則居住在人工堆砌的土台上，而從事農業生產的農民則居住在古城之外的多個村落中，形成了鮮明的城鄉分割。在良渚古城中發現的玉管、玉珠、玉料以及一些製玉工具證實，良渚古城內的居民已經不是農民，而是手工業者。手工業者製作的玉器、漆器、精緻的陶器、象牙器以及絲綢集中出土於高階層人物的墓葬中。良渚遺址的大型墓葬群及裡面的精美玉器、土築高台和祭壇令人歎為觀止。

考古學家把這個時期的中華文明狀況稱為「滿天星斗」。

在那個時代，各種絢爛的文化星羅棋佈地分佈在中華大地，它們之間已經不像是 1 萬多年前地球冰期剛剛結束時那樣老死不相往來，而是互相之間有了交流。人們會彼此交換陶器、青銅器、玉器等珍貴物品，把自己的文化傳輸到遙遠的地方。

似乎假以時日，各個地區文化再繼續各自發展，人口不

斷增加，它們也許真的會逐漸融合，形成一個完整的、統一的中華古文明？

接下來竟風雲突變，打碎了人們的美好幻想。

在距今 4 000–3 500 年，從北到南，從東到西，中華大地上的許多古文化突然間消失了。

先讓我們順着長江逆流而上考察一下當時的古文化消失事件。良渚文化於距今 5 300 年前興起，在距今 4 000 多年前衰落了。與良渚文化的衰落時間類似，長江中游的石家河文化的興盛期為距今 4 600–4 000 年，長江中上游成都平原上的寶墩文化的興盛期為距今 4 500–4 000 年，都在距今約 4 000 年前衰落了。

接下來，讓我們離開長江流域，去看看北方的情況。黃河上游曾經有個齊家文化，畜牧業非常發達，飼養的家畜有豬、羊、狗、牛、馬等，尤其是養豬業最為興旺。齊家文化在製陶、紡織及冶銅業方面也有很大的成就。可惜，發達的齊家文化在距今約 3 700 年前走向消亡。

此外，更北方的遼河流域的小河沿文化在距今 3 500 多年前也走向了衰亡。

不約而同地，在這個時期，大量的中華古文化都走向了衰落，古文化的群星變得暗淡了。

就在各古文化走向衰亡的時候，有一處的文化不僅沒有衰亡，反而越來越繁榮，這就是以河南為核心的中原地區

文化，其代表就是二里頭文化。

二里頭文化的興盛年代約在公元前 1750–前 1530 年，從時間範圍看屬於傳說中的夏朝中晚期，二里頭文化的分佈範圍幾乎覆蓋了整個黃河中游地區。其中河南偃師二里頭遺址曾是一座經過縝密規劃、佈局的大型城市，在那裡還發現了大型綠松石龍形器的隨葬品，這說明在那時，龍作為圖騰形象已經開始確立了。

部分學者認為二里頭是夏朝的都城遺址，但是還有一部分學者認為這裡的考古發現與商朝的許多特點有關聯，可能屬於商朝建立之前早期商人的城市，並不是傳說中的夏朝的都城或城市。

如果說中華文明曾經在 4 000 多年前有過「滿天星斗」的景象的話，那麼接下來的距今 3 000 多年前的階段，則是「月明星稀」：華夏文化是一輪耀目的月亮，照亮了當時的文明夜空，而周圍的文化相對於華夏，則是光亮較弱的星星，它們中的大部分甚至還達不到數百年前當地文化的發達程度。

這就是早期中華文明的「月明星稀」之謎。衰落的那些文化繁星到底遭受了怎樣的變故？

為了解釋「月明星稀」之謎，考古學家試圖還原那個時期的社會面貌。他們發現了一個有趣的現象：那些走向衰落的南北古文化，衰落前都從相對定居和農耕的生活狀態，

變成了自由遷徙的生活狀態。

原本良渚文化獲取肉食主要靠飼養家畜，漁獵活動只是輔助，可是良渚文化衰落之後，當地的一些後起文化反而主要以漁獵的方式獲得肉食，家畜飼養變少了。我們知道，家畜飼養代表了定居的文化，漁獵則代表要經常遷徙。

位於黃河上游的齊家文化也有這樣的趨勢。齊家文化時，養豬業比較發達，養豬代表餘糧充足和定居的生活方式，可是後來出現的文化反而不怎麼養豬，他們的陶器也比之前的齊家文化小。所以，後來者更容易遷移。

與此同時，遼河流域的古人也放棄了他們的農業聚落，很可能轉為遊牧生活了。

大量古文化都從定居轉向自由遷移，說明在距今約4 000年前，中華大地上出現了一次規模巨大的社會動盪。一般來說，出現這種現象，往往意味着一種外來文明或外來民族突然闖入，引發了許多部落的遷移，涉及廣闊的地域。

「月明星稀」現象也許是外來民族帶來的大動盪造成的？

外來文明入侵導致遷徙的事例的確古已有之，然而我們現在討論的是約4 000年前的東亞一片廣闊的土地，至少包括了遼河流域、黃河流域、淮河流域和長江流域，真的會有一個古老文明在較短的時間裡席捲了如此廣袤的東亞大地嗎？

不太可能。

而且，外來文明侵略往往會帶來本地文化的劇烈變化，會有大量新的文化元素侵入，可是考古學家目前在各地遺址中並未發現文化上有翻天覆地的變化。

真正能夠在廣袤的大地上「興風作浪」的因素，可能並不是外來文明，而是氣候。只有氣候變遷能夠影響如此廣闊範圍內的人類和文化。

然而當考古學家考察古文化衰落時期的氣候時，卻得到了各種不同的氣候變化趨勢。比如長江下游的良渚文化在距今約 4 000 年前走向崩潰，看上去與海平面上升帶來的持續洪水有關。那個時期，太湖的水域和森林、草地面積明顯擴大了，這說明當地氣候變暖，降雨量加大，帶來了植被的繁盛和水域的擴大，甚至洪水滔天。

但是對於遼河流域的夏家店文化，看上去卻是由於氣候變冷導致了古文化衰落。原本遼河流域及其周邊分佈着許多農業聚落，有石頭圍起的許多建築。可是到了距今 4 000 年左右，這些農業聚落逐漸被遺棄，當地人類活動也日趨減少，這從當時留下的遺跡變少就可看出來。對這種農牧交界區域來說，氣候變暖會帶來當地農業聚落的繁榮，氣候變冷才會讓農業聚落蕭條下去，這裡古文化的衰落顯然有氣候變冷因素的影響。

如果約 4 000 年前氣候確實發生了明顯變化，那到底是

變暖了，還是變冷了？

此外，用氣候變遷來解釋「月明星稀」現象，還必須回答一個關鍵問題，那就是為甚麼二里頭文化，不僅沒有受到這次廣泛的氣候變遷的打擊，反而不斷走向繁榮呢？

那個時代的古人甚至還沒有發明文字，或者最多只有文字符號的雛形，因此不可能留下當時的氣象記錄。沒有古代文獻，要了解約 4 000 年前的氣候變遷，我們只能藉助今天的科學技術了。

科學家發現，一些古老湖泊底部沉積了上萬年的泥炭層，每個時期的大氣降水都會對當時形成的泥炭層中的碳同位素產生影響。所以，通過研究湖泊泥炭層中碳同位素的變化，就可以推測出歷史上不同時期的降水量。降水量和氣溫是氣候的兩大重要指標，同時降水量的變化和氣溫也有一定的關聯性。

科學家還知道，影響中國東部降水量的主要氣象因素，是我們經常在天氣預報中聽到的一個詞語——副熱帶高壓。

副熱帶高壓是地球大氣環流的一個重要系統，一般位於地球南北緯 30 度附近的副熱帶大洋上空，它對附近區域的水汽、熱量的輸送和平衡起着重要的作用。其中，西太平洋副熱帶高壓靠近亞洲大陸，對中國東部、朝鮮半島和日本等東亞地區氣候有着重要作用。

不誇張地說，中國東部的氣溫、降水的變化，主要受西

太平洋副熱帶高壓的控制，它也對中國的漫長歷史產生了隱秘且至關重要的影響。

具體說來，當西太平洋副熱帶高壓位於偏北方的位置時，北方地區降雨會比正常年份多，而南方地區降雨會比正常年份少；反之，當它處於偏南方的位置時，降雨的情況就是北少南多。所以，我們可以形象地把西太平洋副熱帶高壓稱為「東亞雨神」：它偏向某個方向，鄰近的大陸就會有更多降水。

科學家根據泥炭中碳同位素數據分析，在距今約 4 800－4 200 年，也就是中華文明「滿天星斗」的時期，「東亞雨神」長期位於偏北方的位置，這一時期，中國的東北地區、華北地區和黃河流域的夏季可能持續多雨，並可能出現洪澇災害。長江流域的夏季降雨則可能持續偏少，出現相對乾旱。這樣的降雨分佈對中華大地上的早期文明來說，可謂福禍不同。

對東北地區乃至延伸到今內蒙古地區來說，本來正常年份降雨是較少的，降雨增加利於農作物生長和產量提高，對當時的文明來說是好事。而對長江流域來說，本來正常年份降雨是較多的，這個時期降雨有所減少，略微乾旱的氣候有利於河網密佈、沼澤泥濘的長江流域泥土乾化，出現更多適合耕種的土地，對那裡的文明來說，也是好年景。

相對來說，這個時期黃河流域的人們就較為苦惱了，他

們相對靠近北方的緯度位置，加上有一條大河水系在該區域流過，所以降雨增多帶來了較多的洪澇災害，給文明的發展帶來了不少麻煩。

以上就是 4 000 多年前古文明「滿天星斗」時的氣候分析。簡單地說，就是當時的降雨量分佈有利於南方和北方文明的生存和發展，對中原文明略不利。

天有不測風雲，根據湖底泥炭層分析，距今約 4 200 年前，東亞大氣環流出現了一次重大的調整。「東亞雨神」結束了自己長達約 600 年的「北居生活」，開始向南移動，轉為「南居生活」。請注意，在接下來的約 1 600 年裡，也就是距今約 4 200–2 600 年，它都將位於偏南方的位置。這段時期大概相當於傳說中的夏朝到春秋時期。

於是，在距今 4 000 年左右的時候，中國東部大陸上的氣候，特別是降雨分佈發生了重大改變。東北、華北地區和黃河流域由長期降雨偏多轉向降雨偏少，而長江流域則降雨偏多起來。

可以想見，東北地區的人們發現生活變得艱難了，降雨減少給他們的旱地農業帶來了沉重打擊，讓他們原始的農耕文明慢慢衰落下去，一部分人被迫向南遷徙，留下的人可能轉向了狩獵、採集和遊牧生活。而長江流域的人們也發現日子不好過了，降雨太多讓他們的家園變成了一片澤國，適合耕種的田地變少，他們以水稻種植為基礎的農業遭受

了沉重打擊，他們不得不離開家園，去別的地方謀生。

風水輪流轉，此時黃河流域的人們興高采烈起來，肆虐當地的洪澇災害過去了，降雨量也比較適中，利於農業的開展。於是在北方和南方的諸多文明相繼遭受重創、逐漸暗淡的時候，黃河流域的文明如同一輪圓月，在中華大地上冉冉升空，文明的光芒照耀着大地。

這就是中國東部地區早期文明從「滿天星斗」到「月明星稀」的劇情，這個劇情的主角是氣候變遷，是「東亞雨神」的南北移動。

這個劇情版本和真實的人類文明劇情是一致的嗎？只能說，用氣候變遷來解釋「月明星稀」比起外來文明入侵，更有科學依據一些，更靠譜一些。而且我們要知道，越是遠古時代，古人的科技水平越低，對抗環境變遷的能力越低，因此古文明受自然環境的制約就越大。在距今約 4 000 年前的時代，氣候變化對古文明的影響，很可能會是決定性的。

不管怎樣，在四周古文明相繼暗淡的時候，華夏文明的一輪明月升起了。下面，就讓我們欣賞一下這輪明月的文化景色。

初升的太陽照向了伊洛河，河水泛起亮色，河北岸的高地也沐浴在清晨的陽光中。這塊高地就是二里頭，我們正穿越回 3 500 多年前。

二里頭是位於今河南的伊洛河北岸沖積平原最南端的

一塊高地，四周則是平坦、肥沃的氾濫平原。如果視野放廣一點，我們會發現二里頭及其周圍地區坐落在群山環繞的一塊盆地中，盆地的北面是連綿起伏的邙山，南面就是赫赫有名的中嶽嵩山。

這是一片安居樂業的土地，但二里頭的居民可能並不知道，就在幾百年前，這裡曾經爆發了洶湧的洪水。洪水並不是二里頭局部的現象，在整個黃河中游及其支流，甚至淮河上游都洪水滔滔。我們有理由認為可怕的洪水與「東亞雨神」有關。

這次大洪水事件給當時的仰韶—龍山文化時期的先民以沉重的打擊，卻也改變了二里頭地區的地貌和水文，劫後餘生之後，這裡變得更適合人類生存，沖積平原土質肥沃，有利於早期農業的開展。

二里頭居民種植的農作物中，最多的仍然是土生土長的粟和黍，也就是小米和黃米。但早期居民在農作物品種上是多多益善的，也種植大豆和小麥。大豆在當地的農業生產中始終佔有一席之地，種植規模和比例雖然不突出，但相對穩定。這裡的居民並不知道，他們當時種植的小麥其實來自遙遠的西方，起源於西亞。到了二里頭時期，小麥已經變成了中華文明一種重要的農作物。

東亞的二里頭種上了原產西亞的小麥，說明遠古時期亞洲大陸東西方就已經存在了交流。

有趣的是，二里頭還種植水稻這一原產於南方的農作物。這是因為當時二里頭地區的氣候並不像今天的河南這樣乾旱。3 500 年前，這裡的人們生活在較為暖濕的亞熱帶北緣自然環境下，氣溫比今天高，降水也比今天豐沛。據估計，當時二里頭的年平均氣溫約為 16 攝氏度，年降水量在 1 000 毫米左右。如此暖濕的氣候讓二里頭的平原上分佈了相當多的積水窪地，這些地方不適合種植耐旱的粟、黍、麥等，卻是種植水稻的理想水田環境。因此在二里頭時期，這裡水稻的種植面積比此前有所擴大。

粟、黍、麥、豆、稻，古代中國所謂的「五穀」在二里頭全都齊了，可以想像二里頭秋收的時刻，真可謂五穀豐登。

早期先民的生活當然不會那麼愜意，當時各種農作物的畝產量是很低的，為了填飽肚子，他們必須想盡辦法獲得更多的食物。

二里頭文化時期，人們的肉食已經不再主要依靠狩獵，家養的牲畜已經能夠提供大量的肉食。比如說家豬，早在二里頭文化之前 3 000 年，野豬就已經在中華大地上經過馴化變成了家豬，但在二里頭文化時期，由於農業的發展，先民們有了更多的剩餘糧食和殘羹冷炙給豬食用，因此家豬的養殖變得很興旺。

總之，二里頭先民的肉食菜譜十分豐富。貝類、魚類、

爬行類、鳥類，只要能獲得的肉食，他們來者不拒，當然最主要的食物來源還是哺乳動物，特別是豬、牛、羊這幾種家畜，以及野生的梅花鹿。

有了充足的食物，早期文化的繁榮就有了底氣。佔據天時與地利的二里頭文化不愧是中華文明早期文化中的一輪明月。

一座巨大的夯土「城市」傲立在二里頭高地上，俯視着周圍的平原和河流。這是一座井然有序的大型建築群，有着縱橫交錯的大道、方正規矩的宮城，宮城內還排列着多座建築，具有明顯的中軸線格局。

二里頭的道路十分寬闊，外圍大路最寬處超過了20米，主要建築之間也有通道相連或相隔，比如考古學家發現，在東西並排的兩座大型建築基址之間，就有寬約3米、長達百米的通道相隔。通道的路面下，還有木結構的排水暗渠。其中一處基址是一座多進院落的組合式建築，它的南院和中院有多座東西並排的墓葬，而北院發現了有積水跡象的大型池塘遺跡，當年這裡也許是一片美麗的宮廷池塘，蛙鳴魚躍蜻蜓飛。

當時的二里頭社會已經是一個階層井然的社會，在宮城周圍特別是宮殿區以東區域，居住着二里頭的貴族們。從出土的一些較精美的玉器和陶器，後人可以推斷出他們身份高貴。而在這座「城市」的西部和北部，則是一些小型

的地面式或半地穴式建築，在小型墓葬中出土的一些陶器，說明這個區域是二里頭一般先民的生活區。

二里頭先民不僅忙碌地在田地勞作，在叢林狩獵，他們也在「城市」裡辛苦工作着。從宮殿區向南 200 餘米的位置，就是他們的一處重要的工作場所──鑄銅作坊，面積竟然達上萬平方米左右。二里頭遺址的青銅作坊規模大，延續使用時間長，包括了澆鑄工場、烘烤陶範的陶窯，展現出當時的鑄銅工藝設施已經有較高的專門化水平。這其實並不奇怪，二里頭時期屬於青銅時代，銅器在那個科技不發達的時代具有非常重要的價值。二里頭又不僅僅是一處「城市」，它實際上類似於首都，統治力向外輻射，控制着四周廣闊區域，因此二里頭有需求也有能力長期維持規模很大的鑄銅作坊。

而在宮殿區和鑄銅作坊之間，還另有一處作坊，這是綠松石器製作作坊，二里頭先民主要在這裡製作綠松石管、珠及嵌片之類的裝飾品。

鑄銅作坊和綠松石作坊應該都有圍牆包圍着，說明當時對這些重要生產部門的管理較為嚴格，很可能是由統治階層直接控制和管理生產。

然而，二里頭自身並沒有銅礦和綠松石礦。在鑄銅作坊裡，如今所見都是熔煉渣，說明這裡只負責進行青銅的熔煉和鑄造工序，而開採礦料和冶煉礦料是在其他地方完成

的。至於綠松石礦，可能來自向南幾百公里（千米）之外的山區，那裡有綠松石礦的礦帶。礦石來自遠方，也佐證了二里頭作為都邑的控制力是很強大的。

對神靈的崇拜，是科學不昌明的遠古時代的普遍現象，二里頭先民也不例外。在「城市」的中東部，也就是宮殿區的北方和西北方一帶，集中分佈着一些與宗教祭祀活動有關的建築和其他遺跡，主要包括一些圓形的地面建築、長方形的半地穴建築，以及附屬於這些建築的墓葬。二里頭先民可能就是在這些祭祀點，祭拜先祖和神靈。或許他們在參加儀式的時候，會帶上精美的綠松石裝飾品和光亮的青銅器物，祈禱神靈保佑這片土地和土地上的人民，風調雨順，人丁興旺。

從二里頭文化的輻射範圍看，它已不限於與鄰近地域的鬆散交流，而是大範圍地向外擴散。例如，作為二里頭文化重要禮器的盉、爵等，在二里頭文化的興盛期，已經到達了距中原相當遠的地域：向北發現於燕山南北的夏家店下層文化，向南發現於今四川到今浙江的長江流域一帶，向西擴散到黃河上游的今甘肅、今青海一帶。

更有意義的現象是，從出土位置上看，二里頭傳播出去的這些陶器、青銅器，並不是距離二里頭越近，出土就越多，這些禮器往往出土在二里頭文化擴散的遠方，尤其是與其他古文化的交界處附近。

為何會出現這樣的一種擴散現象呢？

這是因為，禮器和普通日用陶器的擴散方式是不一樣的，禮器的作用是連接了二里頭文化涉及的各個地方的中心據點，它們的傳播其實是在不同區域的社會上層之間進行的。換句話說，二里頭文化在當時已經與南北方廣闊區域的族群有着頻繁的聯繫，而且對各地的族群有着重大影響力。

這樣的擴散現象揭示出當時的二里頭政權的一種策略、一種觀念。二里頭文化應該不可能有非常強大的軍事力量，去遠距離征服從燕山南北到長江流域的廣大地區，就像我們不認為有外來文明依靠武力製造了「月明星稀」的文化景象一樣。但二里頭政權顯然並不滿足於自己這「一畝三分地」的統治區域，而是想在更廣闊的天地中擁有影響力。

如何才能把自己的影響力輻射到廣闊區域？那就是——文化輸出。

二里頭政權的確利用自己的文化輸出，用原始的禮器和禮制，在文化層面上，在廣大地區實現了初步的文化融合。正是看到二里頭文化時期廣大地區在文化上的融合現象，有些考古學家指出，我們可以把這個時期看作「最早的中國」。此中國並非是疆土的統一體，而是在文化上的趨向統一。

換句話說，在以中原為核心向外輻射的廣大區域中，文明的融合首先是從文化上開啟的，而不是武力先行。

　　二里頭文化是一種以農耕為主要特徵的文化。農耕生產方式是古代先民一種極為重要的謀生手段，本書將把以農耕生產方式為主要謀生手段的地區稱作「禾的世界」。在秦漢時代形成了長城以南的廣大政權後，我們可以整體上將這片區域稱為「華夏」，從整體上看，華夏是以農耕為主要生產方式的地域，屬於禾的世界。

　　距今 3 500 多年前，北至燕山山脈，南達長江流域，西到今甘肅、青海，東臨大海，以中原為核心的「禾的世界」在文化層面上的融合已悄然開啟。中華文明融合的重要劇目開演了。

歷史貼士

商朝人沒聽說過夏朝

　　對夏朝，中國人有特殊的感情，因為根據歷史傳說，夏朝是中國的第一個朝代，是大禹的兒子啟建立的世襲制國家。根據史書推斷，如果夏朝真的存在，它的時限在公元前 21–前 16 世紀，可能是多個部落聯盟組成的較為鬆散的國家。

　　但對考古學家來說，一提起夏朝，卻令人傷心。在中國古代史書中被尊為上古第一朝代的夏朝，竟然找不到支持其存在的現實證據。

　　首先是沒有找到夏朝人的文字記錄。其次是有關夏朝

的各種文獻資料的形成年代，基本都比傳說中的夏朝晚了好幾百年，特別是系統記載夏朝歷史的司馬遷的《史記·夏本紀》，寫作時間更是比傳說中的夏朝滅亡的時間都晚了約1 500年。

按照歷史研究的一般規則，當時的人敘述當時的事，稱為第一手史料，價值是最高的。如果後期的記載與歷史事件發生的時間相距過於久遠，記載的可信度就大大降低了。

更讓人生疑的是，史書上都記載商朝推翻了夏朝，取而代之。那麼，商朝人留下了大量的甲骨文記錄，這些甲骨文充分證明了商朝是真實存在的。可是，關於改朝換代、光宗耀祖的「推翻夏朝」的重大事件，甲骨文裡竟然沒有一處提及。更詭異的是，商朝人的甲骨文裡連「夏」這個國名或者族群的名字都沒有。

雖然商朝人在甲骨文裡根本沒寫夏朝如何如何，但是對商朝建立前的那段歲月還是有記述的，而且特別讚頌了他們的先祖多麼多麼偉大。這其中就記載有一個叫王亥的商族人首領，甲骨文裡尊稱他為「高祖」。在司馬遷的《史記》裡，也提到了商族人的先祖王亥這個人。

更有趣的是，在一本叫作《竹書紀年》的古書中也記錄了王亥，而且講述了一個故事：王亥趕着牲口去做生意，結果被人殺死，他的兒子甲微，也是商族人的先祖之一，向河伯借兵，為自己的父親報仇雪恨。

《竹書紀年》發現於戰國時期魏國君主的墓地，所以躲過了秦始皇征服六國後焚書坑儒的浩劫。這本書的一些記載與《史記》等著作有出入，但是甲骨文發現後，學者們發現《竹書紀年》對商朝國君的次序、名字的記錄比《史記》更符合甲骨文記錄，因此這本古書的史料價值很高。

如此看來，在湯建立商朝之前，商族人就已經有了一定的文明，而且後人還把一些事跡記錄了下來。商朝之前，應該還有許多部落和商族人一起生活在中華大地上，當時的文明程度是很高的，出現一些強大的「方國」也是有可能的。

那麼，其中是否有一個非常強大，統治了很大範圍的夏方國存在呢？

從商朝甲骨文的記載看，商朝人並沒有用「夏」來指代當時任何一個方國，當時的人也沒有所謂的朝代的概念，在他們的觀念裡，天下是由許多類似於本國的方國組成的，只是有的強大一點，有的弱一點。商朝人似乎完全不知道有個夏朝存在，但這不代表夏朝就一定不存在。

為排定中國夏商周時期的確切年代，國家於1996年5月16日啟動了「夏商周斷代工程」項目。2000年11月9日，項目組發表了《夏商周年表》，認為夏商周始年是公元前2070年。但是關於這一說法，國內外學界存在不少爭議。

夏朝真的存在嗎？隨着考古工作不斷深入，我們總有一天會找到答案。

商周天下：中國與四方

商朝是中國古代的一個重要的朝代，在夏朝並無確切考古和文字證據的情況下，目前許多國內外學者把商朝看作中國最早的朝代，並認為中華文明從商朝開始，逐漸進入了統一國家的門檻。從時間上看，二里頭文化的後期可能已經進入了商朝的時代，兩者有所承接。

由於時間過於久遠，考古證據不足，圍繞商朝這一古代文明，存在許多未解之謎，其中一個有趣的謎團就是：商朝的地盤有多大？

湖北黃陂盤龍城緊鄰長江，1974 年，考古學家在這裡發現了一個規模很大的商朝遺址。這是一座典型的商朝城市，裡面有城邑宮室、奢侈墓葬、手工業遺址等，發掘出來的各種銅器、陶器的風格，與考古學家在鄭州附近的商朝都城遺址裡的所見相同。

從湖北黃陂到商朝的核心地帶即今河南黃河流域，可謂相距千里，如果這裡的商朝遺址也在商朝的版圖內，那麼商朝的疆域之廣真是太驚人了，光是從都城向南就擴展了至少千里[1]，更不用說還有北面、西面和東面的疆土了。從這座長江邊的商朝城市判斷，商朝的疆域似乎很廣大。

---

[1] 里，舊制長度單位，現在 1 里約合 500 米。——編者注

　　然而根據周朝初年的文獻記載，周武王伐紂滅亡了商朝之後，在原來商朝的王畿區設立「三監」管理，即把商紂王的兒子武庚分封在商朝都城，並將商的王畿區劃分為衛、鄘、邶3個封區，分別由武王的弟弟管叔、蔡叔、霍叔統治，總稱三監，以監視武庚的一舉一動。這三監的具體地域範圍，大概在今河北中南部、今河南大部，以及今山東局部地區。這個範圍就是商朝晚期商王直轄的控制區域了，也就是方圓一二百公里的一片面積不大的區域。由此看來，商朝的疆域似乎又很小。

　　那麼，商朝的地盤到底有多大呢？

　　有考古學家指出，商朝的王畿區和整個疆域並不是一個概念。根據商朝甲骨文記載，商朝把國土分為「內服」和「外服」，內服就是王畿區，即商王自己直接控制的地區，而外服則是周邊臣服於商朝的一些方國。有些學者認為，如果把這些方國也算入商朝的疆域裡，那麼商朝疆域的確十分廣大。

　　不過從甲骨文記載分析，我們真不能高估了商朝外服的地盤，因為商朝周邊那些方國，基本上都沒拿商朝當「天朝上國」，它們屢屢與商朝兵戎相見。

　　就拿商王武丁來說，他在位59年，以武功最為顯著，按說那時候商朝不弱了。可是就在武丁的時期，商朝的西北，即今山西一帶，居住着幾個強大的部落，比如工方、土

方和鬼方這幾個方國，它們與商朝經常發生激烈的衝突。

在一片甲骨上，記載了這樣的事情（大意如此）：有一天，壞消息從西方傳來，工方侵入我方領土，掠走 75 人。另一天，占卜師問，未來 10 天還平安嗎？商王看了卜骨上的裂紋後說，有麻煩，可能會有不幸的事發生。過了幾天，果然有壞消息了，土方又攻入我方西部領土，佔了我方兩個邑。

這些事情就發生在武丁時期，而且在不到一個月內邊境頻頻告急。

為了平定西北方向的威脅，武丁動員了 5 000 名將士，首先選擇對土方用兵，還與自己的妻子婦好一起出征，終於擒獲土方首領，並使其餘部遠遁。平定土方的威脅後，武丁轉而進攻勢力更大的工方。這個部落似乎是遊牧民族，向來出沒無常，很難尋覓。為了達到打擊工方的目的，武丁幾乎每次戰役都親自出征。甲骨文中記載，武丁曾多次向祖先占卜詢問，究竟應該徵集 5 000 人還是 3 000 人進行討伐。

商朝最大的一次徵兵數額記載，是商王帶兵萬人，加上婦好的 3 000 名將士一起出戰。這樣的軍隊規模，已經佔了當時商朝總人口的 1/10，幾乎可以算是舉國作戰了。

商朝其他方向上也都是不好惹的主兒。為了穩定國家，武丁曾經大舉討伐南方的荊楚和更靠西北方向的鬼方；婦好帶領軍隊參加過對羌方、土方、巴方和夷的一系列戰爭。商朝的武裝力量主要是宗族武裝，兵員來自各宗族，平時從事

生產勞動，戰爭的時候跟隨本族首領，在商王的帶領下出征。

總的看來，四周這些方國都和商朝是敵對關係，肯定不屬於商朝疆域。商朝就算有某些方國「小跟班」，其實力和疆域應該也十分有限。

商朝地處中原地區，從好的方面說是身處四通八達的交通要道，但是從壞的方面說，四面受敵，屬於典型的四戰之地，國際生存環境太惡劣。商朝的滅亡也歸咎於這種糟糕的國際環境。

商朝晚期，威脅主要來自西方和東方。在西方，周人的勢力崛起，拉攏各個方國準備向商朝的地盤發展；在東方，夷人勢力大增，頻頻入侵。夷人並不是一個統一的方國，而是分成了許多國家，包括夷方、林方、盂方等，分佈在今山東、今安徽等地。早在商朝中期，幾任商王就曾經興兵伐夷。

而到了商朝晚期，商紂王的父親帝乙在位時，夷人的威脅讓帝乙不得不親自東征。這次出征在甲骨文中有大量記載，商王帶領大軍，聯合了諸侯攸侯喜的軍隊，用了130多天對夷方和林方作戰，然後又花費了同樣的時間返回都城。但是顯然這次大規模會戰並沒有解決夷人對商朝的威脅。直到商朝末年，商紂王仍然不得不繼續派出重兵，向東南方向的夷人進攻。

公元前1046年，西面的周人趁商朝的大軍在東南被夷人牽制，王畿空虛之際，揮兵東進，直逼商都朝歌。商紂王

倉促應戰，與周人的大軍戰於牧野。留守商軍終因兵力懸殊而被擊潰，商紂王敗亡後收拾美玉金帛，和嬌妻相擁自焚而死。馳騁中原幾百年的商朝就此終結。

商朝的滅亡告訴我們，自始至終商朝都處於強敵圍繞的尷尬局面，商王控制的區域不會比王畿區大多少。其實商朝人自己也很謙虛，用甲骨文記載戰爭時，稱呼自己為「商方」，意思是本國與其他方國都是平起平坐的，強不到哪裡去。

既然商朝的疆域十分有限，那麼我們怎麼解釋長江邊上出現的商朝城市盤龍城呢？盤龍城顯然是商朝的貴族率領一批人馬建造並長期經營的，這個遠離商朝疆域範圍的孤城肯定負有特殊的使命。

商王們雖然也希望擴大疆土，但畢竟國力有限，把黃河流域和長江流域都融合在自己的版圖內，恐怕商王做夢也沒這個奢望。他們的現實追求是疆域之內的安定和周邊「國際環境」的和睦。有沒有事半功倍的方法呢？

正如二里頭文化藉助文化輸出來擴大自身影響力那樣，商朝歷代君王一定也明白文化輸出的重要性。

文化輸出就要拿出獨特的「文化創意產品」。考古學家經常說，沒有青銅就不成商朝。

商朝鑄造了大量的青銅器，其中包括重達800多千克的后母戊鼎。商王武丁的妻子婦好的墓中，青銅器共有468

件，其中青銅禮器就有 200 餘件。我們後人看到婦好墓的
隨葬品，覺得大量的青銅器讓人目不暇接。那麼真正的商
王的大墓中，青銅器隨葬品該有多麼輝煌？雖然現在的歷
代商王大墓早就被盜，空空如也，但我們可以猜想，歷代商
王在下葬的時候，青銅器隨葬品比起他們妻子的隨葬品要
檔次更高，也更加豐富。

要鑄造青銅器，就需要有高質量、大批量的銅礦。商
朝疆域內的銅礦遠遠不能滿足鑄造青銅器的需要，於是任何
有銅礦的地方，就成為商朝人垂涎之處。而長江中游地區，
正是銅礦富集的區域，為了獲得那裡的銅礦，商王必然不惜
一切代價。

所以一些考古學家推測，黃陂的商朝城池應該就是商
朝為了控制長江中游的銅礦而建立的。通過這座千里之外
的城市，商朝人可以獲取珍貴的銅礦資源，當然也可以順便
收穫長江流域的一些其他資源。

可以想見，商朝人為了控制銅礦和其他資源而建造的
孤城不會只有一座。所以除了王畿區外，商朝在廣袤的大地
上也建設了一些據點，它們大多是為了獲取資源而興建。因
此，商朝所謂的「疆域」並不是我們現在理解的國家疆域，
商朝的疆域不是一個整塊，而是以都城為中心，控制了一小
塊王畿區，然後四周遠近分佈着幾個或幾十個歸屬於商朝
的諸侯據點。這些據點間的空隙地帶並不一定聽命於商朝，

有可能是人煙稀少的「無主之地」，或者控制在與商朝敵對的方國手中。

疏而有漏，這才是商朝疆域的真實情況，這才是商朝的「天下」。

青銅器對於商朝人的國內穩定和國際關係都有至關重要的價值。從國內來說，商朝人祭祀祖先時用來存放和奉獻肉類、穀物和酒等祭品的禮器都是青銅製的。沒有青銅，祭祀典禮就沒法進行，商朝人的社會生活也就亂了套。所以商朝貴族們都將祭祀時最常用而又特別重要、特別寶貴的青銅器，視為聖物世代保存。在這種情況下，青銅製造的「鍋碗瓢盆」就不僅僅是宮廷中的奢侈品、點綴品，而是政治權力的必需品。沒有青銅器，商朝就不成國家，商王也就無法治理本國。

面對周圍的方國，青銅器是商朝「國際外交」的重要文化輸出物品。由於青銅器製造技術掌握在商朝人手中，屬於一種壟斷高科技，通過賜予或者不賜予青銅器，可反映商朝與其他方國之間的親疏遠近，友好或敵對：「想要青銅器嗎？那就和我們站在同一陣營吧！」

比如，考古學家在今山東濟南的老城區附近發現了商朝的墓葬群，出土了一些青銅圓鼎、方鼎，有些青銅器上還帶有族徽和銘文。這說明商朝時期濟南地區的「據點」與河南安陽商朝「本部」有着密切的關係，商朝很可能是通過拉

攏這裡的部落，來達到控制遙遠的東方大片區域的目的。

商朝不論是疆域還是文化影響力，都要比二里頭文化大，甚至在長江流域都建有飛地，但實事求是地說，商朝並沒有讓廣闊區域的族群都認同它的權勢和文化。因此，說商朝建立起了真正的朝代，總是感覺很勉強，它只能算是一個正在邁向朝代級別的地區性政權。

中華文明中「天下」概念的初次形成和傳播，是周朝時候的事情了。

周朝吞併了商朝的疆土後，把陝西、河南、山西這些遠古文明區域整合起來，再通過向四周擴張、建立軍事據點的方式，實現了疆土的擴大，以及更大範圍的間接統治，同時繼續發展和傳播禮制文化，在廣闊的區域內建立起了思想文化上的統一。

而且，周朝繼承了商朝的文字，通過把青銅器贈予各諸侯國乃至周邊的政權，使漢字文化圈擴大開來，諸侯至少在名義上接受了周王為天下的共主。所以周朝不僅用軍事力量在一定程度上實現了疆土的擴大，也繼承了二里頭文化乃至商朝的禮制衣鉢，用文化力量實現了廣闊區域的思想意識上的統一。

為鞏固自身的統治，在推翻商朝統治之後，周朝君主還派遣王室成員及其親密盟友到各處戰略要地，建立軍事移民據點。最早，這些軍事據點的絕大部分都分佈在黃河中

下游沿岸及太行山脈兩側，後來又擴散到其他地區的戰略要衝。這些軍事據點的首領被周朝王室授予了不同等級的爵位，爵位及其特權是可以世襲的。慢慢地，許多軍事據點逐步擴展成為城邑——國家的形式，也就是所謂的諸侯國。

為了對諸侯國進行控制，周朝的創建者們創立了一套宗法制度。

其中，嫡長子及其一系的後裔稱為「大宗」，庶子及其一系的後裔稱為「小宗」，因此，所有諸侯均屬於周王室的「小宗」。周朝形成了所謂的分封制的國家結構，天子在金字塔的最頂端，下面分封了一些服從天子的諸侯，在諸侯的下面是由諸侯分封的卿大夫，在卿大夫的下面是士。

在宗法制度、分封制度的基礎之上，周朝還制定了一套複雜的禮儀體系，規範王公貴族在不同社會場合的舉止行動。

到了西周時代，鼎作為等級的標誌，出現了列鼎制度。所謂列鼎，是一套形制相同、大小依次遞減、數量成單數排列的鼎。據記載，天子用九鼎，諸侯用七鼎，卿大夫用五鼎，士則用三鼎。祭祀時這些銅鼎中都盛放各種肉食。與鼎相配的是盛放飯食的青銅簋，它使用的是偶數組合，也有多少之別。據記載，天子用八簋，諸侯用六簋，卿大夫用四簋，士用二簋。

古書《周禮》將周朝的政治結構描繪成一個以周朝王室

為中心的整齊劃一的體系，在這種政治模式下，國與國之間緊密相連，井然有序。後世包括孔子在內的大量古代學者都讚美周朝建立的這種禮制社會，認為這是最理想的天下治理模式。

但是，「理想」不等於現實。

回到周朝的前期看一看，與商朝類似，廣袤的大地上人口並不多，各個諸侯國的據點之間距離相當遠。從管理上說，周朝的前期只是一個十分鬆散的大聯盟，大家雖然依靠青銅器和禮制聯繫在了一起，但是周王室對於各個諸侯國的控制力仍然是十分微弱的。

不管怎樣，周朝畢竟建立起了一個廣大區域的鬆散政治模式，讓大量諸侯國名義上團結在了周王室的周圍，在思想上融合在一起。因此，如果說商朝只能算是一種朝代的半成品，那麼周朝就是名副其實的朝代。即使到了後來的春秋時期，天下大亂，「春秋無義戰」，但大小諸侯國名義上還都尊奉周天子為天下共主，給周王一個面子；戰國時期，七雄爭鋒，大國之間或合縱或連橫，但許多諸侯國都有與周朝近似的天下觀念，認為發動戰爭的目的是實現自己心目中的天下統一。

那麼，商周時期的人們到底是怎麼看待「天下」這個概念的呢？

「普天之下，莫非王土，率土之濱，莫非王臣」，這是

《詩經》裡的名言，似乎在當時人的心目中，「天下」就是天空之下的所有大地。其實，這是後人對於商周時期的「天下」的一種誤解，拿後來的認識替代了早期的認識。

在商周人心目中，「天下」是用來區分自己和外界的概念，是區分內與外、「中國」與「四方」的概念。這裡所謂的「中國」，在商朝的時候差不多也就是今河南、今山東一帶，在周朝前期也沒有擴張太多，在「中國」的外部，還有不屬於自己的「四方」或「四裔」。在商周人看來，「中國」就是「天下」，範圍並不大。

只是到了後來，周朝不斷擴張自己的勢力，他們的「天下」才逐漸向外擴展開來，一些原本屬於「四夷」的地方逐漸進入了「天下」的範圍，而這些「四夷」之外的更遙遠的區域，變成了新的「四夷」。

周朝「天下」的擴大並不是一帆風順的，周王室既要有軟實力的青銅器，也要有硬實力的軍事強權，才能將自己的理想傳播到遠方。在周朝建立後的很長時間，有一個勢力始終不服，並且讓周朝吃盡了苦頭，這就是活躍在漢水和長江流域的楚國。

楚國早期的歷史晦澀難解，大致上人們認為楚國先民不斷南遷，最終發展為一個南方大國。楚國君主的一塊心病是，在周朝的政治體系中，他們只是子爵，封號太低了，與楚國的強大國力並不相稱。第六代楚君熊渠擴張到漢水

中游後，說了一句話：「我蠻夷也，不與中國之號諡。」

從這句話中人們可以看出，當時周朝的「天下」確實是不包括四方蠻夷的。而熊渠說出這句話，就是表明楚國不願繼續存在於周朝的「天下」體系中了，以後可以自行其是，不需要看周王的臉色。

其實楚國早在西周初期就與滅掉了商的周朝有分庭抗禮的態勢。第四位周王即周昭王多次親率大軍征討楚國，其中大約公元前982年伐楚時，周朝最為精銳的西六師竟然被楚軍全部殲滅。周昭王後來在第三次率軍伐楚時再次失利，史書記載他「南巡不返」，其實就是暗示周昭王戰敗身死，據說他是在敗逃中淹死在漢水了。

周楚征戰給兩邊帶來了深刻的影響。對周來說，征戰導致元氣大傷，從此之後周朝的武力擴張基本上停止了，只能依靠禮制及青銅器「溫柔地」管理各諸侯國，再無凌駕於諸侯國之上的強大軍力了。

楚國的桀驁不馴，代表了商周沿襲而來的「天下觀」在傳播過程中有着頗多阻力。沒有「以力服人」的實力，就沒有「以禮服人」的底氣。客觀地看，至少在周朝的前期，還沒有哪個政權有實力兼併黃河流域和長江流域兩大文明圈。

對楚國來說，從此自信心爆棚，逐漸不把周王室的權威放在眼裡，甚至有了平起平坐的態度了。楚國強大起來後，乾脆一腳踢開周王，在春秋前期的楚武王時代就自稱為王，

脫離於周朝的那套禮制之外。公元前 704 年，第 17 代楚君熊通蕩平鄰國，征服江漢平原，又向周天子請求提高封號，再次被拒絕了。熊通大怒說：「王不加位，我自尊耳。」於是他自立為楚武王，開諸侯僭號稱王之先河。

時至今日，武漢人要表達自己不服氣、不甘心的時候，會說「不服周」，這句簡單且倔強的話語可能已經從春秋時期開始，流傳了兩千多年。

當然，楚國「不服周」的態度也並非夜郎自大，而是因為一方面楚國在軍事上確實有了問鼎中原的實力，另一方面當時荊楚文化與中原文化雖然迥異，但同樣輝煌燦爛。

諸子百家中，老子和莊子的學說應該與楚國關係密切。老子學說源於楚人的思想傳統，而莊子在楚國做過官，《莊子》著作裡涉及了大量楚地的人和物。在文學上，楚國屈原的《楚辭》綺麗、奇詭、想像豐富，開創了浪漫主義詩歌傳統，和《詩經》為代表的中原北方文學的質樸、寫實風格區分明顯。

還是回到周王室的話題。日漸衰落的周王室經常受到來自周邊的挑戰，特別是南方的荊楚和北方的少數民族構成了越來越大的軍事威脅。終於在公元前 771 年，犬戎與周的兩個諸侯國——申國、繒國聯合攻打周朝，洗劫了西周的京城鎬京（今陝西西安市西南），周幽王被弒。第二年，平王被迫東遷到東都成周（今河南省洛陽市），東周開始，

紛亂的春秋戰國也拉開了序幕。

而盤踞在長江流域的楚國國運一直延續到了戰國末期，最終通過戰爭融入了「天下」。秦滅六國，將楚國也納入了大秦帝國的版圖之中。

但楚國的文化其實並沒有消失。

比如在取代秦朝的漢朝，楚文化就頗受推崇，如果追究秦末揭竿而起的陳勝、吳廣，或者漢朝的創立者劉邦，從地域上看，他們都是楚人。所以《史記》記載，漢高祖劉邦偏愛楚聲、楚舞、楚服，他的《大風歌》也是楚地風格。而劉邦和項羽之間的楚漢相爭，本質上是楚人和楚人之間的「內戰」。

秦國用軍事滅掉了楚國，與中原商周文化長期分庭抗禮的荊楚文化最終與前者合流，長江流域不再只是商朝的盤龍城飛地，或者周朝自欺欺人的分封之地，而是與黃河流域一起融入了同樣的天下。商周的天下從整體上實實在在地向南擴大到了長江流域。

從二里頭文化開始，到秦朝一統江山，禾的世界持續擴張，終於囊括了包括黃河流域、淮河流域、長江流域在內的廣大地區。由於相近的語言、文化也廣佈於這片地區，因此禾的世界不僅實現了疆域的整合，也在進行着文化上的融合過程。

那麼，這段禾的世界的擴張歷史，能代表早期中華文明

的全貌嗎？

　　答案是不能。因為從宏觀的中華文明的視角看，不僅有禾的世界，還有與禾的世界正在並駕齊驅地發展着的另一個世界──草的世界。

歷史貼士

商朝滅亡要怪雅利安人嗎

　　武王伐紂的故事盡人皆知，周人在兩代明君周文王和周武王的領導下，勵精圖治，終於推翻了暴虐的商紂王，建立起輝煌的周朝。周人從西向東擴張，消滅了商朝，目的顯然不是小說裡描寫的要教育一下酒池肉林的無道商紂王。如果我們的視野放得更廣闊一些，就會發現，周人的向東擴張是與當時世界的大變局息息相關的。

　　公元前 20 世紀開始，原來居住在中亞草原地區、屬於印歐語系的雅利安人興起，他們越過今阿富汗和巴基斯坦交界處的興都庫什山脈，向南湧入伊朗高原和印度次大陸西北，並帶來了自己的文化和宗教。雅利安人的強勢擴張得益於他們最早把鐵和馬匹用於戰爭。對當時的古代戰爭來說，無論戰車還是騎兵都可以算是超級武器，所以雅利安人取得了空前的戰果。

　　比如公元前 1450 年，一批雅利安人駕着馬車從中亞草原南下，首先控制了美索不達米亞平原，也就是古巴比倫文

明的區域，隨後又向西兼併了敘利亞地區，向東兼併了伊朗地區，建立起一個強大的雅利安人國家，史稱米坦尼王國，後來這個王國亡於亞述人之手。

從公元前1500—前600年，雅利安人一波又一波地南下，其中一支甚至遠征印度河流域，開創了印度文明史上的雅利安時代。

那麼東方的中華文明境況如何呢？在公元前1500年左右，雅利安人殺入中亞和伊朗高原，把當地的吐火羅人趕到天山以東，直至黃土高原邊緣。而吐火羅人控制了天山山麓和河西走廊一帶，迫使當地的遊牧族群羌人、戎人向東逃跑。如同一張一張倒下的多米諾骨牌，原本居住在黃土高原西北一帶的周人，在羌人和戎人的壓迫下，被迫向東、向南拓展生存空間，恰好遭遇盤踞在中原的商人。

商人作戰很少使用馬和馬車，而長期與西北遊牧族群打拼的周人卻早已學會用馬拉戰車建立軍隊。軍事技術上的劣勢，加上大量商軍主力被牽制在更東方的對夷人的戰爭中，商紂王被周人偷襲得手，武王伐紂大獲全勝。如果追溯因果關係，商朝的滅亡和雅利安人擴張有着間接的聯繫。

獲勝的周人自然不會告訴天下人，他們是因為頂不住西方的攻勢而向東進發的，這多少有點丟面子。他們編織出了商紂王荒淫暴虐的故事，來標榜自己戰爭的合法性。

迷霧中的北境

前面所說的「天下」，屬於我們所熟悉的教科書中描述的中原早期歷史，較為豐富的史書記載讓這段歷史與文明豐富多彩地呈現在我們面前。但是我們不要因此產生一個錯覺，以為在中原的外圍，是文明的荒原，是一片蠻荒之地。記載的缺乏不代表中原之外就沒有文明，不代表那裡的文明就落後。

那麼，從中原向北望，又是怎樣的一片文明的天空呢？

一座面積 400 萬平方米的巨大石頭城曾經矗立在黃土高原北部。陝西神木縣的石峁遺址揭露出來一段隱秘的遠古往事。

石峁遺址恰好位於北方草原和黃河中下游地區的交匯地帶。目前的發掘表明，石峁城址由核心的「皇城台」、內城和外城構成，規模甚至超過了陶寺城址、良渚城址。從石峁遺址中出土的文物，既有大量精美的玉器，也有造型獨特的石雕和石刻人像，部分人像頭戴異域風格的尖帽子，高鼻深目。

從石峁遺址的延續時間看，大概從 4 300 年前開始建城，到 4 000 年前被毀棄。從文明持續的時間段看，符合中華大地「月明星稀」變遷的過程。石峁遺址讓人震驚之處在於，它地處北方農牧交錯地帶，反映了 4 000 多年前這裡曾

經出現過一個非常繁榮的古文化，絲毫不遜色於同時代的、地處農耕區的陶寺、良渚等古文化。石峁當年一定有較為豐富的食物來源，農業應該是比較發達的，再輔之以畜牧業等，有了充足的食物才會有大量的人口，有了大量的人口才會有勞動力去興建巨大的城市。

歷史學家必須重新認識這一地帶的文明程度。早在4 000多年前，中原文明的北方可能就已經存在着發達的古文明。

而石峁遺址顯示出，當年這座城市具有很強大的防禦能力。那麼，這個神秘的族群要防禦的是誰呢？很可能是來自草原的強大勢力。

雖然中原的商周文明曾經用狄、戎等有貶義的詞彙來稱呼北方大地上的族群，但不可否認的事實是，中原文明的北方不僅不是黑暗之地，反而是哺育中原文明的重要區域。如果我們把青銅器看作衡量早期文明先進程度的標誌之一，那麼北方文明在最初的歲月中，甚至可能曾領先於中原文明。

前面已經多次強調，商周的天下，特別是商朝到周朝前期這段時間，其勢力範圍僅限於黃河中下游一帶。所以在這個時期，與商周文明打交道的「北方」，並不是我們現在認為的內蒙古草原，而是黃河中下游的平原區與內蒙古草原之間的地帶，從地形上看，這個地帶包含了鄂爾多斯高原、

陰山山脈、燕山山脈以及黃河的中上游區域，我們決不能把這部分簡單地認為是草原地區，這裡更像是許多山間小盆地的集合。這片「北方」其實就是日後修建長城的地區，我們姑且提前稱呼這裡為「長城地帶」。

被群山分割的地理條件決定了長城地帶不容易形成一個整體的強大政權，而是會形成諸多部落或小的部落聯盟。這就是商朝和周朝前期要面對的北方勢力。

西亞從公元前 6000 年以前就開始使用銅，而在歐洲的巴爾幹半島一帶，公元前 4000 年就已出現雙範合鑄的銅斧。所以，東亞地區的青銅器和純銅的冶煉、製造技術，很可能是通過與西方、北方的文化交流，經歐亞大陸傳入的。中國的北方和西北地區接觸到青銅技術的時間，要比中原地區更早一些。

比如甘肅河西走廊一帶曾經有一個四壩文化，年代略早於二里頭文化，這個文化的墓葬中出土了一種套管式銅錛，在俄羅斯西伯利亞地區、蒙古肯特省和哈薩克斯坦東部的古代遺址中都曾發現過這種文物。這種錛的較原始的形式也在西伯利亞地區發現了，目前判斷是起源於西伯利亞一帶。所以，這種銅錛可能是從西方、北方經過新疆、甘肅逐漸傳入中原地區的。

不過進入青銅時代後，北方與中原的青銅文明呈現不同的特點。長城地帶出土的青銅器主要是兵器、工具、車

馬器具及裝飾器，與中原文明不同的是，這裡沒有將青銅用於生產大批禮樂器具，而是製作了許多實用的工具、兵器和藝術品。青銅短劍及隨身裝飾品是這一地帶的重要文化標誌。

商周時期，中原與西方也有着一定程度的交流，一些商品、技術和習俗在遙遠的地區間流動。比如紅瑪瑙，最早在西亞的兩河流域和南亞的印度河流域被人們普遍佩戴，一小部分紅瑪瑙還通過草原地帶被傳輸到了中國北方。到了西周時期，混用了紅瑪瑙珠子的複雜掛飾突然出現在中原，主要出土於女性墓葬之中，讓考古學家猜測，這些女性也許是少數民族，有可能是通過貴族間的通婚來到西周境內，並把紅瑪瑙珠子的製作工藝及佩戴習俗也帶了過來。

當時對中原地區影響最大的莫過於緊鄰的長城地帶，它夾在平原與草原之間，從生產方式上也兼具兩邊特色，既在山間盆地發展農業，也會在山坡上放牧牛羊，從事畜牧業。由於可以較早吸收更北方和更西方的先進軍事技術，所以長城地帶的部落一度讓中原文明寢食難安。

比如，商代的鬼方、西周的犬戎都是駕馬御車的部落，戰鬥力非常強大，犬戎的攻擊甚至直接讓西周遭受了滅頂之災。當時周朝內亂，姜姓的申侯聯合了西戎中的犬戎部落攻入都城豐鎬，周幽王出逃不及被殺，西周就此滅亡。強大的犬戎佔據了豐鎬，周朝的晉、鄭、衛、秦等諸侯不得

不組成聯軍，才趕走犬戎，擁立平王登基，把都城東遷到洛陽地區。周王室傾頹的春秋戰國時期開啟了，而在驅逐犬戎中獲得了地位和地盤的秦，也終於挖到了建立未來霸業的第一桶金，此乃後話。

犬戎直接導致了西周的滅亡，這一事件清楚地告訴人們，長城地帶的非中原文明對於中原文明造成了巨大的影響，甚至影響了中原文明的進程。商周的天下體系運轉了幾百年，最終毀於申侯與犬戎的聯軍。此後的春秋時期，中原文明中哪個諸侯能夠抵禦外敵並重整天下體系，哪個諸侯就具有稱霸天下的資格，這應該是當時各方諸侯的共識。

正是嚴重的外部軍事威脅，一定程度上塑造了春秋時期的中原文明的形態。

春秋時期，北方長城地帶的少數民族依然是中原文明的大麻煩。齊桓公能夠率先在春秋亂局中稱霸天下，其中的一條理由就是「尊王攘夷」，消除北方戎、狄對中原文明的威脅，令各諸侯國不得不服氣。就連孔子也說過：「微管仲，吾其披髮左衽矣。」意思是說，如果沒有管仲讓齊國強大起來，抵禦了北方少數民族，中原人就會被征服，改變自己的風俗習慣，與少數民族一樣披髮、前襟向左掩。

但是當中原的戰國時代來臨，中原文明逐漸形成若干個強大的地域政權後，長城地帶散落的部落就開始處於軍事劣勢了，這些部落成為中原文明兼併的對象。

　　最典型的莫過於歷史上的中山國。中山國的前身是白狄，最早活躍於陝北一帶，此後逐漸轉戰到太行山區，建立國家，甚至走出山區，向東部平原發展，成長為春秋戰國時期的「千乘之國」。然而中山國生不逢時，面對的是戰國七雄級別的虎狼之師，先是在公元前 407 年被魏國消滅，中山國殘餘勢力退入太行山中蟄伏 30 年後再度復國，卻又在公元前 296 年被趙國再次滅國，徹底併入趙國的版圖。

　　和中山國類似，輾轉於長城地帶的若干北方勢力先後被戰國七雄中的北方諸強蠶食乾淨，商周所奠基的天下版圖也不斷把疆域向北推進。雖然已經沒人拿周王室和他們那套禮制當回事了，但中原文明還是隨着軍事征伐而擴張，最終融合了長城地帶的山嶺、盆地。

　　終於，在戰國接近尾聲的時候，中原文明要直面比長城地帶更靠北方的那片一望無際的綠色原野了，那裡生活着中原農耕民所不熟悉的草原遊牧民。沒有了長城地帶的緩衝區，禾的世界與草的世界正面遭遇，中華文明最為波瀾壯闊的融合史詩即將上演。

　　歐亞大陸是地球上最大的一塊陸地，面積足有 5 000 多萬平方千米。在這片巨大的陸地中央偏北，橫亙着一條綠色的「飄帶」，這就是歐亞草原帶，遊牧民策馬馳騁的舞台。

　　歐亞草原帶西起歐洲的多瑙河下游及黑海北岸，向東蔓延，直至中國東北地區的大興安嶺，跨度達到了上萬公

里。這條草原帶的形成，要歸因於地理和氣候，遠離海洋、乾旱少雨的溫帶大陸性氣候令土地不適合耕種，卻適合草的生長。

從地形上看，可以用山脈將巨大的歐亞草原帶由西向東分成三個部分，烏拉爾山以西是一部分，烏拉爾山到阿爾泰山、天山之間是一部分，阿爾泰山、天山以東到大興安嶺之間是另一部分。雖然有山脈相隔，但人們若想在整個草原帶東西向遷移，並不是很困難的事情，一方面山脈不是十分險峻，河流不是十分湍急，另一方面山脈中也有可供穿越的通途。整個草原帶都是放牧的好地方，人們基本上有着類似的生活方式，就地安家很容易。

從阿爾泰山、天山向東到大興安嶺之間的這部分草原帶綿延於中國的北方，對中國歷史有着久遠的影響，是本書關注的重點區域，與禾的世界相對應，我們可以稱這片區域為「草的世界」。

如果更微觀地分析，這部分草原帶又可以分成若干小的草原帶，比如夾在阿爾泰山和天山之間的準噶爾盆地裡的北疆草原，以及被今蒙古國南部戈壁南北分割的漠南草原和漠北草原。

此外，由於草原帶最東端的大興安嶺並不險峻，翻越大興安嶺後就進入了東北地區，那裡是叢林、沼澤、溪流、草甸混雜的世界。由於歷史上東北地區與蒙古高原同屬於

長城以外的世界，為了敘述的方便，本書有時也會把東北地區納入草的世界去分析，只是讀者們要注意，東北地區內部的自然環境更加複雜。

遊牧人在草原帶遷徙是非常便利和迅捷的，這一點對於我們理解歷史現象十分重要。我們可以對比一下南北方向的遷移，比如一個先秦時期的人想從今北京附近遷移到杭州附近，這段距離還不足1 500千米，他竟要跨越海河流域、黃河流域（可能還要包括曾經存在的山東境內的濟水流域）、淮河流域、長江流域，最後抵達錢塘江流域，路線上都是橫向阻攔的河流。而且南北方的氣候也不一樣，因此植被和作物也就不一樣，他要應付不同的情況。

而如果這個人騎馬從大興安嶺腳下的草原向西跑1 500千米，旅途快捷而輕鬆，他甚至不需要為馬匹準備飼料，隨處都是草場。

一句話，南北方向的遷徙路線要比在草原帶東西方向遷徙困難多了。

重點來了！遷徙的便利性帶來了文化與技術交流的便捷性，在草原帶的一端出現的先進技術，可以很快傳播到草原帶的另一端；歐亞草原帶某處興起的古代文化，也可以迅速地擴張到廣闊的草原區域。

這片廣闊的草原最開始可能只是人類的狩獵場和採集場，而不是畜牧場。古人類曾在這裡獵殺大型動物，採集漿

果。馴化大型動物並開始畜牧活動，其實是農業和定居生活出現之後的事情了。考古學家認為，馴養動物需要長時間的試驗和長期的技術知識積累，還要為飼養動物提供足夠的飼料。要滿足這樣的馴養條件，人類首先要有足夠發達的農業。

因此，農業早於畜牧業出現，並且是後者出現的必要條件。

而一旦一些大型動物，比如馬、牛、駱駝馴化成功後，草原就變得非常誘人了，因為這些動物可以作為草原上的運輸工具，甚至可以和人類一起並肩作戰，不僅讓狩獵變得更加有效率，而且還創造出新的生活方式——遊牧。最早的遊牧人群可能是從綠洲部落中分化出來的，因為綠洲環境恰好有利於農耕與遊牧兩種生產方式共存。一開始，綠洲部落中的人們既農耕，也畜牧；後來，一部分人專門從事農耕，另一部分人專門從事畜牧；最後，從事畜牧的那部分人完全脫離了綠洲，開始在廣闊的草原上遊牧，新的生產方式就此出現了。當然，遊牧民和農耕民之間還是會互通有無，彼此交換物產。

前面說了這麼大段草原特點和遊牧起源的事情，是為了更好地解釋從春秋戰國時期開始，華夏文明逐漸要面對的草原局面。

前面已經提及，在戰國晚期，戰國七雄中的燕、趙和秦

不斷向北擴張，將長城地帶的部落吞噬後，華夏和草原之間的緩衝地帶消失了，中原與草原正式開始直面彼此。

當時的草原族群，可能已經不是長城地帶的那些部落似的「軟柿子」了。讓我們首先跨越今天的國境，深入草原腹地，到俄羅斯聯邦圖瓦共和國首府克孜勒西北的阿爾贊附近山谷去看一看。

在那裡，考古學家發現了距今 2 700 多年的古代遊牧人的王陵，從中發掘出數以千計的金器、鐵器、青銅器以及古代紡織品，單是黃金藝術品，就多達 4 700 多件。墓中出土的兵器都是鐵器，這些鐵質兵器如短劍、匕首、戰斧乃至箭頭等都鑲嵌着黃金，一共發現約 20 千克的黃金藝術品。

這個大墓修建的時代，相當於中國的春秋時期。它靠近今俄羅斯和蒙古邊境，周圍是大片的草原。由此往南偏東，翻越蒙古國的杭愛山和中國內蒙古的陰山，就可以抵達黃河流域。

無獨有偶，在中國新疆北部中蒙邊界的草原上，有三道湖泊群分佈在三處谷地中，當地人稱呼這裡為三道海子。在這裡，考古學家發現了三道海子遺址，有巨型石堆遺址 3 座、中型 4 座，小型百餘座，以及鹿石和岩畫。三道海子的石圍石堆，在建構材料、形制佈局、主方向的選擇上，以及鹿石類型、動物藝術主題等方面，和俄羅斯圖瓦阿爾贊王陵非常相似，可能是同一遊牧人群的遺存。三道海子各種

圓形石堆應該是祭祀遺址，這裡是當時的遊牧政權在夏季的一處祭祀活動的場所。

阿爾贊大墓和三道海子遺址群所代表的遊牧人群，生活在公元前 1000 年以後的歐亞草原東部。考古學家推測，阿爾贊是這一人群的王族墓地，而三道海子則是他們的夏季祭祀中心。三道海子遺址本身在阿爾泰山海拔 3 484 米的雪峰之下，早期遊牧政權的首領及其核心集團通過在阿爾泰山巔谷地定期舉行的禮儀活動，控制着民眾與上天、諸神的溝通權力，宣傳他們所崇拜的教義和文化，壟斷阿爾泰山豐富的黃金、寶石等資源，同時向其統治範圍內的次一級首領分配各種資源，不斷確認和加強自己統治的合法性，增強不同地區人群之間的認同和凝聚力。

當時的草原進入了鐵器時代，人們的生活方式已經進入遊牧時代，強大的部落可以依靠騎馬來增強自己的軍事力量。這樣的變化必然帶來草原部落的大動盪和大整合，進而形成若干稱霸一方的草原政權。

這個位於中國西北方向的草原政權可能並無自己的文字，沒有留下關於他們自己的記載。不過，在東西方的古老文獻中，與它相關的記載時有出現。在中國古籍《山海經》中有「一目國」的記述，而在古希臘哲學家希羅多德所著的《歷史》中，也留下了關於「獨目人」的文字。這些看似荒誕不經的記述，都指向了阿爾贊、三道海子一帶的古老草原

政權。也許所謂的獨目，是當時遊牧民的一種服裝，或者是一種祭祀儀式的裝扮。

雖然這個「獨目人」草原政權仍然迷霧重重，但從它興盛的時間看，很可能對東西方的歷史產生了深遠的影響。「獨目人」政權的強盛，可能向西迫使斯基泰人西遷，並影響了古希臘和古波斯的歷史進程。而這個政權向東的影響，很可能與前面提到的西周滅亡有一定的關聯性。

歷史學家從歷史文獻中發現，在公元前7世紀中葉，華夏的北部邊境突然受到了迅速增強的外族入侵壓力，比如赤狄、白狄和山戎等族群更加頻繁地騷擾邊境。他們為何對華夏突然發難？

也許正是因為草原深處出現了一個或若干個強大的政權，並且向四方擴張，給了草原邊緣地帶的部落非常大的壓力，中國河西走廊以及長城地帶的部落政權不得不向東、向南尋找生存空間，於是出現了文獻中記載的頻頻入侵華夏的事件，西周可能就是這一趨勢的犧牲品。

《詩經·采薇》中寫道：「采薇采薇，薇亦作止。曰歸曰歸，歲亦莫止。靡室靡家，玁狁之故。不遑啟居，玁狁之故。」學者考證，這首詩描寫的應該是西周晚期周宣王抵禦外敵之一玁狁的情形，士兵們抱怨自己一年到頭回不了家，無法照顧妻兒。

玁狁的威脅如此之大，以至當時很多青銅銘文都記錄

了與獫狁作戰的場景。比如在多友鼎銘文中記載，周軍在一次戰役中俘獲了獫狁的 100 多輛戰車，但獫狁實力猶存，仍然與周軍多次作戰。如此強悍的部落讓學者們懷疑，獫狁這個部落可能有草原背景。

而考古發現告訴人們，至少在公元前 7 世紀，草原上就已經存在強大而富裕的國家政權了，鐵製武器和馬拉戰車讓草原政權如虎添翼。草原政權興起，甚至可能早就對中國歷史產生了間接的影響。

或許華夏與草原之間的聯繫，早在兩邊的人們直接相對之前很久，就以一種「隔山打牛」的方式開始了。西周的滅亡可能就是一例。

春秋戰國時期，晉國以及之後的趙國是與草原政權距離最近、接觸最頻繁的勢力。史書記載，公元前 5 世紀的時候，晉國的趙襄子就「併戎取代，以攘諸胡」。這幾個字十分簡潔地描寫了華夏諸強吞併長城地帶的部落後，面對草原政權的發展過程。

「諸胡」這兩個字耐人尋味，「胡」顯然不是指長城地帶的那些亦農亦牧的部落，而是指生活在草原上的騎射族群。而且在趙襄子時期，「諸胡」並不是一個統一的族群，而是分成若干族群，當時漢族人統稱這些自身剛剛遭遇的草原族群為胡人。也許緊鄰長城地帶的草原上，還沒有形成阿爾贊一帶那樣強大的草原政權。所以趙國面對的草原政權

還不算太可怕。

在漢族人筆下，胡人逐水草而居，他們畜養動物，騎馬作戰，擅長射箭。

趙國與草原政權直面相對，給趙國與戰國諸強的爭鋒帶來了有趣的變化。曾經的趙國，除了要與華夏各諸侯國抗衡外，其東北方有東胡，北方有匈奴，西北方有樓煩和林胡，可謂強敵環伺。為了富國強兵，趙武靈王積極吸收草原政權的先進軍事技術，提倡「胡服騎射」，讓趙國一躍成為七雄之中僅次於秦國的第二強國，不僅滅掉了臥榻之側的中山國，還向北擴張領土，最大限度地把草原諸胡向北逼退。

如果我們要說華夏與草原之間的融合，那麼趙國無疑是兩大世界融合的先驅，把草原的軍事優勢與華夏的農耕優勢初步結合在了一起，甚至在文化上也嘗試着融合。

然而，武裝起來的草原諸胡已經不是過去的「吳下阿蒙」，善於學習的趙國可以擊退對手，甚至向北深入，卻無法徹底消滅對手，特別是逐漸強大起來的匈奴。到了戰國後期，強大的趙國不得不派出精兵良將來守衛北部邊境，比如位列戰國四大名將的李牧就曾率領大批趙軍與匈奴、林胡、東胡長期作戰。來自北方草原的軍事牽制，嚴重削弱了趙國與戰國七雄中其他國家作戰的能力。

相對來說，從中原逐鹿的視角看，戰國時期的秦國、齊國、楚國的背後並沒有草原諸胡這樣強大的對手，至少不

像趙國那樣直面如此多的草原對手，算是它們的運氣。

　　面對越來越強的北境邊患，地處北方的戰國三雄——秦國、趙國、燕國花費了大量的精力，修築了各自的長城，來抵禦草原騎兵的侵擾。它們不惜成本地修築長城，無聲地向後人證明：胡人的威脅真的很大。

白登山前後：兩個世界的戰與和

分處長城兩側的草原和華夏，似乎正在進行一場整合的軍事競賽，到底是草原上的「諸胡」率先實現整合，形成一個統一的草原帝國，面南背北，俯視華夏呢，還是戰國七雄率先完成整合，形成一個統一的華夏王朝，君臨天下，傲視北境呢？

「六王畢，四海一」，秦國領先一步，完成了統一華夏文明圈的重任，變成了秦朝。

秦始皇根本沒有喘息的時間，他必須立刻解決實力不斷增強的胡人的威脅，尤其是臥榻之側的強敵——匈奴。

大將蒙恬在攻破了六國中最後一國——齊國之後，立刻領取了向北攻擊的新任務，帶領30萬大軍攻向河套地區，也就是黃河的「几字彎」位置。雖然今內蒙古河套地區較為乾旱，甚至還分佈着毛烏素沙漠和庫布齊沙漠，但是在秦朝的時候，那裡是豐美的草原地帶，不論對於匈奴還是秦朝，都是一塊肥肉。匈奴人一度佔據了河套地區，與秦都咸陽相距不遠，對秦朝的威脅極大。

而如果秦朝佔領了河套地區，就能夠擁有一大片牧場，騎兵所需的馬匹將有糧草保障。戰國時期，戰車已經逐步退出了軍事舞台，代之以靈活機動的騎兵和組織嚴密的步兵。從那時起的中國整個冷兵器時代，騎兵都是北方爭霸戰中

的決定性軍事力量。

當時尚未統一整個草原的匈奴還不是蒙恬大軍的對手。挾殲滅六國的餘威，秦軍順利拿下了河套地區，匈奴首領頭曼單于只能帶着部眾向北退卻，避讓秦軍兵鋒。然後蒙恬將昔日秦國、趙國、燕國修築的長城連成一線，構築起一條綿延萬里的防禦工事，把包括匈奴在內的各個草原政權擋在華夏王朝的外面。

如前所述，騎兵在草原上飛馳是很方便的，匈奴可以很容易集結起自己的騎兵，在河套地區與秦朝作戰。反觀秦朝，要從中原地區把步兵軍隊調集到河套地區就比較困難了。為了消除調動軍隊的缺陷，在繼萬里長城之後，秦始皇又高瞻遠矚地下令修建了一條秦直道。秦直道從秦都咸陽城附近的甘泉宮出發，向北一直延伸到今包頭市西南的九原縣，穿越整個鄂爾多斯地區，抵達河套地區的邊境線。修築秦直道就為了方便調動軍隊，威懾和打擊匈奴。一旦塞外有事，浩浩蕩蕩的秦朝大軍便可以從都城咸陽城附近整軍前進，直達邊塞。

其實，這條通往北部邊境的秦直道，只是秦朝建設的交通網絡的一條而已。秦朝以都城咸陽城為中心，向外輻射，修建了大量叫作馳道的國家級道路，把都城和天下其他郡連接起來。根據文獻記載，秦朝統一天下的第二年，也就是公元前 220 年，馳道就已經連接了東方的燕、齊，南方的吳、

楚，而且一直通到了沿海地區。馳道有固定的寬度，沿途還種植了青松，道路外側用鐵錘夯實。

秦始皇坐着馬車五次巡遊天下，就是行走在這些溝通了全國的馳道上的。所以，大秦帝國並不只有防禦外敵的萬里長城，它還有四通八達的交通網絡。

帝國是甚麼？帝國就是交通！

龐大的帝國必然有龐大的交通網絡做支撐，如此才能快速調集軍隊，維繫疆土；如此才能讓中央的政令通暢地抵達國家的每一個角落，號令四方；如此才能讓商人便捷地販賣天下貨物，促進經濟發展。

長城兩側，草原與華夏的這場整合競賽中，華夏率先撞線，統一天下的秦朝面對北方草原上尚未統一起來的各個遊牧政權，擁有強大的國力優勢，以萬里長城和秦直道為骨幹的北方防禦工事看上去固若金湯。這樣的局面如果持續下去，草原遊牧政權只有被動捱打的份兒。

可惜，競賽才剛剛進行了第一輪，後面還有許多輪呢。

當時的草原上，政權格局是這樣的：月氏、匈奴、東胡在長城地帶以北的草原上從西到東依次排列，這幾個草原政權很可能在秦朝統一華夏之前就已經形成了。當然在它們身後的更北方的草原深處，很可能還有其他一些草原政權存在，只是與戰國七雄不接壤，缺乏相關史料。

匈奴地處華夏正北方，是首當其衝受到秦朝正面打擊

的一方。在蒙恬大軍的壓迫下，匈奴喪失了原本屬於他們的河套地區的大片牧場，國力大損。按照司馬遷的《史記》的說法：「東胡強而月氏盛」，不僅長城南面的秦朝惹不起，匈奴兩側的東胡和月氏的實力也隱隱凌駕於匈奴之上。

就在匈奴政權岌岌可危之時，迎來了一位草原雄主，徹底改變了草原乃至於東亞的政治格局。

他就是冒頓。《史記》對冒頓登場的描寫，猶如一位蓋世英雄下凡。冒頓本是匈奴的太子，但是他的父親頭曼單于不喜歡他，把他送到月氏當人質，然後又率兵攻打月氏，希望月氏遷怒冒頓，將他殺死，好讓小兒子成為太子，此舉真是令人懷疑頭曼單于是不是冒頓的親爹。沒想到冒頓逃回了匈奴，頭曼單于只好不情願地給他一個萬騎統領當。萬騎是匈奴的軍事單位，匈奴號稱有 24 個萬騎。有了自己的隊伍後，冒頓培養起一支忠於自己的力量，殺死自己的父親和一干兄弟，自立為單于。

此後冒頓東征西討，向東消滅了東胡。《史記》對此有非常文學化的描述，東胡輕慢冒頓，依次向匈奴索取名駒、美女和土地，冒頓視名駒和美女為無物，都送給了東胡。在放鬆警惕的東胡再次索取土地時，冒頓奮起反抗，率領早已怒火中燒的匈奴將士，突然發動襲擊，一舉擊破東胡，殺死東胡王。

然後，冒頓向西趕跑了月氏；向北降服了渾庾、屈射、

丁零、鬲昆、薪犁等一大幫草原政權；向南吞併了樓煩，甚至趁機奪回了被蒙恬大軍侵佔的河套地區。至此，莫頓統治下的匈奴基本上完成了北方草原的統一，號稱「控弦之士三十餘萬」。

冒頓能夠在草原上縱橫馳騁，毫無顧忌地東征西討，一個很重要的原因是，來自華夏的壓力短暫地消失了。曾經讓匈奴望風而逃的秦朝在秦始皇死後天下大亂，根本無暇關注草原上發生了甚麼。

從時間上看，秦始皇死於公元前 210 年，而冒頓剛好在此後一年，即公元前 209 年殺父自立，啟動了自己的草原霸業。華夏大亂給了匈奴短暫而寶貴的歷史機遇，雖然只有那麼幾年的時間，剛好讓冒頓抓住了。

在草原與華夏的整合競賽中，勝利的天平開始向草原一方傾斜。短短的幾年時間，冒頓就基本統一了整個北方草原，而華夏的漢王劉邦與楚霸王項羽還在殊死搏鬥。公元前 202 年，劉邦終於擊敗了項羽，建立了漢朝，定都長安。經過短暫的亂局後，長城之南的華夏終於再度統一了。然而秦末華夏這短暫的亂局竟然是如此致命，剛扳倒宿敵的劉邦立刻就感受到了凜冽的北境「胡風」。

關於北方草原為何在秦併六國之後很快也出現了整合，有很多解釋。比如，有學者認為，正是華夏的大整合促進了草原的大整合。秦國吞併了六國後，以萬里長城的形

式劃定了農耕世界和遊牧世界的邊界，秦朝給草原的威脅迫使草原各個政權為了謀求生存而趨於整合。

這樣的觀點本質上是一種華夏本位的視角，認為是華夏主導了自身和草原的政治格局。可是從時間上看，冒頓統一草原的進程恰好是在秦末大亂的時候突飛猛進的，並不是在秦朝作為統一的政權向北施壓的時候。

其實，草原多個政權自古以來就相互掠奪和征戰，正如春秋戰國時期各個諸侯國之間的關係。不論是草的世界還是禾的世界，都經歷了長時間的、群雄並起的戰國時代，各個政權都致力於軍備競賽，全力加強自己的軍事力量，與敵人生死相搏。從春秋到戰國，華夏的戰爭越來越頻繁，戰爭規模也越來越大。幾乎可以肯定的是，當時草原上的情景也是一樣的，史書所記載的匈奴攻破月氏和東胡的事件，同樣是規模很大的戰爭。

熾熱的戰爭火焰最終會烘焙出統一的帝國。所以，華夏和草原在相距不太長的時間內先後整合，形成統一的政權，這雖然有點巧合，但也是當時的歷史趨勢造成的。

如果一定要找出關鍵性的因素，推動甚至決定了這種整合的趨勢，那麼人口密度的增加應該是要考慮的因素之一。粟、麥、稻等農作物的廣泛種植，激發了中原以及長江流域人口的增長，各個區域政權有了足夠的人力、物力，來組建龐大的軍隊，與鄰國爭奪霸權。關於草原上的食物與

人口情況，雖然史料匱乏，但各種生活技術和工具的出現和普及，也一定使草原上生活的人口變多了。至少，遊牧技術的不斷成熟、放牧的畜群規模和數量的增加，會養育更多的遊牧民，於是草原政權也有了大整合的物質和人口基礎。

草原自古以來的戰國時代終結於匈奴，終結於冒頓，正如華夏的戰國時代終結於秦朝，終結於嬴政。至此，草的世界與禾的世界都基本完成了整合大業，並立於東亞的舞台上。走出紛亂的戰國時代，雙峰對峙，草的世界與禾的世界會發生怎樣的碰撞呢？

長安城內，皇帝寶座還沒有坐熱乎的漢高祖劉邦接到了糟糕的消息，北部的韓王信反叛，夥同匈奴大軍南攻而來，已經逼近晉陽。劉邦不得不集結軍隊，向北迎擊匈奴的入侵。

冒頓和劉邦，分別統一了草原和華夏的兩大雄主，終於迎來了在戰場上直面彼此的歷史時刻。

公元前 200 年秋，平城之戰爆發，平城在今山西省大同附近。劉邦的北上大軍先後擊敗韓王信和匈奴左右賢王的幾支人馬，劉邦率領先頭騎兵部隊進入平城。也許是初戰告捷讓劉邦麻痹大意，不等大批步兵趕到平城，他就馬不停蹄地率領騎兵向北追擊。結果迎頭遇到了冒頓率領的匈奴主力大軍，被團團包圍在白登山上。

按照史書記載，漢高祖被圍白登山整整七天七夜，依靠

重禮賄賂閼氏（冒頓的妻子），通過閼氏遊說冒頓，讓包圍圈打開了一個口子，被圍漢軍才從白登山脫險而出。兩大雄主的平城之戰，以漢高祖狼狽逃跑而結束。

但今天的歷史學家對於史書所載的白登之圍的許多細節頗有懷疑。比如雙方投入的軍力，史書所載冒頓率領40萬騎兵，而劉邦率領馬步軍總計32萬，感覺雙方兵力過於誇大，尤其是匈奴方面的。再比如賄賂閼氏脫逃的情節，更像是戲說而不符合常理。所以，歷史學家推測，圍繞平城之戰出現的許多細節疑點，與西漢前期主戰派和主和派之間的矛盾有關，司馬遷等人在寫史書的時候，更多受到了主和派的影響，誇大了對匈奴作戰帶來的不利後果。

順便說一句，西漢前期的主戰派與主和派之爭，其實和勇氣、氣節並無太大關係，兩派人士主要考慮的都是自己在國內的利益，戰爭意味着國家資源向備戰傾斜，有人獲益，也有人受損。

對於白登之圍，更符合邏輯的推斷是甚麼呢？根據史料記載，冒頓率領匈奴主力從戰場撤退後，平城城下有小部分匈奴軍隊未能及時北撤，反而被趕來的漢軍主力包圍並殲滅；韓王信的地盤也被漢軍悉數收回。所以，平城之戰從結果看，絕對不是漢朝的失敗。因此回想白登山解圍，更大的可能性是漢軍據險而守，匈奴圍攻未果。攻堅戰也並非匈奴騎兵所長，在漢軍主力不斷逼近，自己的援軍遲遲不

至的情況下，冒頓主動選擇了放棄包圍，避免與漢軍主力決戰，見好就收。這也說明冒頓的軍力與漢軍主力相比，並不佔優勢。

雙方都有所顧忌，於是平城之戰就這麼草草收場了。拋開勝負得失不談，平城之戰具有十分深遠的歷史意義。統一的華夏王朝遭遇了和自己分量相當，甚至軍事力量還優於自己的草原對手。如何與北方草原上的強悍對手打交道，成為接下來1 000多年裡華夏王朝的大事，甚至是頭等大事。反過來講，草原帝國如何面對南面人口眾多、物產豐富的華夏王朝，也是其要考慮的重要外交關係，甚至是頭等外交關係。

雙方白登山的這次激烈碰撞，正式掀開了草的世界與禾的世界從接觸到融合的漫長歷史篇章。

讓我們首先來看漢朝面對草原的策略選擇。白登之圍後，漢朝一度選擇了和親獻貢的方式，與匈奴維持和平狀態。

劉邦派遣劉敬到匈奴商定和親之約，主要條款是漢朝把公主嫁給匈奴單于；兩軍罷戰，兩國約為兄弟，以長城為界；漢朝每年給匈奴各種織物、糧食，匈奴保證不再侵擾；雙方開展一些邊境貿易活動。

漢朝採取的這種「給人給物」的外交策略，顯然是懾於匈奴騎兵強大軍威的理性選擇，畢竟漢朝初年的國力，還無

法與統一草原的匈奴抗衡。而冒頓時期匈奴實力極強，其統治區域東起遼河流域，西到蔥嶺（今帕米爾高原一帶），北抵貝加爾湖，南接長城與漢朝分庭抗禮。

從漢高祖開始的和親獻貢政策成了漢朝初期的慣例，在漢朝和匈奴出現統治者變更的時候，就會有一位漢朝公主被送到匈奴和親，以確保兩個大國之間的盟約繼續有效。比如，在漢惠帝繼位不久，第二個和親公主就在公元前 192 年送到冒頓那裡，漢文帝和漢景帝也都延續了這一政策。

白登山之後，漢朝為安撫匈奴，恢復生產，休養生息，一方面通過「和親」政策給人、給物，維繫與匈奴「中央政府」——龍庭的關係；另一方面還開放邊市，允許邊境貿易。

漢朝和匈奴之間出現了幾十年的相對和平期，再沒有發生大規模的戰爭。互通關市使得雙方接觸更加頻繁，甚至出現「匈奴自單于以下皆親漢，往來長城下」的盛況。當時漢匈之間交往頻繁，交換的種類和數量繁多，包括鐵器、銅器、馬具、黃金、服飾、絲織品等各種物資。交易讓漢朝和匈奴都獲益了，對匈奴的價值更大。

但是，漢朝和匈奴之間還是出了些麻煩。在漢朝看來，通過和親與納貢，給了匈奴龍庭（匈奴中央政府）大量的物資，屬於花錢買和平的策略。可是這種策略卻不能完全奏效，匈奴方面總是會有一些小股人馬時不時地南下劫掠，似乎完全不理會漢朝已經支付了很多的物資。這讓漢朝很憤

怒，認為匈奴人背信棄義，貪得無厭。

為甚麼漢朝方面的和親獻貢策略會時不時地失效呢？這個策略到底出了甚麼問題？

與其指責匈奴單于和其部下的人品、道德，不如深入地了解一下匈奴這個草原帝國的國情，也許我們就能夠找出和親失效的原因了。

冒頓要管理的是非常廣闊的國土，國土以遼闊的草原為主體。他把匈奴的疆域主要分為東、中、西三個大的部分進行管理。中央是龍庭，也就是單于庭，由單于自己直轄。東西兩邊分別是左賢王和右賢王管理的區域。單于庭南邊對着漢朝的代郡和雲中郡。左賢王庭是匈奴的東部地方政府，統治區域東接濊貊和朝鮮，南界接漢朝的上谷郡。右賢王庭屬於匈奴的西部地方政府，管轄區域南到漢朝的上郡，西部直抵月氏和氐、羌各部落。

按照匈奴習俗，通常情況下，單于以下以左賢王的地位最高且最尊貴。左賢王不一定都能成為單于，他只是單于的第一順位人，也就是説相對於同為單于兄弟或子孫、具有繼承權的右賢王和左右谷蠡王而言，左賢王成為單于的可能性最大。

這種「三翼」的制度可能在冒頓時代之前就在草原上施行了，範圍則可大可小，一直被此後的各個草原政權採用，管轄廣袤的草原和各部落。管中窺豹，從三翼制度我們可

以發現草原帝國的重大秘密，即它們實際上都是鬆散的部落聯合體。

觀察草原政權最微觀的結構——家庭，可以幫助我們理解匈奴帝國政治結構的由來。在草原遊牧民中，一個大家庭往往由數代有着血緣關係的男性親屬組成，並由輩分高的家庭的年長男性所領導。

男性在成年結婚後，一般會向大家長索要一些牲畜，作為自己的財產，也是自己養活家庭的工具。不過他並不會遠離自己的父輩和兄弟們，而是仍然和大家一起生活，放牧牛羊。因為對一個獨立的家庭來説，理想狀況是男人管理畜群，女人管理蒙古包，但是在草原艱苦的自然環境中，一個家庭是很難完全自食其力的，需要更多的家庭通力配合。於是，有血緣關係的許多家庭組成大家庭，共同放牧大家的畜群，以及協力完成其他事情。許多鄰近的大家庭就構成了一個部落，部落甚至可以擁有一定的戰鬥力。

在古代，部落貴族可能會有幾個妻子，但是每位妻子會有屬於自己的蒙古包，打理蒙古包中的日常生活，養育兒女。所以在草原上，女性也有自己的權威，甚至有一定的財產權，當然她們在生活中也扮演着很重要的公眾角色，有時會影響男人的決策。

草原上，人口密度比平原小，地廣人稀，而且人口總是處於不停的流動之中，牧民們分成無數個小的族群，在一定

範圍內進行有規律的遊牧。即使到了今天，一些遊牧群體仍然會有夏季營地和冬季營地，然後按照季節在營地之間的草原上有規律地遷移和放牧。這是因為如果固定在一個地點放牧，牲畜最終會把那裡的草全部啃光，連草根都不剩，草原會出現荒漠化，不再適宜放牧。有規律地遊牧，一方面保證了牲畜的活力和草料，另一方面也維護了廣闊草原的生態環境。

鬆散的族群、遊牧的生產方式，決定了匈奴的國家治理方式和華夏區域截然不同。

在冒頓的國度中，龍庭、左右王庭管轄的區域裡，有着大大小小的族群在不斷地遷徙、放牧，他們認同單于是自己的最高首領，但單于無法直接控制某一個小的族群，他需要通過控制某個大的王，間接控制小的王，把自己的命令一層層傳下去，最後抵達一個具體的族群。而且，由於遊牧經濟的特殊性，不論是單于的龍庭，還是大小王的營地或者某個族群的營地，總是在不斷的遷移之中。

所以單于遷移到甚麼地方，甚麼地方就可以被稱為龍庭。和華夏採用固定的都城截然不同，龍庭的位置是可變的。漢朝使者前往匈奴的時候，曾經困惑於龍庭好像並不在一個固定的地點。

單于和龍庭在移動，他所管理的大小部落也在四季遷徙中。很多時候，單于真的不清楚某個族群當前具體在哪

裡，他們在幹甚麼。這不僅對於單于的統治有點麻煩，對漢朝來說，麻煩更大。

匈奴單于要維繫龐大的鬆散聯合體，除了自己部落有足夠強大的軍事實力，可以鎮得住場子外，更為重要的是，還要能給整個草原的各個部落帶來經濟利益，這才是草原帝國長治久安的關鍵。

華夏王朝的運轉建立在對廣大民眾徵收賦稅之上。農民上繳糧食或其他有價值的東西，或者提供勞役，商人上繳錢或其他重要商品，中央政府將這些東西收集起來，維持王朝的日常開銷。草原政權雖然也可以向各個部落收稅，但由於人口少，人員流動性大，因此草原政權的中央財政是完全不能與華夏王朝相比的。於是，雖然單于直轄的部落是整個草原最強有力的一支，但單于並不能直接統領所有部落，他只能依靠血緣關係的親疏遠近，建立起草原政權的政治結構。一個草原帝國的權力結構，其實和草原上一個大家庭的權力結構類似。

如果一位貪婪的單于試圖從其他部落那裡徵收更多的牲畜，他會發現他的財富積累也是不可持續的。草原上自然災害頻發，暴風雪、疾病甚至突然的襲擊就會讓他的牲畜財產損失大半。牲畜和它們的附帶產品往往只能當年享用，除了毛皮可以留存較長時間外，其他畜牧產品比如肉、奶並不能長期積累起來。

更麻煩的是，如果其他部落覺得單于對自己的壓迫太嚴重了，他們可以逃跑，而且真的能夠逃掉。相反，華夏農民被嚴格地限定在自己的耕地上，農民逃跑意味着失去自己賴以生存的土地，意味着可能要餓死。但是草原上的政權管理是鬆散的，遊牧民可以趕着自己的牲畜跑到很遠的地方，離開單于的監控繼續生活，而單于很難制止這種逃跑行為。

為了維持自己作為權力結構中心的地位，單于除了依靠自己部落的強大戰鬥力之外，必須想方設法靠經濟利益來「拉攏」各個部落的首領，讓他們願意跟隨自己。正如共同放牧的幾個小家庭既有自己的畜群，也共同擁有一些大家庭的公共資源那樣，單于也需要為自己的「匈奴大家庭」提供維繫各個部落的公共資源。

具體來說，遊牧民的草原生活是比較艱苦的，雖然毛皮、肉食、奶製品豐富，但是其他物資十分匱乏，比如鹽、穀物、紡織品這些至關重要的物資。因此，草的世界比禾的世界更需要外界的物產，來改善生活質量。

而要獲得外界的物產，不外乎兩種方式，其一是通過商品交易，遊牧民與周邊族群做生意獲得自己需要的物產；其二是依靠掠奪，也包括通過軍事威脅獲取貢品。

誰能給大家提供源源不斷的外界物產，誰就有資格統治整個草原帝國。冒頓單于做到了，他之後的幾任單于也

做到了。即使和之後出現的幾個草原帝國相比,匈奴統治草原的時間也算是很漫長了。匈奴帝國在最初的 250 年中,完全統治着草原。而在超過 500 年的時間內,匈奴都是草原上最強悍的勢力。

匈奴帝國的穩定與單于能夠有效地從外部獲取物產,讓主要部落能夠獲益有直接的關係。而外部世界最重要的國家,莫過於草原正南方的漢朝。説得直白一些,從漢朝獲得足夠的物產,是匈奴帝國保持穩定的關鍵。

草原政權對於軍事敲詐十分在行,我們甚至可以猜測,早在冒頓統一整個草原之前的草原戰國時代,各個部落之間就已經在頻頻上演軍事敲詐了,一個能夠從其他部落中掠奪或敲詐到財物的首領,會受到族人的擁戴。史書記載東胡向羽翼未豐的冒頓頻繁索要財物、美女和土地,就是軍事敲詐的典型案例。而冒頓建立起龐大的匈奴帝國後,面對漢朝和周邊其他政權,自然而然地也把這種草原模式移植過來,奉行軍事敲詐的政策。

但是,漢朝與匈奴之前吞併的草原其他部落明顯不同。漢朝國力更為強大,匈奴可以向南侵擾,卻無法吞掉漢朝。而且,漢朝與匈奴是長城南北兩大世界初次直面相對,匈奴並不熟悉農耕地區的管理模式,反之漢朝也不熟悉遊牧地區的管理模式,兩邊也都缺乏了解另一個世界的人才。

所以,匈奴無意吞掉漢朝,只要漢朝能夠提供貢品,匈

奴甚至會希望漢朝的統治最好保持穩定，不要出亂子，影響貢品的輸送。

除了軍事敲詐之外，匈奴當然也會利用正常的貿易來獲得自己無法生產的物產。比如冒頓的兒子老上單于統治匈奴期間，在與漢朝的和親協定中，引入了有關邊境貿易的條款。這個條款給普通匈奴人帶來了與華夏互通有無的貿易利益，畢竟普通匈奴人的部落、家族級別太低，是不可能從漢朝給單于的貢品中瓜分到甚麼的。

冒頓及之後的幾任單于期間，匈奴除了與漢族人進行商品交換外，與其他的北方各族及西域諸國也有貿易往來。

冒頓時期，匈奴基本控制了西域，完全壟斷了漢朝與西域之間的交通路線。西域諸國乃至中亞的安息都喜歡漢朝的絲綢、茶葉、瓷器等，但由於交通路線為匈奴所阻，不能直接與漢朝進行交易，所以就只得依賴匈奴做中間人。如此一來，匈奴不僅能從中獲得較大的利益，還能滿足自己對於一些必需品的需求。這種轉手貿易模式，我們會在後面的草原政權中頻頻看到。

了解了匈奴帝國的國情，我們就可以分析漢朝的和親獻貢策略為甚麼屢屢失效了。

前面已經點明，匈奴其實是一個龐大的、鬆散的部落聯合體。漢朝送給匈奴龍庭的那些貢品，基本上由匈奴單于先分配給龍庭內部享用了，最多再分配給握有大權的左

賢王庭和右賢王庭一些，再往下的那些小部落，根本分不到一杯羹。

對那些小部落來說，生活本來就比龍庭要艱難很多，也需要華夏的物產來改善生活。他們當然可以通過關市來交易，不過部落較小的時候，本身資源有限，達成交易相對困難。再有個天災人禍甚麼的，這些部落就只能鋌而走險，拉起一隊人馬衝向南邊搶東西，然後帶着戰利品逃回草原。需要強調的是，匈奴方面本來就有很多從漢朝投降過來的叛將、叛兵，他們對漢朝的邊境情況更加了解，也更容易南下劫掠財物。

高高在上的單于可能根本不清楚下面的小部落幹了甚麼事情，即使單于知道有些小部落可能南下劫掠了，遊牧帝國的鬆散特性讓他們也不好管束，甚至懶得管束了，反正自己的龍庭定期能收到漢朝的貢品，能夠籠絡住與自己關係最緊密的那批部落首領，維持住大體上的場面就行了。因此，漢朝的貢品最多只是買到了來自匈奴王庭和主要族群的和平承諾，並不能杜絕邊境上的侵擾行為。

高高在上的匈奴單于居然管不了小部落的軍事行動？這句話講給漢朝人聽，他們是不相信的，這好比是一群底層農民竟然不聽皇帝的話，這怎麼可能！

這就是草的世界與禾的世界的不同。

這種結果可不是漢朝想達成的目標，於是漢朝的皇帝

們不得不面對一道頭疼的選擇題：是繼續給匈奴貢品換得有限和平，然後忍受時不時被打劫，還是破釜沉舟，與匈奴大戰一場，徹底解決北方威脅？

漢高祖劉邦曾經嘗試過武力解決，卻發現實力不濟，於是轉而委曲求全，以和親獻貢來謀求和平。不過匈奴與漢朝的力量對比是在不斷變化的。決定兩國之間是否開戰以及輸贏的一個重要因素，是人口。

匈奴和漢朝都要面對如何治理龐大國家的課題。從管理民眾的角度看，兩個國家的區別在於人口密度和流動性。匈奴的人口密度小，地廣人稀，而且人口總是處於不停的流動之中。而漢朝經過初期幾十年的休養生息後，人口密度遠大於匈奴，大量的人口實際上從事農業，農民們長時間被限制在自己的土地和村莊，並不流動。

兩邊民眾和生產方式的不同特點，決定了匈奴必然是一個鬆散的聯合體，而漢朝則形成了一個組織嚴密、層級分明的國度。比如根據漢朝的律法，三人以上無故聚集飲酒，罰金四兩。連幾個人喝口小酒政府都要管，更不用說異地遷徙了。

這樣的民眾管理方式，決定了匈奴和漢朝各自的優缺點。匈奴的優勢在於軍事力量強大。遊牧民每天騎馬放牧，可以輕鬆轉化為騎兵、戰士，幾乎不需要再投入很大的國力去訓練和維持一支軍隊。而漢朝的農民是不可能直接轉

化為戰士的，他們必須要放下鋤頭，拿起武器，經過一段時間的選拔、訓練，才能成為一名合格的戰士。戰爭對漢朝來說，要付出的成本更加高昂。

但是漢朝的優勢在於人口數量。在剛結束戰亂的漢初，人口可能不算多。但只要休養生息幾十年，漢朝的人口就將遠遠超過匈奴。古代人結婚生子比現在早，假如在大亂之後的和平年代，風調雨順，病疫不起，在土地和糧食產量未達極限的條件下，農耕國家每25年人口數量增加1倍，那麼只要70多年，人口就能增加到原來的8倍。

這基本上就是漢初幾十年間的人口增長趨勢，從漢高祖劉邦建立漢朝到漢武帝登基，經歷了60年左右，漢朝已經發展為一個擁有數千萬人口的國家。對比草原上的匈奴人口，據估計長期徘徊在一二百萬人，漢朝在人口上具有壓倒性優勢。

對一個農業國家來說，人口就意味着國力。當漢朝的人口和國力遠勝於匈奴時，此時發動戰爭，固然要付出比匈奴更多的成本，但是漢朝消耗得起，匈奴消耗不起。

匈奴人口遠遠少於漢朝，因此能夠組織起來的青壯年騎兵是有限的。從長期的草原軍事歷史看，中國北方漠南、漠北草原能夠集結起來的騎兵，最多也就十幾萬人，不會超過20萬人。冒頓單于之後，匈奴在老上單于、軍臣單于的領導下繼續向前發展。在與漢朝戰爭中出兵最多的一次，

史書記載也僅為 14 萬，這可能已經是匈奴兵力的極限了。

　　因此，只要漢朝願意賠上一些「家當」，和匈奴血拚一段時間，在匈奴數量有限的青壯年拚掉大半後，就無力再戰了。而且一旦戰爭陷入長期持久狀態，匈奴相對脆弱的遊牧經濟也會受到極大的影響，沒有青壯年勞動力來照看牲畜，在苦寒之地艱難維繫的遊牧生產模式會崩潰。

從馬邑之謀到燕然勒石

　　白登山之後，漢朝從高祖、惠帝、呂后、文帝、景帝一直到武帝初期，對匈奴主要採取和親政策。在韜光養晦幾十年後，國力強盛的漢朝終於不再甘居下風，漢朝與匈奴之間的關係迎來了巨大的轉變。

　　公元前 133 年，漢武帝召開了針對匈奴的會議，並在群臣討論之前就表明了自己的態度：「今欲舉兵攻之。」即便武帝有如此堅決的聲明，主和派仍然激烈反對開戰，說明當時確實有許多人不願意打仗。漢武帝決意和匈奴一戰，便提拔任用主戰派官員，壓制主和派官員，強力推行對匈奴的戰爭。

　　也正是在這一年，發生了改變漢朝與匈奴外交關係的馬邑之謀。根據《史記‧匈奴列傳》的記載，漢朝邊塞商人以邊境小城馬邑為誘餌，引誘匈奴單于南下。漢武帝則出動了 30 萬大軍，集結於馬邑附近試圖伏擊匈奴，另有一支偏師迂迴草原，準備切斷匈奴的退路。不料單于率 10 萬大軍南下時，看到沿途牲畜遍野竟然無人照料，不禁起了疑心。此時匈奴攻下了一處邊防小亭，抓獲一個地方尉史，從他口中知道了漢朝的伏擊計劃，於是急忙北退。馬邑之謀就這樣落空了。從此匈奴與漢朝徹底翻臉，頻頻入塞侵襲漢朝。

　　與白登之圍的記述類似，馬邑之謀也疑雲重重。動用

30 萬大軍去搞一場伏擊戰，真的不會打草驚蛇、功敗垂成嗎？為了一座邊塞小城裡的財物，匈奴單于竟然會親自帶領 10 萬大軍前來接應，不是有點不合邏輯嗎？一個邊疆小吏居然能夠知道漢朝軍隊的龐大計劃，自己還傻乎乎地被匈奴擒獲，漢朝會這麼不小心？

這些都不像是真實的歷史，倒像是一個拙劣編劇在挑戰觀眾的智商。

馬邑之謀確實存在，史書記載漢家大將韓安國等人都領兵出征，應該不是虛構。只是整個軍事行動不太嚴謹，很像是年輕氣盛的漢武帝冒失地導演的一次行動，結果無功而返，打草驚蛇。事後，為了平息主和派的怨氣，漢武帝不得已遷怒於支持自己打匈奴的主戰派將領王恢，迫其自殺而死。

馬邑之謀中，雖然漢朝與匈奴都沒有甚麼實際的損失，卻釀成了巨大的外交事件，一舉改變了亞洲東部兩大強國間幾十年來相對和平的態勢。匈奴斷絕了和親，並開始頻頻入塞劫掠，以示對馬邑之謀的報復。而漢朝既然已經踏上了選擇戰爭的道路，漢武帝決意繼續走下去。

即便如此，馬邑之謀後的幾年中，兩邊依然開放關市，交換財貨。匈奴這樣的草原帝國需要關市來獲得自己缺乏的華夏物產，而漢朝在緊鑼密鼓地準備戰爭，通過繼續開放關市來穩住匈奴，爭取備戰時間，讓後者誤以為馬邑之謀只

是和平時代的一個「不和諧的音符」，已經翻篇了。

　　5年後，精心準備的漢朝圖窮匕見，衛青、公孫賀、公孫敖、李廣各率萬騎四路出擊，攻擊關市，深入匈奴境內，正式打響了對匈奴的大規模戰爭。

　　然而年輕的漢武帝再遭重創，四路大軍除衛青奪回河套一帶，建立朔方郡，其餘三路幾乎毫無建樹，李廣還被匈奴生擒，後來逃回。此後匈奴也大打出手，大規模侵入漢朝境內。關市貿易完全終止了，雙方展開了長期的消耗戰。

　　漢朝與匈奴的戰爭，是人類古代歷史上屈指可數的大規模戰爭，在一方崩潰倒下之前，戰爭持續了幾十年的時間，把整個亞洲東部的華夏和草原力量都捲入了進去，甚至還波及廣闊的亞洲內部的西域地區，即今新疆和中亞等地。

　　深入草原作戰，讓漢朝軍隊的損失遠比匈奴軍隊大得多。不過正如前面分析的那般，漢朝的國力也遠比匈奴的國力強盛，即使漢朝的損失更大，未必會先倒下。持久的消耗戰中，勉力維持本國經濟不倒，才是決定戰爭勝負的關鍵。

　　為了籌錢打贏對匈奴的戰爭，漢武帝對天下施行重稅，還進行了各種改革，比如貨幣改鑄、鹽鐵酒專賣、均輸及平準等物價調節政策，想盡各種辦法「撈錢」。漢武帝時期開創的一些商品專賣制度，被日後的許多華夏王朝繼承並實施，成為王朝財政收入的重要組成部分，此乃後話。

　　重稅之下，漢朝的民眾苦不堪言。雖然有人為漢武帝

開脫，說他的重稅大多都落到了地主豪強和商人頭上，並沒有對農民有太多壓迫。但經濟是一個整體，政府的任何稅收都會傳導到底層民眾，更不用說底層民眾還要承擔長期戰爭中的各種勞役工作了。

匈奴一方同樣生活艱難。戰爭爆發後，不僅和親納貢沒有了，關市也消失了，南下劫掠也更加困難了，匈奴幾乎無法再獲得華夏物產，生活質量嚴重下降。隨着戰爭陷入漫長的消耗戰，匈奴還失去了長城地帶附近的牧場，以及大量的牲畜，本身的遊牧經濟也遭受重創。

更為可怕的潛在影響在於，也許是缺乏了華夏物產的輸入和分配，單于麾下的各個部落的離心力會增加，匈奴帝國的穩定性將遭受嚴峻的考驗。

公元前 119 年，決定漢朝與匈奴國運短長的一場大戰爆發了，漢朝發動了一次規模空前的遠征。從代郡出兵奔襲 2 000 多里的霍去病，與匈奴左賢王相遇並進行了激戰。漢朝士兵共殺死、俘虜匈奴 7 萬多人，一路追殺餘部至狼居胥山。勝利的霍去病在狼居胥山舉行了一次祭天封禮。之後，霍去病繼續率軍深入追擊匈奴，一直打到瀚海方才收兵。從此，「封狼居胥」成為後世華夏將領的至高夢想。

經此一役，由冒頓開啟的匈奴帝國的強盛期結束了，雖然匈奴作為一個政權還將延續很久，但匈奴單于只能放棄漠南草原，向北越過荒漠帶，遠遁到今蒙古國的北部大草

原，其龍庭再也沒有回到漠南草原上來，匈奴遊牧民也很少到漠南草原放牧了。匈奴帝國馳騁草原的近百年榮光已漸漸暗淡。

匈奴北退，漢朝一時之間也無力北伐了，長期的戰爭消耗了大量的兵力，軍事上不得不喘口氣。更大的危機出現在經濟上，正是在公元前119年，由於沒錢，漢朝對黃河所開展的各種灌溉和築堤工程被迫半途而廢。而在前一年，山東為洪水所淹，漢武帝派使者開倉救濟災民，結果糧食不夠，官府向富豪人家借貸，還是不夠救濟。於是把災民遷移到邊境各地，要求當地縣官來解決衣食，結果那些縣官也沒錢了。

十幾年間，疲憊的兩大帝國維持了相對和平的態勢，只是這種和平不是因為戰爭結束了，而是因為兩敗俱傷，誰都打不動了。

匈奴雖然退卻，但仍然盤踞在漠北草原虎視眈眈，伺機反噬。徹底消滅匈奴是漢武帝一生的夙願，在搞定了嶺南的南越國割據政權之後，他再次把矛頭指向了北方的匈奴，頻頻派兵越過荒漠，直擊漠北的宿敵。

然而勝利女神似乎不再眷顧漢朝，多次出擊都以失敗而告終。公元前90年，漢武帝在位期間最後一次對匈奴大規模用兵，李廣利等大將率領十幾萬大軍多路出擊，試圖武力征服漠北的匈奴。匈奴單于把輜重轉移到鄂爾渾河以北，

自己在鄂爾渾河以南率領匈奴大軍背水一戰，迎擊漢軍。這場戰役以漢軍大敗，李廣利投降匈奴而告終。至此，漢武帝想生擒單于、根絕匈奴之患的願望徹底破滅。而且國內民怨四起，長安城外盜寇盈野，「海內虛耗，戶口減半」，江山社稷搖搖欲墜。

心灰意冷的漢武帝頒佈了歷史上有名的《輪台詔》，後悔派遣李廣利遠征帶來軍事上的慘敗，宣佈國家將從橫徵暴斂、連年征戰轉向休養生息、和平發展。

其實，如果從戰略上來說，漢武帝最應該反思的是試圖徹底殲滅匈奴的策略。消滅匈奴，控制草原，把華夏與草原都納入漢朝的統治之下，這個理想很宏偉，很美好，符合漢武帝雄才大略的性格，卻過於超前，不切實際。

漢朝在漢武帝時期四面出擊，佔領了嶺南、雲貴、遼東等諸多區域，成功實現了對這些區域的直接控制，看似風光無限，但仔細分析，根本原因是漢朝能夠把在中原地區施行的制度以及中原地區的生產方式移植到這些地方。在武力征服之後，漢朝在這些多山的區域中能夠找到利用河流、湖泊灌溉農田的區域，以農耕來養活駐軍和官民，通過農耕據點控制交通要道，間接實現對廣大山區的控制。正是因為嶺南、雲貴、遼東這些區域中有和中原農耕區很相似的區域，所以漢朝才實現了把這些區域最終納入漢朝版圖的偉業。

反觀北方的草原，卻是另一番模樣。草原遊牧生產模

式和平原農耕生產模式是如此不同，漢朝即使能夠在軍事上驅逐漠南草原上的匈奴人，也無法把農耕區的制度和生產方式移植到草原上去。即使有些小河流岸邊可以小規模開展農業，少得可憐的收成也無法養活駐軍和官員。

漢朝要想控制草原，只能按照草原的方式來，就是採取匈奴人的鬆散部落聯合體的方式。可是草原的這種管理方式與漢朝層級森嚴的郡縣制管理模式大相徑庭。

我們後人當然可以說，漢朝可以實行「一國兩制」，在農耕區採用從上到下嚴密的治理方式，把農民固定在土地上精耕細作，而在草原實行鬆散的部落聯合的制度，讓遊牧民週期性地遷徙放牧，皆大歡喜。可惜，我們談論的是 2 000 年前的漢朝和匈奴，而不是 21 世紀科技發達的國家和地區，那時候的華夏王朝連草原上的經濟模式和風俗習慣都還不怎麼了解，更不用說有效管理草原遊牧區了。

對華夏王朝來說，控制草原地區的最優策略是甚麼？

記住，在草原上，解決一個遊牧部落的是另一個遊牧部落。對漢朝來說，要徹底解決匈奴的威脅，最好的方案莫過於分化瓦解匈奴，用一個草原部落來制衡另一個草原部落，從而保障長城以南的王朝疆域內的長久和平。

退一萬步說，就算徹底消滅了匈奴又如何？草原還是遊牧民的，還是會有新的草原政權填滿權力真空。在明白這個道理之前，漢朝已經付出了極大的代價。

漢武帝帶着未能殲滅匈奴勢力的遺恨去世了，匈奴仍然如同一顆定時炸彈，在漠北草原滴答作響，始終刺激着華夏王朝皇帝的神經。

不論是草原帝國還是華夏王朝，單于位或皇位繼承制度都是關乎江山社稷安危的大事情。我們熟悉的華夏王朝的皇位繼承遵循的是嫡長子繼承制，皇帝的長子是第一順位繼承人，如果長子被廢，繼承權則向下一個兒子順延轉移。哪怕繼承人是個孩子，只要他血統高貴，符合順位繼承原則，皇族和朝臣也會支持他。他不需要多麼有能力，如果能夠「垂拱而治」「無為而治」，史書上都會稱讚他。因為華夏王朝是農耕社會和禮制社會，整個社會要遵照君君臣臣父父子子的尊卑秩序運轉。

而草原帝國的繼承制度略有不同，父死子繼和兄死弟繼都是參考方案。就拿匈奴來說，頭曼單于、冒頓單于、老上單于、軍臣單于四任都是父死子繼，但之後的伊稚斜單于是軍臣單于的弟弟，此後匈奴的單于之位又在伊稚斜單于的幾個兒子之間進行兄弟傳遞。

草原帝國選擇這樣的繼承制度，純粹是因為遊牧部落不喜歡幼主擔任單于。小到一個遊牧家庭，大到一個強悍的部落，都需要一個心智健全、勇武有力的成年人來擔任領袖，這是草原遊牧社會對於領袖的要求，鬆散的部落聯合體只能靠強悍的君主維繫。

第一章　雙峰對峙——草的世界與禾的世界

　　所以相對而言，草原帝國的繼承制度存在着隱患。既然按照程序，單于的兒子和弟弟都有繼承權，如果兩者年齡差不太多，到底誰更有資格繼承單于位，連匈奴人自己都說不清楚。那麼或早或遲，權力的爭鬥就不可避免地會在單于的部落中發生。

　　隱患在公元前 57 年集中爆發了。那一年，匈奴竟然出現了 5 個自稱單于的首領，他們彼此征討。匈奴的這次內亂徹底改變了漢武帝之後漢朝與匈奴僵持的局面，兩個世界的力量對比出現了根本性的變化。草的世界與禾的世界都要重新適應這一變化，並探索出一種新的外交模式。

　　公元前 54 年左右，匈奴的呼韓邪單于被自己的哥哥郅支單于打敗，向南退卻，鄰近漢朝。看上去呼韓邪單于很快就將喪失自己在草原的全部勢力範圍了，於是他決定孤注一擲，向漢朝求援，而漢朝很清楚當時匈奴境內的形勢，所以立刻漫天要價，要求呼韓邪單于送來質子，以及他本人也要親自覲見漢朝皇帝，漢朝才會提供幫助。

　　和當年漢武帝身邊既有主戰派也有主和派類似，呼韓邪單于的手下也分成了兩派。此前的百餘年間，從來沒有一位漢朝皇帝或匈奴單于卑躬屈膝地去拜見另一位。所以，當呼韓邪單于在匈奴的會議上提出自己的設想時，一群匈奴貴族強烈反對也就可以理解了。他們的觀點是，接受漢朝的條件，就意味着匈奴從漢朝的兄弟之國變成了漢朝的附

屬國，這樣一來，匈奴就無法面對漢朝之外的其他國家了，將失去對其他國家的領導地位。

而主和派則非常現實，他們指出，匈奴現在真的不行了，而漢朝還是那麼強大，連西邊的烏孫等國都是漢朝的附屬國，如果他們不接受條件，就要被郅支單于消滅了。

呼韓邪單于面臨着困境，很多匈奴人會把他向漢朝的求助等同於向漢朝投降，這樣許多匈奴人會毫不猶豫地叛逃到郅支單于方面去，畢竟郅支單于是一位匈奴領袖。而且向漢朝求助，漢朝會如何對待自己，也是個問號。前車之鑒是幾年之前，匈奴的日逐王帶着自己的部眾投降了漢朝，這位匈奴的王雖然得到了漢朝的善待，並被封賞了漢朝的官爵，但是他完全變成了漢臣，在草原上的地位徹底消失了。

呼韓邪單于害怕自己也喪失在草原上的地位。然而形勢所迫，呼韓邪單于最終選擇賭一把，降低身份請求漢朝的幫助。他先是送出了質子，而後在公元前51年，作為一位單于，他史無前例地動身前往漢朝，覲見漢朝皇帝。

現在，皮球踢給了漢朝，漢朝該如何禮遇有史以來第一位來訪的匈奴單于呢？

不足為奇，漢朝的群臣再次分成了兩派：一派認為這是匈奴臣服的重大標誌，要昭告天下，宣示漢朝的威名；另一派則認為這是皇帝表現自己仁愛的大好機會，而不是趾高氣揚。對於該用甚麼樣的級別接待單于，一派認為應該

把單于降低到比漢朝諸王低的級別，而另一派則認為單于的級別應該高於諸王，當然還是要低於皇帝漢宣帝。

漢宣帝採納了寬厚的方案，隆重接待了呼韓邪單于，讓他位列漢朝諸王之上，而且也無意吞併呼韓邪單于的部眾。比地位高低更重要的是，呼韓邪單于藉助這次自降身份的朝貢之旅，獲得了豐厚的報酬。據史書記載，在漢朝都城停留期間，他從漢朝接受的物品有黃金 20 斤、錢 20 萬、衣被 77 套、錦帛 8 000 匹、絮 6 000 斤、馬 15 匹等。當呼韓邪單于返回時，他還帶走了大量的糧食。此後他經常獲得漢朝的資助。

那些來自漢朝的物資，對於呼韓邪單于在草原上重竪大旗具有重要價值。前面我們已經談過，誰能給草原上的部落提供所需的物資，誰就有資格成為草原帝國的單于。現在，呼韓邪單于做到了，雖然付出了一點尊嚴，但畢竟有了物資來籠絡草原各部落。

漢宣帝為何不直接吞併了呼韓邪單于的部眾？一方面，當時的呼韓邪單于可能仍舊有一定的實力，漢朝未必真能一口吞下。如果毫無實力，呼韓邪單于恐怕也不可能獲得漢朝給予的高於諸王的待遇。另一方面，經過百餘年的打打停停，漢朝也已經意識到，自己並不具備管理草原的能力，草原最終還是要由遊牧民去管理。

正如當年匈奴希望漢朝穩定，以獲得定期的獻貢那樣，

現在漢朝也希望匈奴能夠穩定下來。因為一個混亂無序的草原會製造出更多的亡命部落，他們對於漢朝邊疆地區的侵擾會更加劇烈，讓漢朝防不勝防。在自己無法親自管理草原部落的情況下，支持一個願意與漢朝合作的單于來統治草原，應該是一個不錯的主意。

漢宣帝的選擇也不是沒有代價的，除了要付出大量的物資外，在漢朝的思想體系中，他也放棄了自己的一點「尊嚴」。給後世留下《漢書》的漢朝儒學大家班固就看出了問題，華夏王朝的天子竟然和一個少數民族領袖的地位如此接近，雖然匈奴單于送來了人質，自己也親自來拜訪，而漢朝皇帝沒有回訪，但匈奴單于的地位並不是臣子，這對於天子的威望是有損害的。在班固這樣的儒學家心目中，「天無二日，人無二主」，只有把匈奴單于降低到臣子的地位，才符合華夏王朝的禮制。漢宣帝顯然沒有這麼好面子。

漢宣帝冒的另一個風險是養虎為患。雖然呼韓邪單于恭敬地表示了友好，但漢朝其實並沒有真正控制匈奴，不論是呼韓邪單于的勢力，還是敵對的郅支單于的勢力，都還游離於漢朝的監控之外。匈奴隨時可能會與漢朝重啟戰端，不得不防。

不過在短期內，更靠近漢朝的呼韓邪單于沒有翻臉不認人的想法，他還需要依靠漢朝來扳倒自己的草原對手——郅支單于。有趣的是，當郅支單于得知呼韓邪單于竟然前

往漢朝觀見，並從漢朝帶回了大量物資的時候，郅支單于也放下身段，向漢朝送出了人質，希望漢朝也能給自己提供物資，換取邊疆的安寧。顯然郅支單于已經意識到，漢朝關心的是草原勢力的象徵性臣服，並不想吞併草原和部眾。所以只要放下身段，就有可能從漢朝換到物資。我們再強調一遍，草原之外的物資一定程度上決定了草原帝國的凝聚力。

不過郅支單于卻與呼韓邪單于不一樣，他在草原上一度是更為強大的一方，大部分匈奴部落都團結在他的身邊，因此即使他願意送出人質，也願意給漢朝一些草原特產做貢品，他本人也不會親自去漢朝朝觀，因為他要維持自己在匈奴民眾中獨立君主的地位和形象。

由於郅支單于不願意親自去朝觀，他也就失去了漢朝的資助資格。憤怒之下，郅支單于要回了留在漢朝的人質，並殺死了漢朝使節。為了敲詐漢朝，他選擇了向西挺進，聯合康居進攻漢朝在西域的盟國烏孫，切斷漢朝在西域的通道。

危局之中，漢朝的當地將領陳湯在得到都護甘延壽的默許和援助後，偽造朝廷文書，集結漢軍和西域盟國軍隊與匈奴、康居大戰，最終在公元前 35 年殺死了郅支單于。為了開脫自己偽造文書的罪名，陳湯、甘延壽上書皇帝，說出了著名的一句話：「犯強漢者，雖遠必誅。」由於對匈奴取得了如此輝煌的勝利，兩人得到了赦免，並被封侯。

郅支單于死了，但草原還是姓「匈」不姓「漢」。這一點可以從呼韓邪單于所獲得的「賞賜」中看出來。

公元前51年呼韓邪單于第一次到漢朝的時候，是他最為困頓的時刻，他獲得了錦帛8 000匹、絮6 000斤。兩年後嘗到甜頭的他再次入漢朝朝覲，獲得了錦帛9 000匹、絮8 000斤。漢朝對呼韓邪單于的這兩次贊助，可以視作給他提供的爭霸草原的經費。但是當公元前33年呼韓邪單于第三次到漢朝朝覲時，漢朝給的賞賜幾乎是翻番的，達到了錦帛16 000匹、絮16 000斤。此時郅支單于已經命喪西域，漢朝如此巨額的打賞，有甚麼內涵？

內涵是，呼韓邪單于已經幹掉了郅支單于，成為草原帝國的強有力統治者，而且是唯一的、最高的統治者，他的力量已經增長到能夠軍事敲詐漢朝了。雖然漢朝獲得了單于表面的恭敬，但是雙方都清楚，漢朝與匈奴又一次平起平坐了，兩國的關係又恢復到了匈奴五單于內亂之前的局面。漢朝仍然要按照過去的慣例，花錢買和平。

此後翅膀長硬了的匈奴單于甚至都不來朝覲了，但漢朝依然會提供給草原豐厚的「賞賜」。比如公元前25年的賞賜包括錦帛20 000匹、絮20 000斤；公元前1年的賞賜達到了錦帛30 000匹、絮30 000斤。漢朝購買和平所花費的物資越來越多，間接暗示了匈奴的力量越來越強。

需要多說一句的是，由於匈奴單于表面上的地位下降，

所以漢朝已經不必派出真正的公主到匈奴去和親了，只需要挑選一些宮女送到草原，就滿足了和親的要求。因此公元前 33 年呼韓邪單于在最後一次訪問漢朝時，得到了 5 名宮女，其中就有日後大名鼎鼎的王昭君。她給單于生了兩個兒子，並在呼韓邪去世後遵照匈奴習俗，再次嫁給了新的單于，又生了兩個女兒，其中一個女兒一度回到了漢朝。

但即使是漢朝獲得的虛幻的面子，在力量改變的時候都未必保得住。

在王莽篡位的那段時間裡，漢朝境內天下大亂，群雄逐鹿。考慮到之前匈奴從漢朝那裡獲得的豐厚賞賜，當時匈奴應該擁有很強的軍事實力，而且當時的匈奴單于與華夏王朝的關係並不融洽。可以設想，如果當時匈奴單于派遣大軍參與漢朝的亂戰，完全有機會決定華夏的政壇走向。

但是，匈奴方面保持了中立，就如同漢朝之前並沒有在五單于內亂的時候派兵深入草原那樣。當時匈奴克制態度背後的思路，也許與漢朝的思路是一致的，那就是：草原總歸要由匈奴人來管理，華夏總歸要由漢族人來管理。這樣的思路表明，當時不論是漢朝還是匈奴，都對對方的國家治理模式沒有深入的了解，因此也就沒有征服對方並管理對方土地和人口的念頭。此時的匈奴真的缺乏對於農耕地區的治理經驗。

還有一部分歷史學家推測，雖然史書對於篡位的王莽

口誅筆伐，說他搞得天下大亂，但是王莽篡位實際上是一次「和平演變」。雖然漢朝變成了短命的新朝，但是實際上邊防並沒有受到很大的衝擊，因此匈奴並無很大的可乘之機。這也可能是匈奴沒有渾水摸魚的原因之一。

不過，漢朝的內亂顯然改變了雙方的力量對比。24年，已經入主長安的更始帝正式向匈奴提出，匈奴應按照之前的納貢制度恢復與漢朝的關係。當時的匈奴單于回答，匈奴和漢朝本來是兄弟，匈奴中亂後，漢朝幫助了呼韓邪單于，所以匈奴向漢朝臣服。現在漢朝大亂，被王莽篡權，匈奴也協助了漢朝復興，因此漢朝應該向匈奴臣服。

這位單于要顛倒納貢制度的想法是認真的，在更始帝被殺後，匈奴方面甚至試圖立一位假冒漢武帝曾孫的人為皇帝。在單于看來，當一個漢朝宗族來向自己求助的時候，應該參照當年呼韓邪單于在漢朝得到的待遇對待他。

因為面子問題，浴火重生的東漢在建立之初就面臨着非常麻煩的局面，匈奴頻頻侵擾邊境地區，希望掠奪和敲詐漢朝的財物。但是，由於之前已經有了匈奴向漢朝的朝貢制度的先例，東漢絕不考慮恢復漢武帝之前的漢朝與匈奴的關係，而是試圖恢復從呼韓邪單于開始的朝貢制度，這又是當時蠻橫的匈奴單于不願接受的條件。

只要雙方實力對比發生變化，面子問題就不再是問題了，而實力總是會發生變化的。

48 年，匈奴再次出現了內亂，內亂的起因還是繼承制度的隱患爆發了。呼韓邪單于臨終前留下遺言，讓自己的兒子們輪流做單于，也就是兄死弟繼。結果傳到了某個兒子那裡後，這位單于不想把寶座傳給自己的弟弟，而是想留給自己的兒子，改繼承制度為父死子繼，並殺死了自己的弟弟，埋下了內亂的禍根。

實力的蹺蹺板再次逆轉了，現在漢朝成了更重的那一端，而匈奴則至少分裂為北匈奴和南匈奴兩支，其中靠近漢朝的南匈奴是弱小的一方，形勢危若累卵，隨時可能被北匈奴擊潰。100 年前呼韓邪單于的那一幕又要上演了，但是這一次劇情略有不同。百年之後的這個南匈奴過於弱小了，連當年呼韓邪單于與漢朝討價還價的實力都沒有。

於是當 50 年兩名漢朝使者來到南匈奴單于處，命令他拜倒在地，接受漢朝詔書的時候，這位單于猶豫了一下，還是跪下了。這一跪，就代表了他是漢朝的臣子，他所代表的匈奴勢力成為漢朝的附屬。

這是漢朝與匈奴纏鬥數百年後的一次重大勝利嗎？

這位南匈奴單于甚至也借用了呼韓邪單于的名號，我們可以稱呼他為第二呼韓邪單于。他得到了漢朝賜予的黃金王印，以及大量的糧食、牲畜和絲綢等物品，並獲准在雲中郡建立自己的單于王庭。實際上，第二呼韓邪單于把自己的勢力分散在漢朝疆域的北部邊境以內，總共分為 8 個

部，這些部由自己的世襲首領管理。但是，漢朝設立了一個管理南匈奴事務的官職——使匈奴中郎將，其職責之一是監管南匈奴部落，所以此時的南匈奴已經不是100年前呼韓邪單于時代的匈奴了，第二呼韓邪單于的政治自治權被漢朝削弱了。

當時的漢光武帝把南匈奴納入了自己的疆域範圍，卻沒有像100年前那樣聯合南匈奴向北挺進。有人認為這是漢光武帝的一個錯誤，喪失了一舉擊敗整個匈奴勢力的機會。但也許是因為向漢朝稱臣的南匈奴勢力太弱小了，暫時還幫不上漢朝甚麼忙。後世估算，50年時，南匈奴的總人口大概只有5萬，以這樣少的人口算，能夠派出的軍隊規模也就幾千人，數量是少得可憐的。所以漢光武帝可能更現實一些，滿足於以長城為界，把弱小的南匈奴先保護起來，把強大的北匈奴隔離開來，等待時機。

所以僅就第二呼韓邪單于稱臣的事件來說，這個勝利對漢朝而言很有限，更多的是面子上的一次小勝。北匈奴依然是草原的主人，北匈奴單于才是草原各方部落的首領。漢朝對於草原仍然沒有控制力。華夏與草原的關係問題主要是東漢與北匈奴的關係。

北匈奴方面，他們試圖與漢朝恢復傳統上的和親納貢政策。如果能夠實現，北匈奴會獲得諸多好處：其一是建立起了與漢朝平起平坐的外交關係，有助於自己在漢朝以及

周邊國家尤其是西域各國的國際聲望；其二是和親納貢以及隨之而來的邊境互市貿易，會給草原輸入大量華夏物品；其三就是把南匈奴徹底邊緣化，將南匈奴在草原上的影響力和合法性徹底抹掉。

北匈奴的算盤打得很好，但漢朝並不是積貧積弱的時候，不僅不會任人宰割，而且還手握南匈奴這樣的籌碼。漢朝一口回絕了北匈奴的和親納貢建議，僅僅同意雙方可以在邊境進行互市貿易，以此來安撫北匈奴。漢朝採取這樣的策略，顯然是不願意承認北匈奴在草原上的合法統治權，至少是不願意承認北匈奴獨佔草原上的合法統治權。漢朝手中的南匈奴對於北匈奴始終是一個制約力量，即使不是軍事上的大麻煩，也是政治上的大問題。

於是北匈奴再次祭起軍事敲詐的模式，在與華夏接壤的漫長邊界上頻頻入侵襲擾、劫掠。國力增強的漢朝在邊境南匈奴的輔助下，也開始主動出擊，征討北匈奴。

最初的戰鬥圍繞西域展開，因為東漢與北匈奴之間的關係一開始就不僅僅是兩國的事，而是整個亞洲東部的國際關係事務。經過數年的征戰，北匈奴在西域慘敗。而在漢朝庇護下休養生息逐漸成長的南匈奴也開始逐鹿草原，北匈奴對於廣闊草原的控制力瀕臨瓦解。

在北匈奴對整個蒙古高原的控制力減弱後，原來蟄伏在匈奴帝國巨大身影之下數百年的其他部落看到了冒頭的

機會。烏桓、鮮卑以及西域的烏孫都開始興兵蠶食北匈奴的地盤。特別是蒙古高原東部的鮮卑，在 87 年猛攻北匈奴，竟然一舉殺死了優留單于，讓獨霸草原數百年的匈奴徹底威風掃地，北匈奴陷入一片混亂。整個草原的政壇由昔日完整的匈奴帝國變成了幾方勢力逐鹿的新局面。

東漢收拾北匈奴殘局的一刻終於來臨了。89 年，東漢大將竇憲等率領漢軍與南匈奴部隊在草原上會合，聯合襲擊北匈奴，給予北匈奴毀滅性打擊。竇憲乘勝追擊，一直抵達燕然山，也就是今蒙古國杭愛山，在山上刻石記功後勝利回師。從此之後，「燕然勒石」和「封狼居胥」一道成為華夏武將文人描繪不世奇功的代名詞。

遭受滅頂之災的北匈奴很快背井離鄉，史載「北單于逃走，不知所在」。300 多年後，一股強大的草原勢力匈人入侵歐洲，改變了歐洲的歷史走向，匈人首領阿提拉的兵鋒甚至抵達輝煌的羅馬城下。人們猜測，他們可能是匈奴的後裔。

不過考古學家和人類學家並不認同匈人與匈奴之間的族裔關係，他們判斷，被擊潰的北匈奴的歸宿，一部分應該是被南匈奴兼併，另一部分則融入了此後統治草原的各個部落之中。比如從投靠漢朝到北匈奴滅亡的 40 年中，南匈奴的人數從幾萬人增長到了幾十萬眾，這應該不是簡單的內部人口自然繁殖的結果，而是吸收了大量北匈奴部眾而

帶來的人口快速增長。

霍去病曾經說：「匈奴未滅，何以家為？」200年後，以草原帝國形式存在的匈奴終於滅亡了。那麼，草原屬於東漢所有了嗎？

當然沒有。沒有了北匈奴的草原並不是權力的真空，原來臣服於匈奴的鮮卑人和烏桓人取代了北匈奴，成為東漢新的心腹之患。這就是為甚麼即使竇憲能夠建立「燕然勒石」的不世奇功，東漢的許多大臣依然反對他遠征草原的行動。包括司空任隗在內的大臣認為，北匈奴不久前被鮮卑打敗了，而且也不再對漢朝採取侵略政策，這個時候濫用國家的財力，讓軍隊遠征是很愚蠢的，不應該用將士們的生命去滿足竇憲個人建立功勳的願望。

事實證明，這些「說閒話、拖後腿」的大臣也是有道理的。由於漢朝不能且不願管理自己並不熟悉的草的世界，即使打敗了北匈奴，草原上也還會湧現出新的「匈奴」，僅從結果看，竇憲幾乎是在做無用功。

而那些被漢朝納入疆域之內的南匈奴也並不安生。比如94年，南匈奴就與新近歸附的北匈奴人聯合起來，發動了一次反對漢朝的大規模叛亂。再如109年，烏桓和鮮卑就曾勾結南匈奴的一些部落，劫掠邊境的代郡、上谷郡、涿郡、五原郡等地，甚至南匈奴單于也起兵反漢。所以匈奴帝國的消逝，並沒有帶來華夏邊疆的長治久安。

如果從文明融合的角度探討匈奴帝國滅亡帶來了甚麼真正的改變的話，那麼可以說以南匈奴為代表的草原部落內附東漢王朝，埋下了草原與華夏融合的種子。雖然很多內附的匈奴人仍然以畜牧為生，但他們會逐漸熟悉農耕文明的生產方式，甚至有人會放下馬鞭，拿起鋤頭。遊牧人開始熟悉華夏的運行規則，反之亦然，漢族人也肯定開始了解遊牧世界的運行規則。

從 5 000 年前滿天星斗的時代算起，草的世界與禾的世界就開啟了各自的文明之旅，兩者的物質與文化交流甚至可以追溯到更早。只是草原上的遺跡難以保存，又長期缺乏口頭或文字的記述，那段早期歷史隱藏在迷霧之中。直到兩個世界分別實現了對各自區域的大整合，以匈奴和漢朝的形式正面相對時，草的世界才藉由華夏的記述而變得清晰了一些。

漢朝以農耕為本，是較為單一的華夏政權；匈奴以遊牧為本，是較為單一的草原政權。兩者從上層組織到生活細節都有着顯著的差別。從白登山到燕然山，近 300 年中，漢朝與匈奴這兩種政權模式共同譜寫了亞洲東部農耕文明與遊牧文明激烈碰撞的歷史篇章，兩種文明開始相互打量，並嘗試理解對方的思維。

雙峰對峙，不論是戰是和，都促進了雙方的族群、物產

和文化的交往。有交往就有變化，這種變化是漸進的。隨着南匈奴以及其他族群被納入漢朝的長城地帶，也隨着一些華夏民眾融入草原部落之中，假以時日，單一華夏政權模式與單一草原政權模式必將出現改天換日的劇變。匈奴作為一個草原帝國雖然不復存在，但草原仍在，華夏與草原的文明融合之路，正在向前延伸。

歷史貼士

匈奴人也種地

從宏觀上來說，漢朝是農耕文明，匈奴是遊牧文明。但如果仔細觀察，就會發現兩者的經濟模式並不是截然分開的，漢朝境內也有遊牧經濟存在，匈奴境內也有農耕經濟存在。畢竟在古代，能夠多獲得一點食物，就多一分生存能力，多一分國力。

早在距今七八千年前，今內蒙古敖漢旗附近就出現了世界上最早的粟的種植農業，粟就是今天我們所說的小米。敖漢旗的所在恰好位於農牧結合帶，亦農亦牧。

考古發現已經證實，匈奴人對於農業也非常感興趣。考古學家在漠北地區匈奴人的方形古墓中發現了與農業有關的石臼，年代大約在公元前 3 世紀以前。在公元前 2─前 1 世紀的匈奴墓穴中，出土了很多大型陶器，裡面有不少盛有穀物和其他農作物的種子。這說明當時匈奴人很看重農作物，

甚至把農作物作為陪葬品，與死者一起埋入墳墓中。在其他地區也出土了公元前1世紀左右匈奴人使用的鐵鐮、鐵鏵等農具，說明墓穴陶器裡的農作物很可能是匈奴人自己種植和收穫的，而不是從外界進口的。

史書中還記載了匈奴人建有穀倉。漢朝大將衛青曾在元狩四年（前119年）擊匈奴至窴顏山趙信城，也就是今蒙古國杭愛山南部，「得匈奴積粟食軍。軍留一日而還，悉燒其城餘粟以歸」。

考古學家甚至在蒙古高原上找到了一些匈奴人的城牆聚落遺址，這些遺址都位於河流、湖泊旁邊。在茫茫的草原中，也會有一些溫濕條件尚好的地方，適合農業生產，匈奴人當然不會浪費這些寶貴的土地。這些農耕地給匈奴人提供了遊牧經濟產品之外的寶貴糧食，這些糧食易於儲存，提高了他們抵抗自然災害的能力。

只是蒙古高原上農業生產週期比較短暫，糧食產量有限，要想提高自身的糧食供給能力，匈奴會派兵前往稍微靠南一些的區域，比如西域的車師等地屯田。

在漢朝與匈奴的時代，有很多匈奴人會進入漢朝境內生活，甚至官拜高位，同樣也有很多漢朝人由於種種原因而進入匈奴境內，他們會把華夏農耕區的農業技術、農業工具傳播到匈奴，促進匈奴人的農業發展。

第二章

胡漢難分

——以華夏為主體的混合政權模式

誰來興復漢室

建興元年秋八月，忽有邊報説：「魏調五路大兵，來取西川：第一路，曹真為大都督，起兵十萬，取陽平關；第二路，乃反將孟達，起上庸兵十萬，犯漢中；第三路，乃東吳孫權，起精兵十萬，取峽口入川；第四路，乃蠻王孟獲，起蠻兵十萬，犯益州四郡；第五路，乃番王軻比能，起羌兵十萬，犯西平關。——此五路軍馬，甚是利害。」

——《三國演義》第八十五回
「劉先主遺詔託孤兒　諸葛亮安居平五路」

羅貫中的《三國演義》膾炙人口，位列中國四大名著之一。但演義畢竟不是史書，元末明初的羅貫中在寫作距離自己已有 1 000 多年的三國故事的時候，許多細節描寫是經不起推敲的，比如這個第五路的番王軻比能。

歷史上是否有軻比能這個人物呢？這個人物不僅存在，而且還充滿了傳奇色彩。不過他是鮮卑一個小部落的人，並不是羌人，所以說他能「起羌兵十萬」，是搞錯了他的族群歸屬。

在此我們要稍微回顧一下軻比能登上歷史舞台之前的鮮卑故事。前面已經講述，北匈奴被東漢聯合南匈奴和其他勢力趕出了草原，這就留下了一大塊權力真空地帶。位於蒙古高原東部的鮮卑趁勢而起，不斷壯大。

在漢桓帝時期，鮮卑出了一個英雄人物──檀石槐，他基本上統一了鮮卑各個部落，讓鮮卑一躍成為草原上最為強悍的勢力。草原上短暫的混亂過後，強大的勢力崛起了，草原的再度統一似乎呼之欲出。

草原上的這種趨勢夠讓華夏王朝頭疼的。東漢可不希望在扳倒匈奴後，又冒出來一個草原帝國來威脅自己。177年，東漢興兵討伐拒絕接受冊封並屢屢犯邊的鮮卑，三路大軍出塞兩千里。檀石槐也從東、中、西三路迎戰，從這個細節猜測，鮮卑很可能也沿襲了匈奴的三翼制度，這應該是草原政權的政治、軍事傳統。這次戰爭以鮮卑大獲全勝而結束，漢軍三路統帥都只率領數十騎逃回。當時蔡文姬的父親蔡邕上奏說，鮮卑「兵利馬疾，過於匈奴」。

一時之間，鮮卑讓東漢難以招架。

面對草原上冉冉上升的鮮卑政權，東漢決定新瓶裝舊酒，提出授予檀石槐「王」的稱號，以及賞賜等條件。東漢顯然希望檀石槐能夠像南匈奴一樣臣服於漢朝，管理好草原各部落，不要讓他們騷擾邊境。但是檀石槐對東漢的朝貢制度不感興趣，一口拒絕了東漢的提議。檀石槐雖然也

很喜歡東漢的各種物產，但是不願意用鮮卑的獨立來交換。雖然有個別鮮卑部落會被東漢給的賞賜和互市交易吸引，接受東漢的朝貢制度，但是草原上最強大的鮮卑勢力則游離於東漢之外。

檀石槐如此強硬的態度，表明在他心目中，他麾下的鮮卑與南方的東漢是平起平坐的關係。檀石槐並不是以草原上一個分裂政權的首領來面對東漢，而是以一個草原大國君主的姿態來與周邊政權打交道的。匈奴帝國的覆滅也才過去幾十年的時間，草原遊牧族群應該還記憶猶新，檀石槐也許會認為，鮮卑就是匈奴在草原上的繼承者，因此鮮卑理應擁有昔日匈奴帝國面對四鄰時的外交地位。

但東漢顯然不這麼看待新興的鮮卑，東漢皇帝面對鮮卑的策略類似於對待南匈奴，希望對方以「臣」的姿態出現。

東漢出價低，檀石槐的鮮卑要價高，這生意暫時是談不成了。不過草原的鮮卑和華夏的漢朝還沒等到用力掰掰手腕的時候，就都各自出了大問題。

幾年後檀石槐死了，鮮卑分裂成三部分：一部由檀石槐的後裔步度根統轄，活動於今山西北部一帶；另一部活動於今河北和今遼寧交界一帶；還有一部就是軻比能的勢力，活動於另外兩部之間偏北的草原上。

分裂後的鮮卑暫時喪失了稱霸草原的實力。軻比能雖然是鮮卑一個小部落的人，但是因勇猛、公平、不貪財物，

天生具有領導才能而成為首領。他還趁着東漢末年天下大亂，吸納許多從華夏逃來的民眾，藉此也學習了一些華夏的文化和技術，勢力漸大。

當三國時期的一代英雄曹操逐漸統一黃河流域的時候，軻比能不敢逆其兵鋒，對他來說，首要目的是重建檀石槐的偉業，先統一鮮卑，在草原上擴張，因此他儘量維持與華夏強大的曹魏勢力之間的和睦，並不主動挑戰曹魏政權。史書記載，220 年，軻比能還派人向曹魏政權貢獻馬匹，曹丕封軻比能為附義王。

軻比能順從地接受了曹魏的封賞，接受了自己只是曹魏的一個「王」的臣子角色。這說明他的鮮卑部落與檀石槐的勢力是無法相比的，畢竟軻比能連鮮卑族群都沒有統一。四分五裂的草原在面對一個統一的華夏王朝時，是沒有太多討價還價的餘地的。

但軻比能絕不是草原上順從的綿羊，而是隨時可以攫取利益的「狼王」。231 年，蜀國的諸葛亮再出祁山，攻打魏國，同時與軻比能串通，遙相呼應，意圖夾擊魏國。所以《三國演義》中番王軻比能攻打蜀漢的橋段，完全搞反了史實，不是曹魏拉攏軻比能伐蜀，而是蜀漢要拉攏軻比能伐魏。這次南北夾擊的戰略並沒有實現，諸葛亮被擊退，軻比能也撤回草原。

不久之後，軻比能就殺死了步度根，兼併了後者的鮮

卑部落。眼看着檀石槐統一鮮卑的偉業就要在軻比能手中
再度實現了。東漢對檀石槐的擔心現在變成了曹魏政權對
軻比能的擔心。於是，235年，曹魏方面的幽州刺史王雄派
出勇士刺殺了軻比能。鮮卑又一次失去了自己的強力領袖，
再度分裂。曹魏終於鬆了一口氣。

　　軻比能的興亡，其實是三國時期魏、蜀、吳三國面對
的少數民族問題的一個縮影。那個紛亂的時代，並不只有
三國之間合縱連橫、爾虞我詐的劇情，還有他們與不同的
少數民族勢力之間的複雜糾葛。

　　被華夏史書和演義忽視的細節是，決定三國命運的不
只是它們之間的戰爭和攻守，少數民族勢力也是決定天下
大勢的重要因素。誰能夠吸收更多的少數民族力量，誰就
會在三國鼎立中握有更大的勝算。

　　還是讓我們先從曹魏政權說起。軻比能和他的鮮卑只
是曹魏政權要面對的北方草原勢力中的一支，與曹魏瓜葛
更深的是蹋頓和他的烏桓。

　　還記得被冒頓的匈奴攻破的東胡嗎？鮮卑和烏桓都是
東胡的後裔。

　　學者們猜測，東胡被匈奴擊敗後，一部分併入了匈奴族
群之中，另一部分則向東、向東北方向撤退。撤退的其中一
支躲避在烏桓山附近，也就是今東北地區遼河上游西拉木倫
河北部大興安嶺山中；另一支更加向北，躲避在大鮮卑山

附近，也就是今大興安嶺的北部山中。這兩支東胡後裔逐漸發展為烏桓和鮮卑族群，並在匈奴逐漸衰落時趁機擴張，漸漸發展成為東部草原上的兩大勢力。

那個時期，大致上烏桓在西拉木倫河以南活動，鮮卑在西拉木倫河以北活動，後來才逐漸向南、向西遷移。

烏桓更加靠近東漢領土，所以在北匈奴仍然是草原霸主的時代，烏桓的倒向成為東漢與北匈奴競爭的重要一環。烏桓不僅要與東漢、北匈奴打交道，而且要面對更北方的鮮卑的挑戰，地緣政治險惡。因此，烏桓與東漢一拍即合，願意搞好關係。

早在 49 年，漢光武帝以大量的錢和絲綢作為賞賜，成功地將烏桓納入東漢的朝貢體系之中。很多烏桓首領前往南方朝覲東漢皇帝，與南匈奴的待遇類似，烏桓部落被允許居住在東漢邊境各郡，朝廷甚至還給他們提供衣食，他們則承擔起保衛東漢邊境，對抗興起的鮮卑和衰落的北匈奴的軍事義務。

彪悍的烏桓甚至成為東漢鎮壓境內叛亂的軍事力量。例如 165 年，2.6 萬名幽州和冀州的烏桓步兵與騎兵被調往南方，平息零陵和蒼梧的大規模蠻人地方叛亂。太尉張溫也曾派遣 3 000 名幽州烏桓騎兵前去協助鎮壓涼州的叛亂。烏桓騎兵在漢朝的聲望如此之高，連皇帝都挑選了數百名烏桓人作為皇宮警衛。

《三國演義》中描寫了烏桓與袁紹勢力有着友好的關係，烏桓的首領蹋頓收容了逃過來的袁尚、袁熙，與曹操對抗，後來被曹操長途奔襲擊破，蹋頓也被大將張遼斬於馬下。關於烏桓的這段描述倒是與史實很接近。蹋頓的烏桓的興盛還在軻比能的鮮卑之前。蹋頓一度統轄烏桓和華夏逃難來的漢族人口多達 30 多萬，於是史書稱蹋頓「以雄百蠻」。蹋頓與袁紹勢力關係很好，所以在曹操打敗袁紹後，仍然支持袁紹的兒子們攻打曹操勢力。為此，曹操終於下定決心遠征蹋頓，徹底解決北方草原上的這股強大勢力。

《三國演義》中把曹操的出兵描寫成了追擊袁尚、袁熙。但即使沒有袁氏的餘黨，恐怕曹操還是會與烏桓一決雌雄，畢竟蹋頓的烏桓對華夏政權的威脅太大了。根據《後漢書》的記載，曹操的這次長途奔襲其實十分兇險，選擇了一條偏僻的路線，又穿過了鮮卑部落的控制區，直接殺向烏桓的都城——柳城，並在柳城遭遇烏桓數萬騎兵的阻擊。戰況細節暫且不論，最終的戰果是蹋頓被殺，曹操收降了各族人口 20 餘萬，然後一路艱辛地返回了鄴城。

史書中對於這段歷史的描寫，有很多有意思的細節。比如決戰的地點是柳城，也就是今遼寧省朝陽地區，這裡差不多是北方大草原的東部邊界了。烏桓竟然建設了一個固定的城，並且還有大量居民居住在這座城裡，這表明烏桓已

經不是一個純粹的草原遊牧部落了，它融入了許多非草原的生產方式和管理方式。考古學證據表明，烏桓雖然主要還是一個遊牧族群，但烏桓人也種地，收穫糜子一類的農產品。通過吸納漢族人，烏桓也擁有了各種手工業。

反觀來自華夏的曹操大軍，曹操的戰法實際上是一種草原軍事方式，以突襲的騎兵作為主要打擊力量。這至少說明曹操的陣營中已經包括了來自草原的軍事力量，至少是起源自草原的軍事力量。這也說明了從東漢接納南匈奴定居於長城地帶以來，華夏北方源自遊牧民的族群人口越來越多，已經成為這一地區不可忽視的力量。他們正在越來越深入地介入華夏王朝的內部事務。

烏桓與曹魏的這些有趣細節，向我們揭示出漢末天下大亂之時草原與華夏之間逐漸吸納彼此的情景。

這一次險勝讓曹操付出了著名謀士郭嘉病死的代價，不過終於解決掉了來自草原的心腹大患，而且整編了烏桓的騎兵，隨曹魏征戰四方，這就是三國時期赫赫有名的「天下名騎」。許多烏桓民眾也被遷入塞內，成為官府的編戶，定期繳納賦稅。但是，烏桓被擊潰後，鮮卑又崛起，直到軻比能被刺殺，曹魏的北方邊疆才得到短暫安寧。

公平地說，曹魏所面臨的少數民族勢力，是三國之中威脅最大的。但曹魏本身也是三國之中最為強大的一方，並憑藉艱苦卓絕的征戰，瓦解了數個潛在的草原敵手，甚至化

敵為友，提升了自己的軍事實力，也增加了稅收收入，可謂相當成功。

與曹魏政權呈三足鼎立之勢的孫吳、蜀漢政權，同樣在這一時期積極吸納少數民族勢力，充實自己的力量。

對虎踞江東的吳國來說，威脅不只來自氣燄囂張的魏國和反覆無常的蜀國，在自己的疆土之內就有心腹大患，那就是山越。

秦漢甚至更早的時期，中原人就稱呼今東南沿海山區的土著居民為百越，在那片廣袤的崇山和密林中有大量的部落，部落民眾被統稱為越人。山越就是百越的後裔之一，在東漢到三國時期，他們主要活躍在揚州、荊州的山區裡，這些地方恰好都是吳國的心腹地帶。山越人很早就開始在山區種植糧食作物，一些地方的山越人甚至還能夠冶鑄銅鐵、製造兵器和農具。從人口數量看，山越是吳國境內僅次於漢民族的第二大族群，不可小覷。

山越佔據險峻的山嶺，基本上不受外界官府的管轄，也不向官府繳納賦稅，甚至有的時候還會與官府發生衝突，互有劫掠。200年，孫策被刺身亡，孫權從自己的哥哥手中接管了東吳政權，立刻就開始了征伐山越的軍事行動，此後的30多年間，東南山區烽火不絕。

孫權連年用兵山越，並不只是想維護東吳疆土的安寧，一個很重要的目的是希望「以戰養戰」，通過征服山越各部

落，把山越人吸收到東吳政權內部，把山越人變成自己的軍隊，變成自己的民眾，增強自己與魏蜀兩國爭霸的力量。這和曹操對待烏桓人的做法是一致的。

對東吳來說幸運的是，山越並不像烏桓或者鮮卑那樣有着強大的勢力，山越人的部落往往在山中各自為戰，因此容易被建制完整、人數眾多的東吳軍隊各個擊破。東吳的許多名將幾乎都有鎮壓山越、整編山越的經歷。比如諸葛恪鎮壓了丹陽郡的山越後，俘獲人口達 10 萬左右，從中得甲士 4 萬，其中自己統領 1 萬，其餘的分賞給屬下諸將；陸遜在平定東三郡的山越後，挑選其中強健者為兵，得到精兵數萬；賀齊在鎮壓了建安山越後，從中徵兵萬人……

到底有多少山越人被整編成為東吳軍人，很難說得清楚。根據粗略的史料統計，東吳軍事力量鼎盛時期大約有 30 萬大軍，最後投降晉朝的時候，也還有 20 萬大軍，其中山越軍團就佔了 10 萬之眾。沒有山越軍團的支撐，東吳可能根本就不能堅持那麼久。

除了軍事力量的補充外，被征服的山越人還成為東吳經濟建設的生力軍。整個東吳割據時期，在山越聚居區建立了 10 個郡，把大量的山越人口納入官府的郡縣管理體系內。大批山越人走出深山，移居平地，成了當地郡縣的編戶，並同漢族人一起承擔官府的賦稅和繇役。他們一起開發當時並不富庶的江南地區，變荒山野嶺為良田美地，促進

了江南的迅速繁榮。

東吳政權也因此增強了國力，在三國鼎立中硬抗外敵，不落下風。

目光再轉向蜀國。在《三國演義》中，南王孟獲是個襯托諸葛亮神機妙算、以德服人的配角，經過諸葛亮「七擒七縱」，孟獲最後心悅誠服，效忠蜀漢。在歷史上，諸葛亮南征是與南中叛亂有着直接的關聯，但孟獲只是影響蜀漢安危的南中叛亂中的一個地方將領而已，並非叛亂的統帥。本章開頭所謂的五路大軍伐蜀橋段裡也包含了孟獲的一路，其實南中叛亂早在劉備在世的時候就已經爆發了。

南中地區主要是指東漢的牂牁郡、越巂郡、益州郡和永昌郡，合稱為南中四郡，大致在今四川南部、貴州、雲南一帶。南中地區多山川，比山越活動的東南山區更加險峻，是少數民族的聚居區，但經過秦漢時期的融合，遷移過來從事屯墾活動的漢族人也為數不少。於是在南中地區，形成了漢族與少數族群共同治理當地的局面。

漢族移民包括秦漢以來不斷進入西南地區的漢族官吏、商人和移民中的上層人士，經過幾百年的相互融合，漢族人變得更加當地化，而當地少數民族首領也吸收了許多漢族人的思想與文化，兩者之間關係密切，區別並不明顯了。

由於南中地區天高皇帝遠，再加上劉備的蜀漢是奪取了益州建立的，劉備的勢力屬於外來者，因此南中地區的漢

族大戶和少數民族首領對蜀漢並不是很順服。再加上東吳的孫權不停地在旁邊煽風點火，積極策反南中地區，在劉備還在世的時候，南中地區就已經有了反叛的火種。

比如孫權就曾經派人引誘益州郡的首領雍闓歸附自己，任命雍闓為永昌郡太守。其實雍闓從來也沒拿下過永昌郡，但雍闓的造反是實實在在的。越嶲首領高定、牂牁郡郡丞朱褒和雍闓一起叛亂，史稱「南中叛亂」，幾乎攪動了蜀漢名義上所控制疆域的一半。其中高定的角色有點像《三國演義》中所描寫的孟獲，儼然是叛軍的最高首領。而歷史上的孟獲只是雍闓的一個手下而已。益州郡的一些部落並不願意跟隨雍闓反叛，於是雍闓派孟獲去煽動他們，說蜀漢命令這些部落上貢前胸都是黑色的黑狗 300 頭、螨腦 3 斗、3 丈（約 10 米）長的斷木 3 000 根。這些部落信以為真，於是都跟着雍闓造反了。

南中叛亂之初，蜀漢正忙於和東吳在荊州的爭奪戰，騰不出手來平定叛亂。直到吳蜀夷陵之戰結束，劉備病逝，諸葛亮經過充足的準備後，終於在 225 年春正式發兵，討伐南中叛部。

與山越類似，這些南中叛部也是各自為戰，最終被諸葛亮一一擊破。然後，諸葛亮為了便於管理南中，對四郡的行政區劃進行了調整，同時把南中地區的大批漢族大戶人家和少數民族首領遷往成都。經過大約 20 年的治理，南中地

區終於安穩下來。那個歸降蜀漢的孟獲，最後在蜀漢朝廷中官至御史中丞，也算頗有榮光了。

南中地區的少數族群也成為蜀漢的兵源，諸葛亮曾經遷移萬餘家到蜀地，組成五部，號為飛軍。除此之外，南中地區還出產金銀、丹漆、耕牛、戰馬，這些物資充實了蜀國的軍事和經濟實力。

從三國時代對少數民族的吸收角度看，與秦漢時期的統一王朝相比，三國是一個分裂的時代，也是一個整合的時代。

雖然秦漢時期依靠武力擴大了疆域，比如長城地帶、遼東、東南沿海以及西南方向的雲貴高原，但是武力征服只能帶來淺層次的區域融合，比如在東南沿海和雲貴高原，秦朝和漢朝實際控制的僅僅是一些交通要道上的據點、一些可供耕種的山間盆地，周圍山區裡的少數民族並不服從管理，更不用說融入整個國家中了。

這些新納入華夏文明疆域的地區真正開始融入文明圈，正是在三國時期。魏、蜀、吳三國都不約而同地先靠武力征伐，後靠管理和經營，把這些地區的少數民族逐漸融入自己的政權體系中，政治、經濟逐漸融為一體，文明、文化也開始相互吸收。經濟與文化的融合，才是更加深層次的融合。

所以三國時期看似是戰火連天的大分裂時代，卻也實現了華夏文明圈的擴大和深化，尤其是在蜀國和吳國的南

方區域。

不過，文明的融合並不會是單向的，華夏文明在吸納周邊區域少數民族的時候，同樣也會受到周邊的影響甚至衝擊，並孕育了下一次分裂的種子。

這顆引發不安的種子，其實正來自華夏王朝的「老朋友」──匈奴。

匈奴不是已經被漢朝扳倒了嗎，怎麼會再次鹹魚翻身呢？我們要書接上回，從融入華夏王朝的南匈奴後裔談起了。

南匈奴臣服於東漢王朝，並在與北匈奴對抗時吸收草原上的匈奴人口。北匈奴瓦解後，也有大量的匈奴人在鮮卑、烏桓等的攻擊下，被迫投靠東漢麾下。因此，雖然匈奴帝國已經消失了，但眾多的匈奴人仍然是塞北一支不可忽視的力量。

考古學家曾經在河南安陽殷墟考古發掘時發現一批小型的磚室墓。根據墓葬的建築方式和出土的器物大致推斷，它們應該不是典型的中原式墓葬。幾乎每個墓葬內都會出土一件鄂爾多斯草原風格的青銅釜，這種帶有明顯遊牧民特點的青銅釜在中原地區很少出現，說明當時一些遊牧民已經在中原腹地定居生活了。考古人員還在這些墓葬內發現了串珠、金耳環、短劍、綠松石等器物，這些都與中原地區的出土文物不太相似。

　　根據出土器物的形制大致推測，墓葬的主人應該是匈奴人。墓葬的時代應該在東漢末年到魏晉，距今 1 800 年左右。當時在中原腹地已經有相當規模的匈奴人生活，可想而知在長城地帶生活的匈奴人就更多了。

　　東漢末年，軍閥混戰，漢獻帝從長安逃亡時，當時匈奴部落的首領之一於夫羅曾經救援並保護漢獻帝。這一看似不起眼的事件，其實大有深意。

　　首先，這說明匈奴人認同東漢王朝的皇帝權威。其次，於夫羅在血緣上屬於匈奴單于一脈，而匈奴許多代單于都曾與漢朝皇室聯姻，因此在於夫羅看來，漢獻帝也是自己的親戚，現在親戚有難，自己責無旁貸要去救援。

　　聽上去於夫羅似乎在高攀皇室，其實在那個時代的人眼中，匈奴單于一脈與漢朝劉家一脈合在一起，是整個亞洲東部最顯赫的家族。不論是匈奴單于還是漢朝皇帝，都是血緣傳承，非自己一脈不得當單于或皇帝。到了南匈奴時期，兩個家族又多次通婚，儼然就是一家人。所以於夫羅的血脈身份在華夏也是相當顯赫的。

　　與烏桓和鮮卑類似，於夫羅的匈奴勢力同樣生不逢時，在遇到曹操這個曠世王者的時候也不得不甘拜下風，俯首稱臣。於夫羅死後，他的弟弟呼廚泉成為匈奴單于，卻被曹操強留在鄴城。南匈奴被分成 5 部，每一部以匈奴人為帥，以漢將為司馬，實際的控制權掌握在了曹魏政權手中。於

夫羅的兒子劉豹被封為左部帥，統領一部。

等等，於夫羅的兒子怎麼姓劉呢？

其實這並不奇怪，由於與漢朝皇室有親戚關係，因此匈奴單于一脈在華夏生活時，有時也會取漢姓漢名，而且以皇家的劉為姓，可顯其地位的尊貴。等到劉豹去世，他的兒子劉淵接替左部帥職位時，曹魏已經是明日黃花，華夏進入西晉時代了。

經過三國時期的征戰與融合，到了西晉的時候，周邊少數民族遷到華夏生活的越來越多，有的是被華夏王朝強行遷入的，有的是自己主動投誠過來的。根據西晉名士江統的說法，當時關中百萬人口中，已經有將近一半都是少數民族了。甚至早在曹魏的時候，名將鄧艾就發現境內的少數民族人口已經相當可觀，他主張把這些少數民族重新逐到塞外，避免生亂。

但是，三國到西晉時期，華夏政權的麻煩不是人口多了，而是人口太少。曹操《蒿裡行》中那句著名的「白骨露於野，千里無雞鳴」，就是戰亂導致華夏凋敝的生動寫照。

從三國時期具體的人口統計看，蜀國滅亡時有 28 萬戶 94 萬人，吳國滅亡時有 52.3 萬戶 230 萬人，魏國滅亡時有 66 萬戶 443 萬人。雖然三個政權人口統計時間略有不同，但是如果將三國人口就這麼簡單相加，總計是 767 萬，只不過是東漢時期 5 000 多萬人口的 1/7 左右。當然這些統計數

字只是政府掌握的編戶的人口，在編戶之外確實也存在數量可觀的流民。不過總體看，動盪的三國時期，華夏文明圈的人口經歷了大幅減少是確定無誤的。人口多少代表國力的強弱，所以華夏各政權有意無意地吸納周邊少數民族人口充實自己的國力，是有客觀動力的。

如果統一了三國的西晉王朝能夠安定團結，境內即使有大量的少數民族，倒也沒太大麻煩。偏偏西晉統治階層司馬氏自己廝殺起來，史稱「八王之亂」。

混亂之中，於夫羅的孫子劉淵站了出來，以匈奴五部為班底，形成了一方勢力。304年，劉淵築壇設祭，設國號為漢，自稱漢王，追尊劉禪為「孝懷皇帝」，並設了漢高祖等人的神位進行祭祀。在劉淵看來，蜀漢是漢朝的繼承者，「我漢有天下，世長恩德，結於人心。是以昭烈崎嶇於一州之地，而能抗衡於天下」。

「我漢」二字，揭示了匈奴血統的劉淵在文化意義上已經是一個漢族人了，畢竟他在華夏王朝中任職的時間很長。

308年，劉淵正式稱帝。就這樣，在漢朝被曹丕終結80多年後，一個匈奴人宣佈，現在我來做漢王、大漢皇帝，漢朝在我手中光復了！

這聽上去是有點古怪，但我們不得不承認，劉淵確實有血緣資格來繼承大漢王朝的正統。劉淵死後謚號「光文」，他被放到了與東漢開國之君光武帝同等的地位。

　　劉淵稱帝後不久病死，但他建立的漢國以摧枯拉朽之勢，把西晉掃入了歷史的垃圾堆。316年，西晉最後一位皇帝投降漢國，西晉滅亡。中原地區的士族為了躲避戰火，帶着家眷和民戶向南方的長江流域遷徙，史稱「永嘉南渡」；而北方的少數民族勢力紛紛入主中原，填補大批漢族人南遷留下的空間。

　　偏安於南方的東晉宣稱自己是「天命」所歸，是華夏王朝的正統，幻想着冥冥之中的「天命」能夠幫助他們收復中原，天下再度統一於晉。可惜這只是幻想，當時南方的經濟基礎遠遠遜色於開發很早的中原地區，融合了草原部落的少數民族政權的軍事實力也強於東晉。東晉的數次北伐無功而返，好在他們也抵禦了來自北方的大舉進攻。

　　從道理上說，曹魏篡奪了漢朝的基業，司馬氏的晉又篡奪了曹魏的基業，然後被匈奴人的漢國趕跑，天命說挺勉強的。

　　站在這些佔據了北方地區的少數民族勢力的角度，他們如何看待自己，如何管理華夏呢？

　　這次時局動盪最初源於東漢末年漢朝政治、經濟秩序的崩潰，主要是由帶有宗教色彩的黃巾之亂觸發的，其實和在北方生活的少數民族並無關係。西晉短暫統一三國後發生了內亂，很多少數民族是被華夏政權引過來協助自己的，這些少數民族甚至致力於恢復漢朝的那套政治、經濟秩序，

劉淵就是其中最典型的代表。即使在魏晉之後的大亂局中，各路少數民族的主流人群原本就居住在漢朝疆域，並非突然之間衝破長城南下的入侵者。

亂世出英豪，曾經被吸納並長期蟄伏於東漢和魏晉之下的各部落紛紛崛起，他們當然關注所謂的「天命」問題，要把正統抓在自己手中。在漢朝覆滅之後，各個華夏政權都試圖建立自己的統治合法性和話語權。只是由於這些部落追根溯源來自長城以北，因此他們心目中的「天命」，與東晉這樣的漢族人政權有着本質的不同。

就拿劉淵的養子劉曜來說，他對劉淵的那套恢復漢朝秩序的思路並不認同。劉淵骨子裡已經變成了一個「漢族人」，但是劉曜生長於自己的部落之中，有着濃鬱的草原文化背景。319年，他把劉淵建立的漢國的國號改為趙，因為他曾被封為中山王，中山屬於古代的趙地。不僅如此，他還詔曰：「吾之先，興於北方。光文立漢宗廟以從民望。今宜改國號，以單于為祖。」

劉曜直白地向天下人宣佈，匈奴單于才是我的祖先。劉淵設立漢朝的宗廟，只是顧慮漢族人而已。他在祭祀時也尊崇冒頓這位先於他的時代約500年的匈奴英雄。

劉曜的所作所為，顯然代表了支持他的五部匈奴人的意見。雖然劉淵曾經是五部匈奴的最高統帥，大家願意跟着他幹，但是劉淵長期在華夏當官，他的復興漢室的思想其

實並沒有得到自己族人的認同。雖然匈奴帝國沒有了，但是匈奴的「文化」並未消失。

在血雨腥風的征戰之外，「天命」歸誰其實只是這些少數民族政權關心的一個次要問題，他們最大的現實問題是：草原血統的部落該如何治理華夏和百姓？

匈奴人也好，少數民族中的其他部落也罷，都必須面對政權如何組織、民眾如何治理的問題，因為他們現在的疆域主要是華夏。看看匈奴人劉淵和他的漢國，我們應該把它視作一個匈奴政權還是一個華夏政權呢？在骨子裡，劉淵和他的漢國更像一個華夏政權，就像他所標榜的漢朝血統一樣，「很華夏」。

不論華夏政權的統治者的族群是有華夏背景還是草原背景，他們現在都要面對一種複雜的局面，那就是轄下民眾的族群是多元的，民眾的生產模式、文化習俗也是多元的。這樣的局面不是之前漢朝的單一華夏政權模式、匈奴的單一草原政權模式所能應付的。在一片亂世中誕生的統治者必須探索一種適合新局面的新的政權管理模式，尤其是在族群人數少的草原背景的統治者要面對大量華夏民眾的時候。

「天下」要往何處去？對這個問題答案的求索，將貫穿從劉淵起兵開始長達幾百年的魏晉南北朝歷史。

漢朝崩塌後，草的世界與禾的世界都處於動盪之中，沒有人想到，動盪會持續數百年。然而，正如我們前面所說，

疆域的統一未必代表了不同族群的經濟和文化的統一，那
麼反過來，疆域的分裂也未必代表了不同族群的經濟和文
化的分裂。那些逐鹿中原的草原血統部落在帶來異域雄風
的同時，在政治、經濟、文化等方面也深深地影響了華夏。
表面的疆域走向了分裂，裡面的文化將走向融合。

走向洛陽城

　　劉曜的趙國史稱前趙，算是匈奴人在華夏建立的政權，它最終亡於從自身分裂出來的羯族人石勒建立的後趙，後趙在長安附近決定性地摧毀了前趙政權。

　　匈奴人最後的哀歌絕響於曾經的漢朝都城——長安。匈奴與漢朝纏鬥了幾百年，兩大強權曾經左右了東亞的歷史，最終匈奴人的歷史帷幕竟然在長安城落下，此情此景不禁令人唏噓不已。

　　匈奴人退出了歷史舞台，但源於塞外的各部落勢力仍在華夏混戰。自西晉滅亡後，人們在看不見的無邊黑暗中探索一條可行的道路。

　　匈奴人的前趙之所以滅亡，原因之一就在於劉淵之後，該政權過於依賴匈奴人「本家」，而沒有把廣大的漢族人納入自己的政權體系中。滅掉了前趙的後趙也與前者類似，過於依賴羯人「本家」，沒有包容漢族人。與前兩者相反，滅掉了後趙的冉魏則提出了「殺胡令」，政權建立在漢族人的基礎上，卻把其他部落排斥在外。

　　前趙、後趙、冉魏等政權在面臨政權組織形式的問題時，採取了「一元化」的策略：要麼完全依靠戰鬥力強大的草原血統部落的力量，要麼完全依靠人口眾多的漢族人的力量，在草原政權模式與華夏政權模式之間採取單項選擇，

非此即彼。它們的旋起旋滅固然有一定的偶然性，但政權組織形式上的缺陷應該是它們滅亡的必然因素之一。

此後，一度統一了整個中原地區乃至北方地區的前秦，明顯採取了不太一樣的策略。前秦建立者苻堅雄才大略，他試圖建立一個能夠包容各個少數民族部落以及廣大漢族人的政權。漢族人王猛是苻堅最得力的政權治理助手，而對於其他部落的人才，苻堅也積極吸納。他對於被他征服的其他部落也寬大為懷，除了少數上層人士外，很多部落民眾都就地安置。

所以從政權結構上看，苻堅的前秦政權有點類似於昔日匈奴結構的華夏版本，它由大量的部落聯合組成，以苻堅的「本家」氏人作為核心，也積極吸收了其他部落的上層人士，當然也包括漢族人精英，這是前秦政權相對於前趙、後趙、冉魏等政權更為包容的一面。

不過，苻堅的政權模式的藍圖顯然還是草原政權模式。假如苻堅的這個部落聯合體的組織放到草原上，在地廣人稀、時刻遊走的草原環境中，或許存活的時間能長一些。問題是，華夏不是草原，華夏的人口數量和構成也與草原大不一樣，不僅人口密度更大，而且主要以農業為生，漢族人是所有族群中人口最多的群體，以農耕為經濟基礎的社會是不能直接移植草原政權管理模式的。經濟基礎、人口結構要求在政權管理中融入更多華夏政權模式的內容，但前

秦顯然沒有做到這一點。

用單一的草原政權組織形式來管理華夏，結果不容樂觀。前秦這種單一的部落聯合體，只是用人格魅力或軍事強權來維繫表面的聯合，國家政權結構乃至國家文化層面上都還沒有實現多族群的深度融合。

最終，苻堅為了統一天下而舉兵南下，試圖消滅東晉，卻在淝水之戰中敗北，前秦貌似強大的國家立刻土崩瓦解，各個部落再次裂土分疆，各自為戰。

在混亂中此起彼伏的政權，不論這個政權是漢族人建立的，還是少數民族建立的，都存在着致命的缺陷，沒能朝着政權組織和國家文化融合方面邁出實質性的一步。

真正的曙光出現在草的世界與禾的世界的交界──遼東地區，以那裡為根基，發展起來數個以「燕」為國號的地方性政權──前燕、後燕、北燕等。

遼東地區大體上在今遼寧省一帶，曾經是漢朝的控制區域，因為那裡雖然遠離中原地區，但遼河兩岸有可以耕種的土地，所以從經濟模式角度看，漢朝在勢力擴張的時候，完全可能把自己熟悉的華夏政權組織形式和文化移植到遼東。遼東的地方政權對於中原文化是熟悉的，對於華夏王朝的政權組織模式也是熟悉的。

同時，遼東又緊鄰草原和森林地帶，受到草原遊牧文化和森林漁獵文化的影響。在這塊並不算大的區域中，人們

可以一一找出華夏村鎮與農田、草原遊牧營地和叢林村落等不同類型的人類聚集點。這片文化交融的土地，給這段黑暗時期投入了一縷黎明的曙光。

前燕是鮮卑人的一支——慕容鮮卑建立的政權，他們在西晉時已經成為遼東的主人，雖然名義上還臣屬於晉朝朝廷。337年，慕容皝自稱燕王，前燕登上歷史舞台。這個地處偏遠的政權有着與周邊政權不同的組織結構，它是「二元化」的政權，兼具草原與華夏的色彩。在民政管理方面，它借鑒了華夏王朝的管理模式，大量使用漢族官僚，從而有效管理了境內的漢族人和農田。而在國家軍政方面，前燕仍然保留了鮮卑人的部落管理特點，保持了鮮卑人強大的軍事力量。

在華夏動盪的時期，前燕政權相對安定，因此成為華夏流民重要的遷移地區。這些流民的到來，給前燕帶來了勞動力和農業技術，也帶來了華夏的管理人才，大大增強了前燕的實力。

而且，二元化的政權組織形式給了前燕很大的靈活性，當這個政權面對草原上的勢力時，它能夠以其人之道還治其人之身，用騎兵對抗騎兵。前燕大軍曾經深入草原，重創鐵勒等遊牧部落，俘虜人口、牲口返回。這種掠奪的戰略帶有明顯的遊牧政權征戰的色彩，前燕清楚地知道華夏政權的優劣勢。

　　而在面對華夏政權時，前燕同樣極具戰鬥力，它既有兇悍的草原血統軍隊，也有農耕社會的物產作為後勤支撐。前燕曾經在 342 年擊敗後趙的 20 萬大軍，打開通向中原的道路，佔據黃河下游的大片沃野，與西面苻堅的前秦以及南方的東晉一爭天下。

　　雖然前燕在中原逐鹿中遺憾落敗，但「莫以成敗論英雄」，這並不代表它所開闢的二元化的道路失敗了。慕容鮮卑在政權組織形式上的這種嘗試，影響了周邊的政權，尤其是其他鮮卑部落。慕容鮮卑入主華夏的夢想最終由另一支鮮卑人實現了。

　　人們通常認為，元朝和清朝是北方少數民族入主華夏建立的統一王朝，此外再無他例。其實，如果歷史向前追溯到魏晉南北朝時期，鮮卑族群的一支——拓跋鮮卑從長城地帶一個小小的代國開始，逐漸發展成北方的強大政權——北魏，經過短暫的東西分裂後，又重新統合到隋朝的旗號下，最終一統天下。

　　寬泛地說，如果我們淡化所謂的朝代更迭，那麼代國—北魏—隋朝這條歷史脈絡，同樣也是北方少數民族入主華夏的典型事例。特別是北魏南下的過程，是草的世界與禾的世界區域大融合的深度探索，大大影響了此後中華文明的融合軌跡。

　　前面我們曾經談到鮮卑人的兩位領袖——檀石槐和軻

比能，那是鮮卑族群開始與華夏人民接觸的時代。而拓跋部作為鮮卑人的一支，其南遷的步伐是比較晚的。

根據史書記載，拓跋部歷史上經歷過兩次大規模的南遷，第一次南遷發生在公元元年前後甚至更晚，也就是東漢初年到中期，拓跋部離開了世居的大鮮卑山，即大興安嶺地區，南遷大澤。學者們目前認為，這個大澤很可能就是今內蒙古北部的呼倫湖。在水草豐美的呼倫湖休養生息了一二百年後（真實情況可能是被強大的草原霸主匈奴長期壓制），拓跋部第二次南遷，從呼倫湖一帶南遷到匈奴故地，也就是今內蒙古中部一帶，時間是 160–170 年，也就是東漢晚期。

拓跋部兩次南遷的過程，正伴着匈奴被以東漢為首的周圍政權打散的過程，所以拓跋部沿途吸收了很多匈奴部落，壯大了自己。

其實對古代草原上的各個族群來說，並沒有現代意義的民族概念，族群與族群之間的區分並不是那麼涇渭分明。當我們說在草原上鮮卑取代了匈奴的時候，並不意味着匈奴人都被消滅或者遷走了，實際上相當一部分甚至大部分匈奴人都還生活在草原上，依舊從事着遊牧生產，只是被新的統治集團鮮卑吸收了，變成了鮮卑人。

此後歲月中統治草原的柔然、突厥、回鶻、契丹、蒙古等族群彼此更迭，也是這樣的規律。

　　總之從時間上看，當檀石槐威震漠南草原的時候，拓跋部還在北方草原上遊蕩，來不及加入檀石槐的鮮卑大隊伍。到了三國時期，拓跋部終於趕上了大部隊，拓跋部首領拓跋力微以盛樂（今內蒙古和林格爾附近）為據點，統御周圍的各個鮮卑部落，並且和其他鮮卑勢力一道，與曹魏政權往來不絕。西晉建立後，拓跋部也與之頻繁交流。此後拓跋部幾經沉浮，終於在西晉「八王之亂」的亂世中抓住機遇，首領拓跋什翼犍於338年成為西晉所封的代王，幾年後定都盛樂，開始參照華夏王朝建立各種政治制度，從此拓跋部從一個純粹的草原遊牧勢力演變成一個糅合了華夏色彩的小王國。

　　在拓跋什翼犍的手下官員中，有鮮卑人、漢族人、烏桓人等。同時，拓跋什翼犍還有自己的「侍臣集團」，也就是由各部落首領和豪族的子弟組成的統治階層，這是為了將部落貴族和他們的子弟吸收到政權的權力結構中而採取的措施。拓跋鮮卑畢竟是從草原部落聯盟起家，需要把各個部落的力量團結在一起，因此貴為君主也不得不妥協，與部落首領分享權力。從拓跋什翼犍的政權權力結構中，可以看出代國已經兼具華夏與草原的特點了。

　　代國正好也位於長城地帶，所以拓跋鮮卑建立的這個國家和慕容鮮卑建立的前燕有類似的特點，它們既有草原的傳統，也有華夏的影子。由於南遷和建國相對較晚，拓跋

鮮卑的遊牧色彩更為濃鬱，保持了更多的草原傳統。隨著政權的發展，代國逐漸學習了前燕的一些政權治理經驗，學習如何管理城鎮，如何管理大量的漢族人，以及如何管理農耕社會。

早期代國的歷史比起前燕來更為艱險。376年，還相對弱小的代國遭受滅頂打擊，強大的前秦討伐代國，代國根本無力對抗，一戰而敗，代國滅亡。幸虧前秦皇帝苻堅頭腦發熱，發動大軍去攻打東晉，淝水之戰打下來，苻堅的前秦土崩瓦解，北方一片混亂，拓跋部的機會又來了。拓跋什翼犍的孫子拓跋珪集結舊部，於386年再次復國，先是即代王位，然後他可能覺得代國沒甚麼威名，馬上又改國號為魏，這就是史上赫赫有名的北魏政權。

拓跋珪復國後立刻東征西討，掃蕩了周圍的小勢力後，與慕容鮮卑建立的政權——後燕（前燕已經被前秦消滅）在華北決戰並勝之，版圖大為擴張。盛樂小城已經不適合作為大國之都了，於是拓跋珪遷都平城，也就是昔日冒頓與劉邦正面交鋒的地方。多麼有象徵意義的地點！

此時的北魏已經從一個長城地帶的遊牧小國發展成囊括一部分草原和大片平原區域的北方強國，拓跋珪首先要解決的問題是，最初遊牧部落鬆散的聯合體制已經不適合用來管理新的疆土了。

志向遠大的拓跋珪採取了部落解散政策，就是將拓跋

部旗下的各個部落集中遷居到國都平城及其周邊，集中居住的各部落按照方位重新整編成 8 部，成為北魏國軍的核心。同時把各個部落族長對部落的統率權收歸國家所有。說白了，就是部落的戰士和民眾直接隸屬於北魏皇帝，不再隸屬於各族首領。各族的勢力受到了削弱。

北魏的皇帝從拓跋珪開始，從草原政權的聯盟首領轉變成了有些華夏味道的君主。拓跋珪之後的北魏皇帝繼續率領着國軍南征北戰，逐一掃蕩了中國北方黃河流域的各路勢力，最終在 439 年消滅西涼後，基本完成了統一黃河流域的大業。

軍事勝利帶給北魏的不只是喜悅，還有國策選擇的煩惱。

統一華夏的過程，意味着北魏國土中草原疆土所佔的比例越來越小，而華夏疆土所佔的比例越來越大，最後，北魏統治的農耕區面積遠遠超過了遊牧區的面積。從人口角度就更不用說了，北魏國土中的農民數量遠遠多於遊牧民數量。即使在軍事上北魏還可以依靠拓跋族群為主力，但是在國家治理上，顯然已經不可能照搬草原上的那套遊牧傳統了。

作為一個靠遊牧部落打下天下的政權，北魏不得不面臨抉擇：是該更多地維持自己的草原傳統，還是該更多地轉變為華夏政權？

從北魏建國直到魏孝文帝登基之間的大約 100 年中，北魏政權採用的是兼具草原傳統和華夏傳統的二元化結構，也就是政治由內朝和外朝共同運作。

具體來說，內朝就是皇帝身邊的侍臣集團，他們都是拓跋鮮卑部落中的實力派人物，他們參與國家大事，以草原遊牧時代的一些傳統行事，拱衛在和自己同族的拓跋皇帝身旁。而外朝則是基本上按照華夏王朝的治理模式來執行皇帝的各項政策的行政組織。熟悉華夏王朝治理模式的人當然是那些土生土長的漢族人，所以外朝的官員主要由漢族士族中的精英來擔任。

所以在北魏的前期，不那麼嚴謹地說，鮮卑人的內朝是決策機構，漢族人的外朝是執行機構。在北魏從一個小王國迅速擴張的過程中，這種二元結構算是勉強應付了北魏橫跨草原與華夏的新局面。

但是，隨着疆域的日益擴大，特別是大片的華夏區域落入北魏手中，對北魏政權在國家治理上提出了新的挑戰，需要管理的農耕區十分廣大，相對來說草原遊牧區卻很少，這就要求政權組織模式進行調整，以適應草的世界與禾的世界不成比例的現狀。

北魏粗獷式的二元結構越來越無法應付新局面。具體來說，內朝作為決策機構，如果其成員都不熟悉華夏的經濟和文化，怎麼做決策？內朝根據自身的遊牧經驗搞出來的

政策，外朝如何向華夏的農耕區推廣？內朝與外朝經常「雞同鴨講」。

迫不得已，北魏的內朝也開始吸收漢族士族來幫助做決策，而且國家越大，需要決策的事項越多，內朝變得越來越大，內朝和外朝之間的權限衝突也變得非常突出。北魏的二元結構制度越來越不穩定了。擺在當時的北魏統治者面前有幾條路。

其一是退回拓跋鮮卑初期的草原部落傳統，完全依靠鮮卑人的軍事力量，以征服者的姿態凌駕於大量的漢族人之上，治理這個龐大的國家。這一方案相當於退回到單一草原政權模式，可現在北魏的主要國土是華夏區域，採用這個方案，前車之鑒就是匈奴人的前趙和羯人的後趙，看上去不是甚麼好主意。

其二是徹底轉變為華夏王朝，施行華夏的政治制度，同時讓鮮卑人徹底融入華夏文化之中。這一方案相當於挺進到單一華夏政權模式，實際上就是向昔日漢朝的組織形式靠攏。

不論選擇上述哪條路，都是將國家的管理機構從二元結構轉化為一元結構。

其三是在現有的二元政權模式中進行調整，找到更加適合現狀的政權模式。比如，在照顧草原傳統的同時，更多地採用華夏的政權治理方式，形成一種「以華夏為主體的混

合政權模式」，充分發揮草原遊牧族群的軍事力量和華夏農
耕族群的巨大生產力。

聽上去這第三條路十分美好，但需要很強的政治能力
和高超的技巧，很難把握好尺度。北魏作為很早入主華夏的
草原族群，並沒有甚麼經驗可以參考，沒有藍本可以借鑒。

北魏的歷史告訴我們，北魏統治者選擇了第二條路。

魏孝文帝拓跋宏 5 歲即位後，他的祖母文明太后攝政，
北魏啟動了非常激進的改革。孝文帝時期最震撼的改革事
件可能要算遷都洛陽了。此前的都城不論是盛樂還是平城，
都處於農牧交錯的長城地帶，而洛陽處於中原地區的核心
位置，周圍是肥沃的農田和大量從事耕種的農民。

493 年孝文帝決定遷都時，完全清楚自己的那些鮮卑族
人會有多麼不高興。於是他打出了御駕親征南齊的旗號，
率領群臣和大軍從平城出師，向南進發。到了洛陽，孝文帝
不走了，隨即宣佈遷都洛陽。即便如此，許多鮮卑重臣依然
鬧着要回北方，回到自己熟悉的草原去。孝文帝不得不適當
讓步，允許一部分遷移到洛陽的鮮卑貴族冬天居住在洛陽，
夏天返回平城，這些人就是所謂的「雁臣」。

孝文帝改革廢除了北魏此前一直沿用的內朝制度，並
以法令的形式「禁胡服，斷北語，改姓漢姓」，推動鮮卑貴
族與華夏士族通婚。

這些激進的改革當然會引發堅守草原傳統的鮮卑貴族

的不滿，甚至在 496 年還發生了以皇太子為首，一些鮮卑貴族參與的謀反事件。雖然孝文帝迅速鎮壓了謀反，並處死了鬧事的鮮卑貴族，但整個國家從草到禾的天翻地覆的轉變，讓以草為生的鮮卑族人備感失落，特別是那些中下層的鮮卑族人，感到他們的君主正在拋棄他們。他們會問：這個國家的江山難道不是我們打下來的嗎？為甚麼被忽視的竟然是我們？

讓北魏選擇遷都洛陽、融入華夏的原因，當然不僅僅是為了更好地治理疆域廣大的國家，還因為北魏在草原上遇到了一個強大的敵手——柔然。柔然的崛起，封死了北魏政權向北擴張的路線，壓縮了北魏的草原疆土，這也是北魏不得不選擇南下發展，向單一華夏政權模式轉變的重要原因。

按照北魏的說法，柔然的始祖曾經是拓跋鮮卑的奴隸，一個叫木骨閭的柔然人集合了百餘人逃到陰山的北面，投靠了其他部落。大概在 4 世紀末的時候，復國後的北魏正忙着消滅華夏的各個勢力，無暇顧及北方草原，結果柔然趁機擴張勢力，佔據了草原，初步形成了與北魏南北對峙的局面。

考慮到北魏和柔然是 100 多年的死對頭，因此這段關於柔然崛起的故事顯然有貶低對方的意味。不管真實的情況如何，柔然已然成了北魏的心腹大患。5 世紀初，柔然汗國建立，柔然鐵騎幾乎橫掃了整個蒙古高原。424 年，柔然 6 萬騎兵襲擊了北魏舊都盛樂，北魏太武帝拓跋燾不得不親

率大軍應敵，甚至被柔然騎兵圍困。三年之後，柔然騎兵又直接威脅了北魏當時的都城平城。

所以我們就不難理解孝文帝遷都洛陽的另一個目的——軍事防禦。不論盛樂還是平城，都離可怕的草原敵人柔然太近了，稍有不慎就會面臨滅頂之災。遷都到洛陽之後，北魏就有了戰略縱深，江山社稷更為安全。

柔然的勃興，改變了亞洲東部的整體國際形勢。

歷史教科書中往往把北魏這段歷史歸入南北朝時期，北朝就是北魏以及之後的北齊、北周，南朝就是宋、齊、梁、陳等政權。北朝與南朝，大概可以用三國的疆域來概括，北朝大體上佔據了魏國的疆域，而南朝大概佔據了蜀國和吳國的疆域。只是後來北朝越來越強大，雙方的邊界逐漸向南移，到了南朝最後的陳朝時期，南朝已經龜縮到只剩下小號的吳國疆域了。

但是如果我們放眼整個東亞大陸，則是一個更大的「三國」局面：北面的柔然、中間的北朝、南面的南朝，呈現出南北方向的三國形態。至少在北魏的大部分時期，中間的北朝國力基礎最好，但是地緣政治最差，處於被草原勢力和南朝政權南北夾擊的態勢。

北魏與柔然之間的關係，類似於漢朝與匈奴的關係，是華夏王朝與草原政權的對峙；北魏與南朝的關係，又像此前三國時代魏國與吳國、蜀國的關係，南北分治。這種南北

方向的「新三國」關係，讓北魏的位置一下子變得很尷尬了。

在漢族人眼中，鮮卑人是北方那些遊牧部落中的一支，北魏是一個胡人南下建立的外來政權。漢族人的正統政權要麼已經不復存在，要麼應該是江南的那個，不論是叫晉，還是叫宋、齊、梁、陳，畢竟算是漢族人南遷建立的政權。

而在北方草原上的各部落看來，拓跋鮮卑雖然跑到溫暖的南方做大了，但當年在草原上也不過是個小角色，沒甚麼了不起的。現在草原上柔然很強大，那麼我們認柔然當老大好了。

如果北魏能夠依靠武力把北面的柔然和南面的南朝都打服，倒也能強壓下這些討厭的聲音。問題是北魏被夾在兩大敵對國之間，腹背受敵；而且柔然和南朝還借道西面的吐谷渾政權，彼此頻頻目送秋波，合謀對付北魏。在一時間無法依靠軍事征戰解決問題的情況下，北魏不得不考慮改變自身形象，消除華夏和草原上對自己不利的輿論，讓天下人的心倒向自己。

向北，面對來去如風的草原帝國柔然，北魏不得不繼續保持自己的草原傳統，保有強大的部落騎兵性質的軍隊，以應對草原上的巨大威脅。這些以長城地帶為基地的軍隊並不受漢族官員控制，而是掌握在拓跋人的手中。所以即使魏孝文帝選擇走向單一華夏政權模式，北魏短期內也不可能蛻變為一個單一華夏政權，歷史也不可能重回漢朝時代。

　　在軍事上，北魏面對柔然採取了兩方面策略。一方面，北魏騎兵秉承了草原戰法，突擊草原部落，以劫掠牲畜和人口為目的。北魏將那些俘虜來的草原人口安置在自己的邊疆，充實邊疆的軍隊力量，就像當年漢朝安置南匈奴部眾那樣。

　　另一方面，為了對付柔然汗國頻繁南下騷擾劫掠，北魏政權不得不加強北方邊境的軍事防禦，主要措施有兩個：其一是修長城，其二是建立軍鎮。前面說了，北魏與柔然的關係，和漢朝與匈奴的關係很像，因此北魏對付柔然的防禦方式也借鑒了漢朝的經驗。

　　然而與漢朝不同的是，北魏的南面還有漢族人主宰的南朝政權，他們掌握着華夏正統的話語權，貶損北魏不過是外來人，這對於已經擁有大量漢族臣民的北魏極其不利。漢族皇帝不需要過分強調自己為正統，他們只要說自己受命於天，老百姓就認同他們是漢族人的統治者。拓跋皇帝不是漢族人，這是無法改變的事實。

　　遷都洛陽、遵循漢制以及說漢話、穿漢服，這些舉措都是北魏主動求變的方式。從輿論角度，北魏則不斷地向華夏天下宣稱「鮮卑不是胡」，對抗南朝的「正統」意識。

　　可是，如果鮮卑人不算胡人，那麼誰是胡人呢？

　　這就要談到匈奴帝國解體後的草原族群形勢了。隨着匈奴帝國的崩塌，匈奴這面大旗黯淡了許多，相反，蒸蒸日

上的鮮卑的旗號在草原上越來越鮮亮。作為攻破匈奴的草原勢力之一，鮮卑成為勝利的代名詞，而匈奴則漸漸被視為失敗者。

一個有趣的例證就是草原首領的稱號變化。在匈奴的時代，單于是個光輝燦爛的詞彙，是草原上至高無上的統治者的名稱。隨着匈奴的不斷沒落，單于的光輝也逐漸褪去，在南匈奴部眾被併入華夏王朝境內後，單于逐漸變成了許多部落首領都可以使用的稱號。在鮮卑等草原新勢力興起後，他們自然覺得將單于用作自己首領的稱號並不相稱。於是逐漸地，草原上誕生了一個新的稱號——可汗，成為草原政權中最光輝的詞彙。

於是在北朝文學作品《木蘭辭》中，讀者會看到「昨夜見軍帖，可汗大點兵」的語句，可汗儼然是國家的最高統治者。同樣是在《木蘭辭》中，還有「歸來見天子，天子坐明堂。策勳十二轉，賞賜百千強。可汗問所欲，木蘭不用尚書郎，願馳千里足，送兒還故鄉」。「天子」與「可汗」指代的是同一個統治者，這是十分有趣的現象，兩個詞彙並用，恰恰說明了北魏政權（《木蘭辭》描寫的場景可能是北魏抗擊柔然的故事）草與禾兼具的風采，在朝堂之上，北魏的統治者是「天子」，尤其針對廣大漢族人來說；在邊境的部落民眾看來，他是大家的「可汗」。

在拓跋部南征北戰，吞併了其他鮮卑部落後，鮮卑這個

旗號也基本上被拓跋部壟斷了，北魏故意不把拓跋部之外的鮮卑族群稱為鮮卑。比如，記載北魏歷史的《魏書》把曾經歸入鮮卑族群的宇文部稱為匈奴，把段部和慕容部稱作徒河。

所以北魏的思維邏輯是，胡人指代的是匈奴、烏桓，以及曾經屬於鮮卑族群但被「開除」出去的那些人，或者籠統地說，除了拓跋鮮卑外的其他草原族群都是胡。

「鮮卑不是胡」，這句話其實是說給廣大漢族人聽的，因為面對這些少數民族的征服者，漢族人的邏輯是：「自古誠胡人而為名臣者實有之，帝王則未之有也。」也就是說，胡人不能當華夏的皇帝，只能當臣子。現在北魏宣稱自己不是胡人，潛台詞就是，我們鮮卑人是可以做華夏的皇帝的。

不過對於草原上的族群，北魏就不能大張旗鼓地說「鮮卑不是胡」了，這等於直接把自己放到所有草原其他族群的對立面，會犯眾怒。那麼，北魏該如何包裝自己在草原上的形象呢？

443 年，遠在北方大興安嶺深處的烏洛侯國派人來到北魏觀見，告訴了北魏一個重要的信息，「稱其國西北有國家先帝舊墟，石室南北九十步，東西四十步，高七十尺」，在「去代都四千五百餘里」的地方，竟然發現了北魏先祖居住的石洞！北魏太武帝拓跋燾連忙派中書侍郎李敞前去祭祀，並且「刊祝文於室之壁而還」，在石洞的石壁上留下了祝文。

有趣的是，1980 年考古學家在內蒙古阿里河的嘎仙洞中發現了北魏祭祀時留下的祝文石刻，石刻內容與史書中所記載的祝文基本一致，從而驗證了史書記載的真實性。

祝文雖然是真實存在的，但嘎仙洞是否真的就是北魏先祖的居住之地呢？

考古學家並不能做這樣的判斷。因為從史書上看，在 443 年的覲見之前，烏洛侯國與北魏政權素無來往，這個大興安嶺裡的閉塞部落怎麼知道自己國境內的某個石洞就是幾百年前已經遷移遠走、部落稱號可能變更多次的拓跋部的先祖居住的地方呢？更為蹊蹺的是，太武帝拓跋燾怎麼會如此輕易就相信了烏洛侯國使者的話，毫不懷疑地、隆重地派人去嘎仙洞祭祀並留下祝文呢？除非——

讓我們腦補一下劇情：說不定這齣戲就是北魏自己導演的，指示遙遠的烏洛侯國派出使者說某個山洞是拓跋部先祖的居住地，然後皇帝順水推舟派人去嘎仙洞祭祀。這個劇情當然沒有直接證據的支持，但北魏自導自演的痕跡還是挺明顯的。

演這齣戲對北魏有甚麼好處呢？

當時北魏正與北燕政權打得不可開交，北燕是盤踞在今河北東北到今遼寧西南的一方勢力，可以視作前燕、後燕政權的接替者。北魏的動向引起了整個北方草原包括東北亞地區的各個政權的重視，柔然、契丹、高句麗等政權以

及其他鮮卑部落和非鮮卑部落都密切關注着「國際形勢」，北魏是敵是友，一時之間撲朔迷離。

這時，北魏突然「找到」了自己祖先居住的山洞，「證實」了自己的根在遙遠的北方，自己也是大草原和山林中的一員，和北方各個族群是同源的，即使現在北魏主要在「南方」的平原上混了，但故鄉還是在北方。如此一來，北魏有朝一日成為北方各族群的領袖也就不違和了，變得合情、合理、合法了。

所以，北魏在草原上打造的形象是——「我也是草原的孩子啊」。再加上北魏在華夏宣傳「鮮卑不是胡」，和漢族人套上近乎，於是乎「四海之內皆兄弟」，北魏意圖氣吞萬里草原和廣闊華夏的魄力顯露無遺。

意氣風發的北魏做着一統天下的春秋大夢，卻怎麼都沒想到，毀掉王朝根基的力量不是來自北方的柔然，也不是來自南方的南朝，竟然來自自己內部，來自鮮卑子弟兵。

北魏北方邊境的軍鎮往往被稱為六鎮，狹義的六鎮是指從西到東排列的沃野鎮（今內蒙古五原縣北）、懷朔鎮（今內蒙古固陽縣西南）、武川鎮（今內蒙古武川西）、撫冥鎮（今內蒙古四子王旗東南）、柔玄鎮（今內蒙古興和縣）和懷荒鎮（今河北省張北縣北），廣義的六鎮指代北魏在北方邊境上的所有軍事城鎮。

在北魏初期，軍鎮非常受重視，鎮都大將的人選不是

拓跋部的宗王，就是鮮卑八族王公，地位顯赫。戍邊的士兵也大都是拓跋族的氏族成員。當時六鎮官兵的地位較高，享受很多特殊待遇，而且能夠成為六鎮官兵，本身就是一種榮譽。

可惜從孝文帝遷都洛陽開始，六鎮距離都城遠了，地位也降低了，不僅各種特權逐漸取消，官兵升遷的機會也大多被洛陽都城裡的人擠佔，其他地方的普通民眾機會渺茫。

而且六鎮地處農牧經濟交錯帶，是拓跋鮮卑建國的龍興之地，本身的鮮卑傳統很深厚。北魏自從孝文帝改革後，把華夏王朝那套制度推向全境，導致六鎮和北魏其他地區在經濟、文化上的差異越來越大，六鎮軍民與北魏中央政權的隔閡越來越深。

六鎮軍民地位的下跌，是北魏向單一華夏政權模式轉型的必然結果。

523 年，懷荒鎮的將領不給抵抗柔然進攻的士兵發放糧食，飢腸轆轆的士兵非常憤怒，聚眾殺死了將領，發動了叛亂。很快，沃野鎮的士兵在一個匈奴人的帶領下也發動叛亂，高平鎮也揭竿而起。叛軍擊敗前來鎮壓的北魏部隊，佔據了六鎮。六鎮之亂爆發。手忙腳亂的北魏政權不得不求助於柔然來協助自己鎮壓六鎮叛軍。在勉強壓制了六鎮的亂局後，北魏境內卻已經是狼煙四起，叛軍此起彼伏，完全無法控制了。

　　偏偏此時北魏皇室內部還出了亂子，魏孝明帝被胡太后毒死，在鎮壓六鎮之亂中崛起的北部地方豪強爾朱榮率軍攻入洛陽城，發動了河陰之變，在黃河南岸殺死了太后、幼帝以及文武百官，皇室一脈幾乎被殺光。必須要說的是，爾朱榮雖然協助北魏鎮壓六鎮之亂，但他自己也是個「契胡」，從文化意識上來說，和那些宣稱「鮮卑不是胡」的北魏中央政權就不是一路人。所以爾朱榮對於北魏朝廷的大開殺戒，不僅有鞏固自己權力的考慮，而且有深刻的文化分歧在起作用。

　　經受了爾朱榮一番折騰的北魏政權已經名存實亡，很快分裂成東西兩部分，並過渡到東面的北齊與西面的北周對峙的局面。

　　回顧北魏走向洛陽城這段跌宕起伏、血雨腥風的歷史，華夏民眾在亂世中如風中之燭的命運令人落淚哀歎。但是從文明融合的角度看，北魏時期有着非常積極的意義。不管怎樣，北魏從長城地帶一路走來，走入洛陽城，並繼續維持其政權達40年之久，算是草原背景的族群入主華夏的成功案例。由於缺乏協調草原傳統與華夏體制的經驗，最終走向了滅亡，但北魏的這段時光給後世草原與華夏的大融合提供了寶貴的經驗教訓，打下了基礎。

　　就拿「鮮卑不是胡」來說，雖然這一族群融合潮流遭遇了爾朱榮乃至此後北齊時期的文化分歧逆流，但在北周政

權裡，許多長期生活在華夏的鮮卑人基本上都以漢族人自居，認為自己是華夏正統，而土生土長的漢族人也不把這些鮮卑人當成少數民族了。當時許多鮮卑人的墓誌中，在追溯其籍貫和先世時，絕大多數將其籍貫寫為「河南洛陽人」，他們追溯自己的先祖時，竟然與漢族人的黃帝、堯、舜、禹扯上關係，甚至還能和漢高祖劉邦套上近乎。

漢與匈奴兩大文明雙峰對峙的局面，經過魏晉南北朝數百年大亂局的衝擊，已經徹底被改變了，遊牧人與漢族人之間的界限變得模糊不清，不論是疆域、種族還是文化，都進入了糅合在一起的新階段。

在遊牧還是農耕、向南還是向北的選擇題上，北魏最終選擇了向南融入，選擇了農耕為本，選擇了單一華夏政權模式的發展路徑，從嘎仙洞一路走入了洛陽城。這一決策給北魏帶來了強盛，也給北魏埋下了禍根。北魏雖已逝去，但拓跋鮮卑人不愧為草的世界與禾的世界文明融合之先驅，在他們身後，一個兼具草原與華夏的輝煌時代正走向歷史舞台的聚光燈下。

飛旋在亞洲舞台

北魏之後，華夏雖然還分為南朝與北朝，北朝又分裂為東西對峙的局面，但歷史趨勢已經顯露出來，漢末以來的魏晉南北朝400年大動盪正在逐漸走向終點，整個華夏也許要面臨又一次的大整合。

等等，當我們談論「大整合」的時候，是不是也要看看草原上的情況呢？

正如秦朝末年天下大亂，還未等到劉邦統一華夏的時候，草原上的冒頓已經建立起龐大的匈奴帝國那樣，歷史似乎又一次重演了，一個新的草原帝國先於華夏王朝出現在了亞洲東部的巨大舞台之上，華夏的大麻煩又來了。

這個一時氣吞萬里的草原帝國叫突厥。

阿爾泰山綿延於今新疆北部，從西北向東南，將蒙古高原與準噶爾盆地分開。這條山脈以東地勢較高，以山脈和高原地形為主；以西則地勢較低，從地貌上看，廣闊的草原向西蔓延。阿爾泰山在蒙古語中的意思是「金山」。

這條山脈是北方許多強悍的族群的搖籃。前面談到過距今2 700年前，遊牧政權修建了規模宏大的阿爾贊王陵，它就位於阿爾泰山。匈奴這一族群的最早發跡，可能也要追溯到阿爾泰山一帶。阿爾泰山對於遊牧族群具有重要的意義，正是因為它所儲藏的「金」。

在匈奴帝國的時代，阿爾泰山附近的普通人墓葬中都有金飾隨葬品，可見阿爾泰黃金儲量和開採之盛。除了黃金外，阿爾泰山還出產鐵。阿爾贊王陵的挖掘證實，這裡很早就進入了鐵器時代，豐富的鐵礦讓阿爾泰山成為北方遊牧民族的重要「兵器庫」。有了大量的兵器，就有了稱雄草原的底氣，這就是為甚麼許多族群都在阿爾泰山附近崛起。

突厥人便是在阿爾泰山附近崛起的族群之一，而且最初他們正是一個鐵工部落，蟄伏在龐大的柔然帝國的身影之下，以打造兵器為業。550 年左右，突厥人一舉擊敗臨近的遊牧族群鐵勒，兼併鐵勒後的突厥勢力驟然膨脹，連當時西魏都把公主嫁過來，籠絡突厥與自己的敵人柔然作戰，正所謂遠交近攻。

就像許多草原帝國初興時的情景一樣，突厥人像疾風一樣，從阿爾泰山向東迅速掠過整個高原，以摧枯拉朽之勢殲滅了柔然政權的力量。552 年，突厥人在伊利可汗的率領下，大破柔然，迅速建立起一個新的草原政權——突厥汗國。伊利可汗之子木杆可汗繼續向四周擴張領土。

突厥汗國的領土西到裡海以東的烏滸河，東至東北地區，北接貝加爾湖，南與華夏政權毗鄰。此時正值北魏分裂為東魏和西魏，兩強相爭之際，根本無暇插手草原上的風雲，只能坐視柔然倒掉，另一個草原強權突厥興起。

此情此景，與劉邦、項羽楚漢爭霸的時候，北方突然冒

出匈奴帝國的歷史十分相似。

　　草原政權與華夏政權之間的力量對比，往往取決於自身與對方是統一的還是分裂的。東魏和西魏的繼承者北齊和北周處於分裂對峙狀態，在面對一統草原的突厥的時候，只能俯首稱臣，向突厥進貢大量的財物，誘惑突厥去攻擊自己的華夏敵人。在當時的突厥人眼中，南方的北齊、北周類似於屬國，從兩國榨取更多華夏財物是突厥人的主要目標。立國尚短的突厥汗國並沒有吞併華夏的打算。

　　從策略和疆域的角度看，突厥汗國基本上算是單一草原政權，因此與草原上的前輩匈奴和柔然類似，突厥在面對華夏政權的時候，考慮的是如何使用軍事手段進行經濟敲詐，滿足自己對於華夏物產的需求，甚至可以「出租」自己的騎兵，通過插手華夏戰局，獲取物質利益。

　　在面對北齊和北周時，突厥的如意算盤就是這麼打的。突厥佗缽可汗曾經得意地說：「但使我在南兩個兒孝順，何憂無物邪。」這「兩個兒」，就是指的北齊和北周。

　　此後華夏歷史的走向讓突厥汗國有點措手不及，原本處於弱勢的北周在577年消滅了北齊，統一了黃河流域。此後，脫胎於北周的隋甚至一舉跨過長江，在589年消滅了苟延殘喘的陳朝。華夏持續了幾百年的南北朝大分裂時期，竟然在隋朝手中就這麼結束了。

　　從史書中的記載來看，北周消滅北齊前後，突厥基本上

不動如山，既沒有出兵拯救北齊，也沒有與北周聯手趁火打劫。這完全不像一個強大的草原帝國的行事風格。這段華夏大整合的激蕩時期，草原上突厥為甚麼會坐視不理呢？

如果視野放得更廣闊些，我們就會發現，此時的突厥正忙着在亞洲的西部作戰，先是聯合強大的波斯夾擊阿爾泰山西面的另一個草原強權——嚈噠，最終消滅了嚈噠。然後，為爭奪貿易線路，突厥與波斯又大打出手。史書記載，568年突厥使者訪問了東羅馬帝國的君士坦丁堡（今土耳其伊斯坦布爾），東羅馬帝國的特使也進行了回訪。一般認為，這樣的外交舉動表明突厥和東羅馬帝國想聯手對付波斯。

與西亞強國的縱橫捭闔牽扯了突厥汗國的精力，讓它無暇也無力插手華夏的局勢，只能坐視隋朝一舉結束華夏的南北大分裂。

現在，華夏和草原都分別整合在統一的旗幟下，隋朝和突厥要直面彼此了。

草原政權的最大弱點就是聯盟比較鬆散，沿着北魏—西魏—北周這條主線一路走來的隋朝統治者對於草原的特點並不十分陌生。雖然突厥汗國看似十分強大，但隋文帝楊堅底氣十足，他敏銳地抓住了突厥的弱點，決定採取離間政策對付突厥，這個政策的執行者是鮮卑人長孫晟，即日後唐朝名相長孫無忌和唐太宗皇后長孫氏的父親。

當時突厥汗國在其首領沙缽略大可汗之下，另有三個

勢力強大的可汗：一個是西部的達頭可汗，在突厥汗國中地位顯赫，僅次於大可汗；一個是西北部的阿波可汗，是沙缽略的表兄弟；還有一個是東部的處羅侯，是沙缽略的弟弟。在長孫晟的建議下，隋朝首先拉攏達頭可汗，讓其與沙缽略不和。然後長孫晟又設計離間阿波和沙缽略，結果在583年，阿波向西投靠達頭可汗，突厥東西兩邊開始相互攻伐，自此正式分裂為東突厥和西突厥兩個政權，大致上以杭愛山為界。

突厥內亂，隋朝趁機進攻靠近自己的東突厥。東突厥兩面受敵，不得已在585年向隋朝屈服，願為藩屬。隋朝的力量在草原上佔據了優勢，又經過多年的混戰，終於把東突厥的勢力趕出了漠南草原，而西突厥也內亂頻頻。603年，由隋朝扶植的啟民可汗接收草原上的突厥各個殘部，成為突厥的新任大可汗，聽命於隋朝。

一時之間，隋朝的皇帝楊堅竟然成了整個草原和整個中原乃至江南地區的共主，此等榮光就是秦皇漢武都未曾體驗過。這是歷史上第一次由「南方」的華夏王朝強勢掌控整個北方草原族群，而不是僅僅間接控制了部分的草原族群。

隋朝實現了北魏夢寐以求的統一天下的夢想，是因為隋朝的運氣太好呢，還是有別的甚麼原因？

運氣只是一個方面。從北魏—西魏—北周—隋朝一路走下來，隋朝統治者並沒有丟掉自身的草原基因，甚至相比

北魏後期鮮卑人選擇全面融入華夏，選擇了單一華夏政權模式的道路，隋朝統治者的草原風格還更加濃鬱一些。

學者們早就指出，從北魏末年開始，一直延續到隋唐王朝前期，存在一個強大的門閥軍事集團──關隴集團，他們來自陝西關中和甘肅隴山，能征善戰，左右了這段歷史。而如果追溯這個集團的源頭，這個集團正是從北魏的六鎮將士中走來的。我們前面談到，北魏六鎮將士更多地保留了鮮卑人的草原傳統，尤為重要的是他們的騎兵軍事傳統。因此具體到關隴集團以及隋朝的統治者，他們的思維與北魏後期統治者的思維顯然有很大的區別，攜帶着草原雄風在華夏馳騁的關隴集團不僅不願意放棄草原，而且只要有機會，他們會很樂意把草原納入自己的政權體系之中。不管能不能實現，至少在關隴集團心目中，他們要建設的政權應該是：兼具草原與華夏文明的混合政權模式。

混合政權模式，這是北魏也曾致力打造但最終因矛盾重重而未能實現的目標。現在，達成這個目標的重任落在了隋朝和其後的唐朝的肩上。

在那一瞬間，隋朝實現了草的世界與禾的世界的統一，雖然只是依靠軍事實現的疆域上的短暫統一。這是一個良好的開始。

可惜，隋朝皇帝君臨亞洲東部的榮耀稍縱即逝。突厥汗國的根基仍在，啟民可汗的兒子始畢可汗並不甘心局於

隋朝之下。615年，他率領10餘萬騎兵，趁隋煬帝北巡的時候，將其包圍在雁門，也就是今山西代縣。這情景像極了當年冒頓帶領匈奴騎兵圍困漢高祖劉邦。隋煬帝楊廣最終得以狼狽逃出，但是隋朝疆域內已經狼煙四起，各路反王把整個隋朝攪動得天翻地覆。

草原與華夏的局勢立刻逆轉，各路反王為了打垮對手，紛紛向強大的東突厥示好，黃河流域的幾大勢力，如竇建德、劉武周、王世充都向突厥可汗稱臣，當然還包括一開始盤踞在太原地區的李淵，即日後的大唐王朝的開國之君。

李淵在舉兵南下逐鹿中原之前，首先要解除來自草原的巨大威脅。他寫信給始畢可汗，講述自己起兵是為了恢復隋朝的秩序，重建雙方的友好關係。這套官話當然不會打動突厥可汗，於是李淵拋出了誘餌，他與始畢可汗達成協議，如果可汗贊助他舉兵，就可以得到他的戰利品。這樣的承諾表明，李淵和其他幾個向突厥可汗稱臣的勢力毫無區別，在名義上，他們都是突厥人在華夏的代理人，是突厥人的下屬。

李淵開出的條件打動了始畢可汗，當617年李淵和兩個兒子李建成、李世民從太原出征時，他們得到了突厥人贈送的戰馬千匹，此後又獲得了一些突厥方面的資助。正是在東突厥的支持下，李淵才能進兵攻佔長安，從而在隋末的群雄逐鹿中佔據優勢。

到隋朝滅亡、唐朝建立的時刻，東突厥和西突厥其實是更加強大的政權，兩者君臨幾乎整個亞洲，從東方的大興安嶺一直到西方的高加索山脈。突厥人站在草原上，俯視着南方的各個政權。著名歷史學家陳寅恪就曾評價説，當時「亞洲大部民族之主人是突厥，而非華夏也」。

唐朝的建立者李淵完全明白，自己的唐朝還處於軍事弱勢，所以經常要用財物賄賂東突厥不要侵犯本國領土，更不要支持自己在華夏的其他對手。但是突厥人的胃口越來越大，東突厥使臣在長安飛揚跋扈，連唐朝皇帝都不放在眼裡。比如，東突厥使節甚至在長安刺殺了西突厥可汗，唐朝只能裝聾作啞。

為了勒索更多財物，622 年，當時東突厥的頡利可汗率領號稱 15 萬大軍進犯唐朝起家的根據地——太原。之後還屢屢騷擾京城長安周邊地區，以至京城在 624 年後期不得不實行戒嚴。

然而有一個現象不得不提，東突厥雖然屢屢進犯唐朝領土，但是似乎並沒有入主華夏的打算，他們的目的只是獲取財物。從這個角度看，突厥人和昔日的匈奴人類似，滿足於從華夏王朝敲詐豐厚的財物，而不是獲得農耕土地。我們不要忘了，突厥汗國是一個單一草原政權，它沒有吞併南方農耕區的強烈意願。突厥人並不熟悉農耕區的那套遊戲規則，可能也不想熟悉。突厥滿足於軍事敲詐，以及亞洲大

陸的遠途貿易，以此獲得利益。

不過相較於昔日的草原霸主匈奴、柔然，突厥在獲得財物方面顯然更勝一籌，這是草原世界的新變化。突厥汗國為何能夠創建比匈奴、柔然還要廣大的霸業？軍事力量當然是建立霸業的第一推手，而突厥人之所以能夠比匈奴人、柔然人更進一步，是因為他們對於經濟力量進行了良好的培育和使用。

軍事劫掠是草原政權獲取華夏財物的最簡單方法，突厥人也不例外。起先華夏分裂的時候，突厥汗國有時候會主動慫恿北周進攻北齊，或趁北周對北齊發動大規模進攻，派遣上萬騎兵在北周和北齊鏖戰之際，大肆搶掠華北地區的財物。突厥通過政治勒索式的絲綢貿易，幾乎致使北周、北齊陷入財政破產、小農不堪重負的境地。

但是在隋唐統一政權建立後，禾的世界整合起來了，突厥在軍事力量上往往不佔上風。為了獲取華夏的財物，突厥人拉來了一個好幫手——粟特商人。

粟特人是中亞地區一個古老的族群，最初活動於中亞阿姆河和錫爾河之間。粟特人並不擅長征戰，卻擅長做生意，利用中亞地區是東西方貿易的中間站的優勢，在廣袤的亞洲內陸地區建立起了自己的商業帝國。

突厥汗國興起後，特別是消滅了嚈噠之後，打通了從東方的隋唐王朝到西方的東羅馬帝國之間的漫長區域。從蒙

古草原到西域、中亞乃至南俄草原、黑海沿岸等區域，首次處於同一個大型遊牧政權的控制之下。

在突厥人軍事力量的安全保障下，粟特人如魚得水，他們從東方採購絲綢向西販運，沿途的武器、馬匹、香料、黃金、白銀都是他們的貿易品。

早在 568 年，以粟特人為首的突厥使團就帶着生絲和國書，穿越高加索山脈抵達東羅馬帝國。可見突厥人在建立汗國伊始，就和粟特商人緊密聯繫在了一起。軍事力量和經濟力量結合在一起，經營東西方貿易，突厥人獲得了維繫龐大汗國的經濟收益，而粟特人也賺了大錢。

前面已經多次談到，草原政權要維繫廣闊地區的鬆散聯盟，就必須有足夠的財物不斷流入草原，滿足各個遊牧族群的物質需要，如此一來，龐大的草原政權才可以長期穩定。突厥人和粟特人的聯手，增強了突厥汗國對於草原的治理能力，這是突厥汗國能夠超越過去的匈奴與柔然的關鍵。

這種軍事力量與經濟力量的緊密聯手，將在此後的千年中被草原上的其他強權借鑒。這是草原上出現的一種新的變革，也將給草原帶來深刻的社會變革。

人們一般把漢朝的張騫出使西域視作絲綢之路的開始，但也有歷史學家指出早在張騫之前，東西方就存在着遠途貿易，比如人們通過草原進行的物產交換，這被稱為草原之路。但是漢朝乃至之前的貿易不僅規模很小、距離較短，

而且華夏王朝並不熱衷於此事。漢朝與匈奴在西域爭霸多年，主要目的是在政治和軍事上扳倒對方，而不是想通過西域來做生意。漢朝往往通過賞賜的方式，把少量絲綢送到西域各個小國，這些小國再將多餘的絲綢轉手。

反觀草原上的情況，只有橫亙在亞洲北方的大草原帶被基本納入一個統一的草原帝國疆土中，大規模的遠距離草原貿易才可以順利開展起來。在突厥汗國之前的匈奴、柔然雖然也是赫赫有名的強大的草原帝國，但它們也只是控制了大草原帶的東部而已。只有在突厥汗國崛起後，大草原帶第一次被一個強大的草原帝國打通了，大規模的遠距離草原貿易才成了現實。

絲綢之路真正名副其實地大規模開啟貿易，其實是在隋唐時期，而且對這條貿易道路的興盛，突厥人和粟特人功不可沒。

歷史似乎又回到了北魏與柔然南北對峙的經典套路上，這一次是唐朝與突厥的對峙。626年秋，「自誇強盛」的東突厥以數十萬大軍兵臨長安城下，李世民親自出馬，與東突厥的頡利可汗議和，滿足了他們索取財物的要求，東突厥才退兵而去。

看上去處於弱勢一方的唐朝要學習漢朝初年韜光養晦，用幾十年的時間積蓄力量，然後再與東突厥一戰了。然而局勢轉變卻異常迅速。僅僅幾年之後，東突厥就土崩瓦

解了。貞觀四年（630 年），頡利可汗被唐軍俘獲，東突厥汗國從強盛的頂峰令人難以置信地迅速跌落了。

史書上把東突厥的滅亡歸結於唐太宗李世民的雄才大略，但仔細分析唐朝出兵攻打東突厥的過程，會發現平定東突厥輕而易舉。唐朝對突厥的軍事打擊規模並不大，雙方並沒有進行激烈的決戰，突厥軍隊大都不戰而敗或者不戰而降。看上去唐朝軍隊僅僅是在東突厥已經瓦解的形勢下收拾了東突厥的殘局，直接跨過陰山，控制了漠南草原。

迅速打敗東突厥的不是唐朝軍隊，而是老天，即不期而至的糟糕氣候。一些史書記載，貞觀二年（628 年），「頡利國中，盛夏降霜」；貞觀九年（635 年），「北蕃歸朝人奏：『突厥內大雪，人饑……』」。在大災之中，當時東突厥的一些下屬部落也紛紛揭竿而起，反抗頡利可汗的統治。

這次大災有多麼嚴重？史書上只有隻言片語的描述，幸好現代科學能夠一探當時的氣候狀況。這並不是一次局限在蒙古草原上的災害，而是整個北半球的大災害，唐朝也同樣受到了影響。貞觀元年（627 年），黃河流域氣候突然變冷，連續三年遭遇嚴重的霜災，幸好沒有引起嚴重的社會動盪，老百姓還是可以遷移到鄰近地區獲取食物，保住性命。

今天的科學家分析，627 年前後的北半球持續數年的大面積氣候變冷現象，與大規模火山噴發後的降溫非常相似。格陵蘭島上的一處冰芯較好地記錄了 553–1974 年北半

球火山噴發的歷史，因為火山噴發的酸性灰塵的成分會被保存在冰芯中，所以科學家能夠據此判斷歷史上甚麼時候發生了火山噴發，噴發的強度如何。遺憾的是，這處冰芯記錄的900年以前的幾乎所有火山噴發的地點都尚未被發現，其中就包括627年前後的一次火山噴發，但從冰芯記錄的酸度峰值來看，627年左右的這次火山噴發的強度，是553–900年最高的一次。

其他研究發現，626年歐洲出現了乾霧、降灰和氣候異常等大規模火山噴發的證據，據猜測噴發的地點可能在地中海地區。當地當時的歷史文獻也記載，太陽光異常黯淡，以至人們以為太陽再也不會恢復到以前的狀態了，這段黑暗的時期持續了半年多。

火山噴發帶來的灰塵遮天蔽日，北半球氣溫驟然下降，嚴重的雪災和霜災導致東突厥牲畜大量凍死，造成空前的大饑荒。在唐朝出兵之前，東突厥內部已經分崩離析了，頡利可汗躲在漠南草原一隅，苟延殘喘。

還有學者分析認為，由於頡利可汗嚴重地依賴粟特人和其他中亞人，草原帝國的行政官員大多由他們出任。外人把持了國家的經濟命脈，其他突厥貴族對此強烈不滿，認為這是對他們利益的侵犯，於是群起反對頡利可汗。

財富是草原帝國維繫的紐帶，也是草原帝國紛爭的禍端。

　　雖然贏得不是那麼堂堂正正，但唐朝畢竟抓住了千載難逢的機會，一舉消滅了可怕的東突厥汗國。雖然此後在蒙古草原上又出現了薛延陀汗國，但唐朝有足夠的力量對付這個新興勢力，並很快把這個想成為東突厥繼任者的汗國消滅掉。到 650 年，唐朝又消滅了盤踞在阿爾泰山以北的東突厥最後的殘餘勢力——車鼻部。至此，整個漠北地區都向唐朝俯首稱臣。

　　為了管理漠北，唐朝設立了燕然都護府，後來改為安北都護府，管理大漠南北。草原上的突厥、鐵勒各部落尊稱唐太宗為「天可汗」，並專門開闢了一條大道，名為「參天可汗道」，沿途設置驛站。從此唐朝中央政府的政治管轄權直接行使至漠北地區。

　　那一刻，唐朝和李世民都達到了自己的人生巔峰，一個飛旋在亞洲舞台上的史詩般的王朝出現了。唐朝軍隊甚至跨越了西面高入雲端的葱嶺（即帕米爾高原），在中亞與列強周旋。

　　為甚麼在短短的半個多世紀的時間裡，突厥、隋、唐能夠先後接替，成為整個亞洲東部的主人，草原與華夏之間融合方面的巨大障礙一度變得不是問題了？

　　草原與華夏在生產方式、文化傳統上的差異當然還存在，隋唐與此前政權的不同之處在於，王朝統治者對於草原比過去的華夏王朝更熟悉，他們本身就有深厚的草原背景。

　　如果對隋朝和唐朝的建立者追根溯源，就要從北魏後期處於長城地帶的六鎮說起了。「六鎮之亂」最終導致了北魏分裂，六鎮出身的官兵演變而成的關隴集團卻成為北魏之後影響天下政局的重要力量。

　　從拓跋鮮卑興起以來，如同走馬燈一般在華夏掌控局面的主要政權，都是以北部長城地帶的邊疆為根據地，由那些邊疆軍事力量創建的：拓跋鮮卑本身就是在大同地區發展起來的；它的後繼者西魏和北周的統治者原來是河西走廊一帶的軍事指揮官，隋朝上層也來自同一集團；至於唐朝，與北周和隋朝都有着緊密的聯繫，其最初的權力基礎在太原。它們起先都是獨霸一方的軍事集團，而且更為重要的是，它們能同時從草的世界和禾的世界中獲得支持。

　　比如幫助宇文泰建立北周的將領中，有突厥血統的獨孤信，以及帶有鮮卑血統、日後隋文帝楊堅的父親楊忠。這些人的家族之間互相聯姻。獨孤信有幾個女兒，他的大女兒嫁給了宇文泰的兒子，即北周的第一任皇帝明帝；他的七女兒嫁給了楊忠的兒子楊堅，即後來的隋文帝；他的四女兒嫁給了李虎的兒子李昞，這對夫妻生下了李淵。建立唐朝的李淵有「大野氏」這樣的少數民族姓氏。

　　這些有着濃厚北方軍鎮色彩的關隴集團成員，對於北方草原的遊戲規則並不陌生。他們在作戰的時候，高度依賴騎兵部隊。他們自己要麼就有養馬的部落，要麼從鄰近

的草原部落中得到充足的馬匹，從而能夠建立並維持長期的騎兵部隊。即使他們在華夏建立了自己的王朝，他與草原上的各個族群有着難以割捨的聯繫，他們身上融合了草原文化和華夏文化。所以相對於昔日漢朝的君主，他們更容易和草原文明打交道，一旦出現建立霸業的機會，他們馬上就知道如何控制廣袤的草原和眾多的遊牧族群。

關隴集團幾經打天下和治天下，到隋唐王朝前期，一種兼具草與禾色彩的政權模式成熟起來，我們可以稱之為「以華夏為主體的混合政權模式」：以華夏強大的農耕生產力為基礎，輔之以草原色彩的軍事制度。比如府兵制，就是一種兵農結合的制度。

隋唐的前期作為以華夏為主體的混合政權，從領土上看，不僅包含了華夏，而且包含了一部分的草原乃至西域地區；從族群上看，隋唐不僅包含了人數眾多的漢族人，而且包含了極為複雜的其他族群，尤其是有着草原部落血統的大量族群。

雖然以華夏文明為國之根本，但草原文化同樣得到隋唐王朝很多人士的推崇。比如唐太宗李世民曾立的太子李承乾，就酷愛突厥音樂和習俗，身邊都是突厥僕人。他在郊外建了一座氈房，四周插滿了狼頭大纛。他經常表達想搬到草原上居住的想法，在那裡他可以過一種更自由的生活。這不是個案，實際上唐朝的李氏皇族早期的價值觀、習慣、

行為以及政策，都表現出一種強烈的草原文化傾向。

隋唐的前期，既有華夏「禾」的基因，也有草原「草」的血脈。這樣一種混合政權模式，意味着隋唐不僅要管理好華夏，而且深深地捲入了草原以及西域的政治之中，因為草的世界也是他們生活的一部分，至少在相當長的時間裡，隋唐政權是不會放棄草原與西域的。

所以，當歷史終於走到突厥與隋唐時期時，東亞出現了登上大洲級舞台的大帝國，這並不是偶然的，這是此前幾百年大亂局中孕育出的文明融合的種子最終萌發、生長而促成的。這些大帝國的根脈來自魏晉南北朝的亂局，種子的萌發要追溯到北魏的邊境軍鎮，甚至可以上溯到南匈奴寓居在東漢境內的時候。

在幸運地消滅了東突厥之後，唐朝皇帝李世民要面對自己的「南匈奴」問題了，與當年的漢光武帝劉秀面對的南匈奴降民類似，唐朝需要安置大量的突厥遺民。李世民的策略和當年劉秀的策略很相似，他把這些投降過來的突厥人安置在河套南部的唐朝境內，並拆散了他們原有的部落，讓他們散居在邊境的各個州縣。少部分突厥人被遷入長安地區定居，幾個突厥部落首領也被唐朝吸收，出任軍事將領。

作為一個「亞洲級」帝國，唐朝需要安置的部落可不只有突厥人，在整個唐朝歷史中，羌人、党項人、吐谷渾人、吐蕃人、回鶻人、契丹人甚至來自中亞的粟特人都曾在唐

朝境內生活。唐朝將這些部落主要安置於北部邊疆一線，於是從今甘肅河西走廊向東，沿黃土高原、陰山山脈、燕山山脈一帶，多個民族雜居。

這些外來部落對於唐朝維持以華夏為主體的混合政權模式是至關重要的。雖然隋唐皇族靠軍功起家，但是與北魏類似，當政權定都於中原腹地，變成一個越來越依賴農耕模式的王朝時，其軍事傳統必然會有所削弱。而遷入的部落可以幫助唐朝管理龐大的朝廷養馬場，飼養馬匹和其他牲畜，甚至直接參軍，部落的首領成為軍隊的指揮官，部落人民充當騎兵。唐朝因此維持了強大的軍事力量，能夠在草原上與草原政權爭鋒。

內附的部落是唐朝稱雄亞洲的鋒利長劍，可惜，它們是既能傷人也能傷己的雙刃劍。稍後唐朝會痛苦地發現這一真相。

唐朝對於更為偏遠的區域的控制，是通過羈縻州和都督府實現的。那些願意臣服於唐朝的部落首領，會根據唐朝的羈縻制得到任命，被賜予封號、官爵和俸祿，有的人甚至還能得到唐朝的尊貴姓氏——李。唐朝建立的都督府駐軍很少，管轄範圍卻很大，主要依賴當地支持唐朝的部落來維持局面。

所以，面對草原、西域這些與華夏不同的區域，唐朝實際上只是把華夏的治理方式在區域最上層的管理者中進行

了小範圍的推廣。至於區域的底層部落如何管理，還是由當地管理者自行決定。這是一種很明智、很現實的治理策略。

在差不多半個世紀的時間裡，唐朝的直接統治和間接統治擴張到北方草原和西域的荒漠、山地，於是唐朝的政權組織模式也影響了更廣闊的區域。在這一過程中，大量邊遠部落受到了唐朝的「培訓」，他們對於華夏王朝的體制有了更深的了解。部落首領會與唐朝皇室通婚，首領的兒子會作為質子到唐朝腹地接受教育，並擔當皇帝衛隊的侍衛官。慢慢地，這些部落上層對於華夏、都城、朝廷、制度越來越熟悉，很多人甚至通曉漢族人的語言和文化，並模仿華夏王朝的方方面面。

草的世界與禾的世界再次變革的伏筆已經埋下了。

大唐變成小唐

　　草原和華夏彼此熟悉，草原上的可汗與華夏的皇帝都具有廣闊的國際視野，天下大勢就變得有意思起來。實話實說，唐朝登上東亞霸主的寶座也就是 30 年左右的時間，682 年突厥貴族阿史那骨篤祿等反叛唐朝，重新建立了東突厥汗國，大唐王朝一下子失去了對草原的實際控制力。但此後幾十年間，唐朝面對四鄰基本上還是能夠佔據上風。

　　與匈奴的單于相比，突厥的可汗更加了解華夏的情況。對唐朝來說幸運的是，突厥人仍然是較為純正的草原族群，東突厥汗國也還是一個單一草原政權，所以唐朝與突厥的鬥爭，是一個以華夏為主體的混合政權與一個單一草原政權的鬥爭。突厥人與匈奴人一樣，滿足於把華夏看作財富的源泉、會下金蛋的母雞，希望能從華夏長期拿到金蛋，不希望母雞死掉。即使在軍事上佔據優勢的情況下，突厥人仍然不打算長期佔據華夏。

　　比如武則天當政時期，突厥在默啜可汗的領導下，十分強大，武則天不得不以獻貢和親的方式安撫突厥人。而且在漢族人看來更為屈辱的是，此時的聯姻是武則天的侄孫武延秀與默啜可汗的女兒聯姻，也就是現在俗稱的「倒插門」。在現代的中國社會，「倒插門」也經常會被拿來調侃，何況在唐朝時期，這樣的聯姻讓唐朝人感覺顏面無光。

　　即便如此，默啜可汗也並不高興，認為武氏配不上自己的女兒，熟悉華夏文化的可汗覺得，只有唐朝的皇姓成員即李氏人才足夠尊貴，配得上和自己的家族聯姻，於是打出「奉唐伐周」的旗號，於698年進攻華夏，當然仍以劫掠為主，並沒有長期佔據長城地帶以南領土的意圖。

　　草原與華夏好似又回到了匈奴與漢朝對峙時期，雙方繼續玩和親納貢、敲詐和反敲詐的遊戲。

　　默啜可汗時期的東突厥在草原上極力擴張勢力，逐漸控制了從東北地區到西域伊犁河流域的整個亞洲腹地。司馬光在評價這段歷史的時候，哀婉地說：「西北諸夷皆附之，甚有輕中國之心。」

　　世事難料，草原帝國又一次「馬失前蹄」，讓唐朝頭疼不已的東突厥竟然自亂陣腳了。原屬於鐵勒部落一支的回鶻人團結草原上的許多族群，一舉推翻了東突厥的統治，整個草原上的勢力開始了新一輪的大洗牌。一時之間，回鶻還在忙着統一草原，無暇覬覦華夏的財富。來自草原的軍事壓力驟然減輕，唐朝和那時的皇帝李隆基迎來了一小段心情舒暢的時光。

　　是的，只是一小段時光。

　　草原帝國會發生內亂，難道華夏王朝就不會嗎？唐朝的藩鎮正好比北魏的六鎮。內附部落這把雙刃劍突然發難，給唐朝帶來了巨大的傷害。

　　面對周邊強大的對手，作為混合政權的隋唐前期依靠的是以騎兵對抗騎兵的軍事策略。

　　當時隋唐的對手很多——吐蕃、突厥、契丹、奚等，除了吐蕃是高原政權，其餘皆為草原政權，不過吐蕃也靠騎兵打天下，類似於草原政權的套路。單一草原政權並不熱衷於侵佔隋唐的農耕區，而是採用軍事敲詐的策略，要麼突然襲擊掠奪糧食和其他物產，要麼索要貢品。吐蕃曾經長期控制西北的河西走廊到西域一帶。

　　相比漢朝主要面對單一的匈奴帝國，唐朝的麻煩其實更大，它的對手更多，而且被侵擾的頻率也更高。畢竟漢朝一次性用貢品搞定匈奴的單于，就可以解決很大一部分的問題了。可是唐朝周邊的吐蕃、突厥、契丹、奚都是各自為政、各自為戰的，唐朝經常是按下葫蘆浮起瓢，顧此失彼。

　　從 710 年左右開始，也就是唐朝在位時間最長的皇帝李隆基即將繼位的時候，面對日益嚴重的邊患問題，唐朝開始任命長期的節度使來管理、指揮邊境軍事防衛區。此後的十幾年，節度使制度逐漸推廣到了整個邊境地帶。

　　為了防禦西部的吐蕃，唐朝設立了河西節度使（據點在涼州）、隴右節度使（據點在鄯州）、劍南節度使（據點在成都）。為了防禦北方的突厥，設立了朔方節度使（據點在靈武）。主要為了防禦東北方向的契丹和奚，設立了河東節度使（據點在太原）、范陽節度使（據點在幽州）、平盧節度使

曾長期由范陽節度使兼任，據點在營州……

節度使對自己防區的軍務擁有完全的管轄權，每個節度使手下有數萬兵力，後勤供應由支度使負責。為了在邊境養活龐大的軍隊，許多防區都要依靠本地區的屯田來解決糧食問題。到742年，唐朝供養的邊防軍隊多達49萬人，另外還有8萬騎兵。整個國家的軍隊大約80%以上都由節度使控制，分佈於邊疆各個防區。為了維持強大的邊防軍隊，唐朝的大量財政都用於這些軍隊的開銷。

長期保持如此龐大的軍隊，一方面說明大唐國力強盛，另一方面說明外部挑戰嚴峻。唐朝為了維護自己作為一個混合政權的尊嚴和地位，不僅要保衛華夏免受侵擾，而且要在周邊的草原、高原、西域以及東北山林中與其他政權爭鋒。

所以，混合政權模式只是看起來很美——集合草的世界與禾的世界的各自所長，其實，這種模式既是榮耀，也是負擔。唐朝漸漸變得力不從心了。

751年，唐朝和黑衣大食在今哈薩克斯坦境內遭遇，亞洲東西兩大王朝在中亞正面交鋒，這場被後人津津樂道的怛羅斯之戰，以唐軍失利而結束。

其實，這場戰役的象徵意義遠遠大於其實際意義。這場戰役並非兩個王朝一賭國運的決戰，對唐朝來說，在如此遙遠的地區與強敵作戰，已經鞭長莫及。即使沒有怛羅斯之戰的失利，唐朝也難以長期在中亞保持影響力。這場戰

役對於唐朝的影響並不大。

但也就是在同一年，唐朝八萬大軍征討西南方向的大理國，大敗而歸，大理國向吐蕃稱臣，兩國結盟對抗唐朝，唐朝西南邊境從此陷入長期戰亂。還是在這一年，北方的節度使安祿山率領大軍，聯合奚人征討契丹，同樣遭遇失利。北方的邊患依然猖獗。

這一連串的失利表明，唐朝已經很難再繼續推行混合政權的策略，很難在華夏之外保持強大的競爭力與統治力。至少到李隆基執政的後期，在外圍作戰不斷受挫的局面下，迫不得已，只能考慮選擇戰略收縮。

從以華夏為主體的混合政權向單一華夏政權收縮？

擴張勢力很難，收縮防線也很難。歷史甚至都不給唐朝逐步轉型的機會。唐朝以一種激烈的方式完成了從銳意進取的大唐向收縮自閉的「小唐」的轉變。

「漁陽鼙鼓動地來，驚破霓裳羽衣曲。」755 年年末，身兼范陽、平盧、河東三節度使的安祿山在范陽突然起兵，以奉密詔討伐楊國忠的藉口，聯合草原上的同羅、奚、契丹、室韋、突厥等族群的武裝部隊，率 15 萬大軍急速向都城進攻。

迷醉在盛世歌舞中的唐朝完全驚呆了，河北、河南望風披靡，安祿山只用了一個月時間就攻下了洛陽城。

這場動搖唐朝根基的安史之亂歷時 7 年，唐朝甚至宋

朝的史書編撰者對叛軍首領安祿山父子、史思明父子口誅筆伐。安史之亂看似是一場發生在唐朝內部的叛亂，邊關擁兵自重的將領為了顛覆朝廷、取而代之而發動的，似乎只是唐朝的內亂。

然而，如果把視野放得更廣闊一些，我們就會發現，安史之亂從起因到後果，都不只是唐朝的內部事務，它從一開始就和整個亞洲東部的局勢攪和在了一起，與草原各方勢力的博弈攪和在了一起。

叛軍之首安祿山出生在草原上，他的姓氏「安」就大有來歷，這是一個典型的中亞地區粟特人的姓氏。根據記載，他的父親是粟特人，母親是突厥人，有着深厚的突厥汗國背景。而且，語言學家發現，「祿山」在粟特語中是「光」的意思，這有着強烈的宗教含義，表明安祿山的家庭是信奉拜火教的，這正是粟特人的主要宗教之一。

史書中有一段關於安祿山的記載：「至大會，祿山踞重床，燎香，陳怪珍，胡人數百侍左右，引見諸賈，陳犧牲，女巫鼓舞於前以自神。」歷史學家據這段話分析認為，此大會應該是一種拜火教團的宗教活動，而安祿山不僅是一位手握兵權的唐朝邊塞將領，而且是一位拜火教團的宗教首領。在他的周圍，有大量包括粟特商人在內的北方族群的各色人等，他們很可能與安祿山結成了複雜的利益團體。

更加讓人深思的是，突厥汗國的主流宗教也是拜火教，

這當然和粟特商人在汗國中的重要經濟地位有關。雖然在安史之亂前，再度復興的東突厥已經被新興的回鶻瓦解了，但是突厥人在草原上的影響力仍然不容忽視，聚集在安祿山周圍的人群中，可能有許多都是來自剛剛滅亡的東突厥的殘餘力量。

有着如此深厚的草原背景，又手握十幾萬邊疆精銳之師，這就是安祿山敢於「逆天」的資本，哪怕對面是亞洲東部的霸主——唐朝。

當然，有和朝廷掰手腕的資本，並不表示安祿山一定要造反，安祿山起兵的原因可能非常複雜，既有朝廷之上宰相楊國忠對他的仇視和詆毀，也有身邊一幫有突厥和粟特背景的兄弟的鼓動。此外，也許還有他自身的健康問題。

從現代醫學視角分析史書對安祿山的描寫，這個人很肥胖，在起兵後沒多久就失明了，很像有嚴重的糖尿病症狀。甚至有人懷疑安祿山起兵之際，已經感覺自己身體狀況開始惡化，他可能擔心自己一旦死去，楊國忠就會對他身邊的一方勢力不利，於是鋌而走險。僅僅打下洛陽後，安祿山就急於稱帝，這和他此前沉穩多謀的性格也很不符合，暗示了他可能察覺自己時日不多，「過把癮就死」。

不管怎樣，安祿山起兵發難後不久就死了，他的搭檔史思明後來也死了，唐朝費了九牛二虎之力，花了 7 年的時間才勉強結束了安史之亂。當和平重新降臨唐朝的時候，隋

唐時代前期意氣風發的混合政權模式，包括草原上的局勢，
都已時過境遷。

從整個亞洲東部的局勢看，安史之亂不僅是安祿山、
史思明叛軍與唐朝政府軍的對壘，而且是「叛軍＋突厥餘
黨＋其他一些草原勢力」與「唐朝政府＋回鶻＋另外一些草原
勢力」的對壘，整個草原的力量被裹挾到了這場大亂局之
中。這顯然是由於當時的唐朝是一個兼有華夏和草原風格
的混合政權的特點決定的。

安史之亂中最大的受益者莫過於接替突厥控制草原的
回鶻，而昔日的盛世大唐卻一蹶不振，龜縮為「小唐」，從
以華夏為主體的混合政權轉變成了一個單一華夏政權。

安史之亂爆發後，唐朝政府一度無力招架，不得已求助
於草原上的新興強權回鶻，甚至簽訂了每年進貢兩萬匹絲
綢換取回鶻軍事支持的協議。回鶻很滿意這筆交易，不僅
因為可以獲得草原上很稀缺的絲綢，而且因為安祿山一方
摻雜了突厥的殘餘勢力，回鶻可不能容忍剛被自己打倒的
突厥「借屍還魂」，在安祿山手中再度復興。於是回鶻和唐
朝一拍即合。

突厥人和粟特人達成的「軍事力量＋商業力量」的國家
經營模式，也被回鶻如法炮製。只不過由於信仰拜火教的
那些粟特人屬於突厥一派，所以回鶻轉而選擇了與另一批
信仰摩尼教的粟特人搭檔，由回鶻提供軍事力量，摩尼教粟

特人提供商業力量。

在回鶻出兵幫助唐朝平定了安史之亂，並收復了長安和洛陽之外，為了「答謝」回鶻，唐朝不情願地又與回鶻約定開通絹馬互市，也就是用唐朝的絲綢製品與回鶻的馬匹進行交換。其實唐朝中後期是缺少馬匹的，確實需要從草原上購買馬匹來充實軍事力量，說唐朝「不情願」是因為絹馬互市的價格。

按照規定，唐朝購買回鶻馬匹每年最高額度是 10 萬匹，每匹馬換絹 40 匹。如果每年回鶻都趕來 10 萬匹馬，不論是好馬還是老弱病殘馬，唐朝都得無條件支付 400 萬匹絹，這絕對是非常沉重的財政負擔。可是當時的唐朝別無他法，唐軍連安祿山的叛軍都拿不下，當然更打不過草原霸主回鶻了，只好花錢買平安。

龜縮後的唐朝基本上變成了一個單一華夏政權，草原與華夏之間的關係又回到了「軍事敲詐—破財免災」的套路上。不管怎樣，絹馬互市開展起來後，至少回鶻沒有了入主華夏的念頭，這是唐朝換取的外交成果。

然而，回鶻汗國算是一個單一草原政權嗎？未必如此。

絹馬互市給唐朝帶來了沉重的財政負擔，讓唐朝苦不堪言。不過這世間有一個道理是，財富是一把雙刃劍。流淌向草原深處的絲綢洪流雖然給回鶻帶來了美好的生活，但也給這個新興的草原帝國帶來了致命隱患。

　　手握大量華夏物產的回鶻上層人士再也不是過去那些屬兵秣馬的遊牧騎手了，他們效仿唐朝人，在草原上修建起可汗城、可敦城等城市，建造宮殿，穿起綾羅綢緞，在草原深處過起了奢靡的定居生活。

　　回鶻汗國的都城叫喀拉巴格什。9世紀30年代，阿拉伯旅行家塔米姆・伊本・巴赫爾曾經拜訪這座草原上的城市。他描寫道，這座城市極宏偉，人口眾多，商鋪林立，並且由12扇鐵門環繞構成一座大堡壘。在城市之外的鄉野，遍佈着大量的良田。

　　回鶻人在自己的草原疆域腹地興建大規模城市，最重要的目的就是控制貿易路線，發展遠途貿易，從中漁利。東西方的商人，尤其是回鶻汗國倚重的粟特商人會把這樣的城市當作貨物儲存和交易的場所。城市周圍的農田則是為了滿足商業城市人口的糧食需要而耕種的。

　　當然，回鶻人並不是化劍為犁，從草原戰士徹底變成了農民，回鶻人仍然是遊牧民，他們只是把一些擅長耕種的農民帶到了草原上，讓農民幫助自己種糧食。

　　站在後人的角度觀察這樣的回鶻汗國，我們能夠感受到回鶻人的苦心，他們似乎有意無意地在探索草原與華夏的融合之路，試圖建立一種「以草原為主體的混合政權模式」，一種與隋唐王朝前期一樣是混合政權但政權根基在草原的模式。

這種模式顯然是一種新的草與禾的融合探索。回鶻人的探索能成功嗎？

草原城市給回鶻人帶來了大量的財富，也給這個草原帝國帶來了隱患。草原政權的特點是流動性、機動性：遊牧民逐水草而居，放牧牲畜；遊牧騎兵來去如風，令人生畏。可是有了城市，而且還是聚集了大量財富和行政人員的城市，遊牧帝國就犧牲了一部分機動性，少數的幾個城市成為帝國的「神經中樞」，如果神經中樞出了問題，整個帝國就會癱瘓。

歷史證明，虛弱的唐朝在財政重壓下苦不堪言，一夜暴富的回鶻也並沒有得意多久。回鶻人很快迎來了自食其果的一天。

840 年左右，蒙古高原西北部的黠戛斯人突然襲擊了回鶻汗國位於鄂爾渾河的支流土拉河流域的中心城市，「神經中樞」被擊中了，看似強大的回鶻竟然一擊而潰，從其崛起到瓦解，居然只有不到百年的時間。

想想也是，一個把戰馬換成了絲綢，王族和貴族過起了定居生活的族群，怎能算是草原族群？還怎麼做草原的主人呢？

回鶻人失去了廣闊的草原，當然還有他們建立起來的富庶城市。一部分回鶻貴族向南退卻，據守西域的綠洲地帶。在西域及其周邊，他們建立起了一些小型政權，比如甘

州回鶻和高昌回鶻。雖然這些政權比起曾經的回鶻汗國顯得寒酸，也失去了軍事敲詐的能力，但回鶻人仍然延續着自己的「橋樑」作用，他們在遊牧社會和農耕社會之間建立起了聯繫，在絲綢之路上熱衷於做生意，比如向華夏輸出馬匹和玉石，換取絲綢。

回鶻人藉助商業力量，在草原上興建城市，試圖融合草的世界與禾的世界的努力並沒有完全失敗，這些經驗教訓將在未來發揮重大歷史作用，給後來者指明發展道路。此乃後話，先按下不表。

草原強權瞬間瓦解，壓在唐朝頭上的大山被搬走了。也就在此時，青藏高原的吐蕃也因為宗教紛爭鬧起了內亂，陷入了分裂狀態，唐朝臥榻之側的這一威脅也解除了。大唐盛世還能迴光返照嗎？

「落花流水春去也」，安史之亂後的唐朝不僅失去了對北方草原和西北方西域地區的控制權，退化為單一華夏政權，而且在長城以南的傳統地區，它也只是維持住了唐朝的旗號而已，實際的局面則是藩鎮割據。

安史之亂最後是在唐朝與叛軍的妥協中逐步平定的，叛軍將領張忠志、田承嗣、李懷仙相繼脫離叛軍，向朝廷表示效忠，朝廷為了籠絡這些降將，「悉原其罪，一切不問」。這些降將也毫不客氣地「招還散亡，治城邑甲兵」，建立了自己的藩鎮。三人後來分別成為成德節度使、魏博節度使、

范陽節度使，此三鎮史稱「河朔三鎮」，藩帥不由中央任命而由本鎮將士擁立，賦稅不上供中央而由將士瓜分。這簡直就是唐朝內部的獨立王國。

唐朝後期曾經多次興兵討伐不服管的河朔三鎮，但每次都鎩羽而歸，可見唐朝後期的中央政府已經孱弱不堪。

幸好其他的藩鎮還能夠聽命於朝廷。比如中原地區的藩鎮集結了重兵，當地賦稅也不上供朝廷，而是自給自足，但在軍事上服從朝廷的領導。唐朝政府需要中原的這些藩鎮來威懾河朔三鎮，不要再出現類似安史之亂的局面。另一些集結重兵的藩鎮地處西北和西南邊陲，它們的開支還要仰仗唐朝政府供給。

那麼唐朝後期的錢從哪裡來呢？主要來自東南地區藩鎮的輸送，特別是長江下游的浙東、浙西、淮南、福建、江西等道，這些地方兵力不足，錢糧卻豐盈，是唐朝後期最重要的賦稅來源地。於是，東南藩鎮的財力維持了唐朝政府的運轉，邊疆藩鎮給唐朝提供了國防力量，不同藩鎮之間相互制衡，這樣的體系竟然讓衰弱的唐朝又維持了100多年的統治。

所以宋朝人評價說：「弱唐者，諸侯也；既弱而久不亡者，諸侯維之也。」所謂諸侯，就是藩鎮。

唐朝能夠續命100多年，還有一個因素不得不提，那就是「外來人」的幫忙。

　　雖然大唐變成了「小唐」，龜縮為單一華夏政權，但唐朝並未閉關鎖國，它的身體裡還殘留着草原的基因，唐朝依然在吸收周邊的遊牧族群，把它們納入自己帳下，利用遊牧族群的戰鬥力來增強中央政府的力量。這是唐朝一以貫之的策略。

　　在草原帝國回鶻和高原王朝吐蕃相繼瓦解後，唐朝周邊是群雄混戰的局面，一些在爭鬥中落下風的部落會向還維持着表面統一的唐朝求援，請求內附。

　　觀察唐朝後期東亞大陸上的局勢，表面上看草原上群雄逐鹿，華夏則藩鎮割據，似乎又回到了單一草原政權對陣單一華夏政權的老路上。隋唐前期那種草原與華夏天下大同的威武氣概，此時全然沒有了蹤影。

　　但經過隋唐前期的風雲變幻，被胡風浸染的華夏和被漢風洗禮的草原都與過去截然不同了，草的世界與禾的世界都發生了根本性的變革。長城內外都曾經嘗試着建立混合政權，差別只是以華夏為主體融合草原文明，還是以草原為主體融合華夏文明。前者即隋唐王朝試圖打造的以華夏為主體的混合政權模式，後者即回鶻汗國試圖打造的以草原為主體的混合政權模式。

　　從漢末幾百年的動盪時代到隋唐幾百年的帝國時代，長城內外進行了大規模的人口交流和文化交流，草的世界

與禾的世界彼此更為熟悉，互相借鑒。在形形色色的商人甚至各個政權間頻繁貿易的牽引下，華夏與草原的聯繫更加緊密。或者借用現代的詞彙，兩個巨大的區域之間正在實現「經濟一體化」。經濟模式不是兩者變成一個樣子，而是互通有無，各有所獲，互利共贏。這是一種經濟層面上的融合，它比依靠軍事力量的疆域融合或者政令控制下的融合更生活化，從長遠看也更有意義。

　　從單一政權通往混合政權的道路已經開闢，雖然唐朝與回鶻都遭受了重挫，歷史的短暫徘徊仍然暗示了，草的世界與禾的世界更深層次的融合即將展開。接下來的千年中，更為激動人心的大融合時代徐徐拉開了大幕。

第 三 章

北馳南渡

——以草原為主體的混合政權模式

907 年 1 月，塞北草原朔風凜冽。契丹的痕德堇可汗去世，早已手握軍事大權的實力派人物耶律阿保機毫無懸念地成為新的契丹可汗，宣佈國號為「大契丹國」。

907 年 3 月，洛陽城內一片蕭蕭。唐朝末代皇帝李柷在梁王朱溫的逼迫下禪讓，曾經意氣風發的唐朝就這麼悲涼地走入了歷史的墳墓。

華夏的唐朝夕陽落山之日，恰是草原上的契丹朝陽升起之時。強烈的對比似乎暗示着草的世界與禾的世界正在發生巨大的變革。

契丹人的「新農村建設」

似乎從唐末五代時期開始，華夏王朝在面對北方少數民族的時候，變得越來越難以招架，屢屢被北方少數民族攻破長城地帶後入主華夏，秦漢時期和隋唐前期那種華夏王朝與草原強權互有攻守、勢均力敵的局面似乎一去不復返了。

到底是草原政權變強大了，還是華夏王朝變軟弱了呢？

讓我們首先從北方的「狼族」──契丹身上尋找歷史變革的答案。

北方草原是草原狼的家園。這些嗅覺靈敏的動物群居生活，擅長遠距離奔跑，在頭狼的帶領下，或淒厲呼號聲震原野，或靜默無語結隊奔襲。在一些當代文藝作品中，蒙古族被描寫成以狼為圖騰的民族。其實這是一個「美麗的錯誤」，在中國古代的北方草原族群中，標誌性地以狼為圖騰的族群，其實是契丹人，而非蒙古人。

契丹這個族群早在北魏時期就見於史書記載之中，他們一直活躍在遼河上游的西拉木倫河、老哈河流域，即今內蒙古通遼到赤峰一帶。與其說這個族群是一個血緣緊密的民族，還不如說其是一個地域性的族群更為妥當。如前所述，草原上的部落往往「隨風倒」，某一個部落強大起來，兼併了周圍部落，這些部落就使用統一的稱謂，另一個部落稱雄後，大家又開始用另一個稱謂。契丹也是這種情況，它

是生活在遼河上游的多個部落的聯合體。

　　早期的契丹是較為單一的草原政權，是在突厥、回鶻、唐朝的大國夾縫中生存的一方草原勢力，在大國操縱的舞台上隨波逐流。當亞洲東部政局出現短暫的真空時，契丹也會成為一枚重要的棋子，對歷史進程產生影響。

　　契丹大賀氏部落首領李盡忠曾依附唐朝，任松漠都督府都督。武則天時期，李盡忠曾率部反叛唐朝，自封無上可汗。唐軍最終藉助突厥偷襲叛軍後方，平息了這場叛亂。李盡忠的李姓是唐朝所賜，而且唐朝一代名將李光弼也是契丹出身，這反映出契丹在唐朝前期就已經和華夏王朝有了很深的聯繫。

　　這次叛亂顯示出契丹作為北方草原東部的一方勢力，已經具備了較強的實力。作為混合政權的唐朝當然希望這股草原勢力能夠為己所用。可惜，此後契丹與唐朝的關係時戰時和，唐朝不得不在遼東一帶屯集重兵防禦。這間接促成了在這一地區的唐朝邊關將領的權力膨脹，也許諸位已經想到了那個攪亂天下的人的名字——安祿山。

　　安祿山就是在與契丹、奚等遼河上游族群的作戰中成長起來的唐朝邊關將領，兼任三個節度使，後面的劇情大家就都知道了。就在安祿山南下並在洛陽稱帝的時候，契丹和奚也毫不客氣地乘虛而入，出兵襲擊了安祿山的大本營范陽，可能是報復和掠奪兼而有之。

　　唐朝後期藩鎮割據，中央政權力量軟弱，而北方草原上也是群雄分立。在被幾大霸主輪番壓制許多年後，紛亂的局勢給了契丹獨立發展的機遇。霸主輪流做，今朝到契丹。和許多草原政權一樣，契丹的崛起也少不了英雄人物的統領，這個人就是耶律阿保機。

　　史書記載，契丹作為一個部落聯盟性質的草原政權，原本分為 8 部，每部都有「大人」為首領，並從這些大人中再經過聯盟會議，推舉出一人擔任契丹的首領，此人通常自封為可汗。契丹的可汗在早期並不是世襲制的，而是有任期的，一般在沒有災害的平常日子裡，規定每三年開會選舉，輪換首領；而當遇到大災害發生的時候，8 部會打破慣例，聚集在一起選出下一任首領。

　　耶律阿保機屬於 8 部中較強的一部，並被當時的可汗賞識，被任命為掌管契丹軍事的首領，類似於兵馬大元帥的職位。足智多謀又驍勇善戰的耶律阿保機果然不負契丹上下的眾望，他北伐室韋，南擊奚，東攻女真，讓契丹的統治地區迅速擴大。他甚至還攻入已經陷入一片混亂的唐末的疆土中，掠奪大量的人口、牲畜和財物而歸。

　　然而，耶律阿保機可不僅僅滿足於做一位受人尊敬的兵馬大元帥，他有着更高的人生追求，他要帶領契丹人成為草原甚至更為廣大的土地的主人。不過首先，他要成為契丹的可汗。

907 年，耶律阿保機終於如願以償了。成為契丹可汗的耶律阿保機並不像表面看上去那樣英姿颯爽、風光無限，他面對着一個近憂和一個遠慮。

近憂是，契丹原有的 8 部首領輪換制度名義上還存在，他這個可汗按照傳統也是有任期的，到期就要下台，可是雄才大略的耶律阿保機並不願意交出自己的權力。

至於遠慮，耶律阿保機面臨着草原政權自古以來的治理難題，契丹鬆散的部落聯盟體制與日益擴大的疆域並不匹配，尤其是契丹正在成為一個囊括草原地區、華北平原地區以及東北叢林地區的政權，這個政權中的族群和經濟模式是多樣的，既有契丹草原遊牧的傳統生產方式，也有平原農耕的生產方式以及東北地區的漁獵生產方式。

該如何建立一個有效的治理體制來管理不同經濟模式和文化傳統的廣大疆土呢？

以耶律阿保機的智慧，他早就料到契丹部落聯盟中的「父老鄉親」對他長期霸佔可汗之位會心懷不滿，所以他提前開始佈局。身為草原部落聯盟領袖的他卻開啟了一場令人瞠目結舌的「新農村建設」。

唐末五代時期，天下大亂，許多百姓為躲避戰火，四處奔逃，許多人逃到了契丹境內。耶律阿保機收攏這些從農耕區逃來的人口，加上契丹掠奪而來的民眾，在長城地帶的農牧交錯地區建造了許多城郭，讓他們在城郭內從事手工業，

在城郭外開墾農田，生產糧食。這些城郭就是所謂的「頭下軍州」，聽命於自己的契丹貴族首領。

草原需要華夏的手工製品和糧食，但是在唐末天下大亂的局面下，正規的貿易難以進行，契丹也很難通過武力要求一個經濟富庶的華夏政權進貢。在這種情況下，把華夏的手工業者和農民掠奪到塞外，在自己控制的疆土內生產所需的手工製品和糧食，就不失為明智的策略。

當然，經過此前數百年的族群大融合，我們很難說契丹從華夏獲得的人口到底算是純粹的漢族人，還是昔日草原部落定居華夏的後裔。在草的世界和禾的世界的邊界變得日益模糊的時代，雙方可能在彼此領土都有些親戚朋友，都有千絲萬縷的聯繫。

早在擔任契丹的「兵馬大元帥」的時候，耶律阿保機就南下華夏，多次掠奪華夏人口北歸，根據史書記載，早在902年契丹境內就出現了頭下軍州。在成為契丹可汗後，他繼續收攏華夏流民和劫掠人口，建立大量的頭下軍州，這一時期出現了幾十座類似的城鎮，其中一些是耶律阿保機的弟弟修建的，也有一些是其他契丹貴族修建的。

頭下軍州一般都有防禦城牆環繞，居民居住在城中。城池按照華夏流行的四方城的模式建造，四邊有城門，此外還有城樓、街道和帶有鐘鼓樓的集市。一些大的城池裡，還會修建孔廟、佛寺、道觀等與信仰相關的建築。此外，

還有用作政治、軍事乃至民間需求的驛站。

所以，頭下軍州並不是把漢族人集中在草原上服勞役的場所，它們是充滿活力的貿易據點和製造業據點。城池外面則是糧食生產基地，解決人口增加帶來的食物不足的問題。

回憶一下，回鶻汗國曾經在草原腹地興建過類似的城池，比如可汗城、可敦城等。顯然，耶律阿保機時代的契丹的頭下軍州以及城池人口有着數量和質量上的躍進。回鶻人的城池只是以聚斂貿易財富為目的的場所，而契丹的這些城池功能更為繁多，也更加像華夏的城池。耶律阿保機是否知道回鶻人曾經在草原上建城，恐怕很難搞清楚，但他的妻子述律氏的家族有着很深的回鶻背景。顯然，曾經的草原霸主回鶻的所作所為，必然影響了周邊如契丹等草原勢力。

不知不覺間，契丹這個單一草原政權正在發生着根本性的變化。不知不覺間，耶律阿保機培植起自己的強大勢力，足以用來抗衡契丹8部中的反對勢力。

光陰如箭，耶律阿保機已經連續幹了「三屆」可汗，這期間不要說其他部落不滿，就是耶律家族自己的兄弟都不止一次造反，想迫使耶律阿保機讓出可汗之位，都被他一一平息。成為可汗9年後，契丹核心的其餘7部無法容忍權力被耶律家族甚至被耶律阿保機一人壟斷的局面，集體逼

迫耶律阿保機交出大權。

　　史書記載，耶律阿保機以退為進，先是交出了象徵可汗權力的旗鼓，然後對 7 部說，我有很多頭下軍州，我要帶着我的部眾去管理這些城郭。回到自己的勢力範圍後，耶律阿保機立刻反戈一擊，將各部首領全部殺死，一舉控制了整個契丹 8 部。至此，再無人可以挑戰耶律阿保機的可汗權力了。

　　916 年，耶律阿保機正式稱帝，並率領部眾建造皇城，也就是遼上京，位於今內蒙古巴林左旗。這次稱帝與他 9 年前繼承可汗之位的區別在於，9 年前耶律阿保機扮演了契丹部落聯盟領袖的角色，而 9 年後的此時，他成為一個大國的君主，統治的臣民不僅有契丹人，還有其他多個民族。皇帝本是華夏君主的稱號，現在耶律阿保機通過稱帝這樣的舉動，讓自己的地位凌駕於靠部落大人集體選舉才能得到的可汗之位。

　　契丹，這個曾經的草原部落聯盟，在耶律阿保機手中變成了皇權世襲的帝國。這個新興的帝國已然不是一個單一草原政權，而是一個以草原為主體的混合政權。

　　回鶻人在草原上曾經夢想打造的政權模式，在耶律阿保機手中變成了現實。

　　近憂已消，遠慮仍待解。面對治理廣大疆土的難題，耶律阿保機決意要把「新農村建設」進行到底，他的契丹從一

個曾經的單一草原政權，昂首闊步地向一個以草原為主體的混合政權行進。

918 年，耶律阿保機下令建造遼上京。經過不斷的擴建和完善，最終，遼上京形成了「雙城」的格局。南面是一個單獨的漢城，房舍密集，市場興盛。漢城應該是契丹以外的各族群如漢、渤海、回鶻等普通民眾、工匠的居住區。北面是皇城，與漢城之間以牆相隔。皇城中央是大內，應該是皇帝起居和辦公的場所。皇城北部空曠平坦，考古學家猜測這裡是氈帳區，契丹皇族仍然喜歡居住在氈帳之中。

從遼上京的格局就可以猜測耶律阿保機對於國家治理的構想，他既想保持草原傳統，又想引入華夏的管理體制，將草的世界與禾的世界融合起來，建立一種以草原為主體的混合政權。

興建永久性都城，這是一種華夏王朝的治理方式，標誌着契丹政權的權力趨向於集中而不是分散。這時，耶律阿保機似乎已經着手建立契丹帝國的雙重行政管理體制：北面官負責管理草原遊牧地區的部落事務，而南面官主要仿照唐朝制度設立，負責處理定居人口特別是漢族人的事務。早在910 年，耶律阿保機就任命他的兄弟管理北面官系統。這一制度於 947 年契丹政權正式設立北院和南院時達到頂點。

契丹帝國的根基是草原，所以草原傳統不能放棄。

雖然興建了類似華夏的城市甚至都城，但是契丹的可

汗／皇帝一直堅持草原上的遊牧生活方式，他們一年中有
規律地在草原上遷徙着，從一個傳統的季節性放牧草場（捺
鉢）轉移到下一個草場。一年中的大部分時間在草原上度
過，可汗與草原各部首領聚會、商談，處理草原事務。一年
之中，他們也會途經繁榮的城市，並在裡面居住一段時間。
比如一般情況下，每年兩次在遼上京，可汗會把官員召集起
來商討國是。討論完畢後，那些負責契丹南部地區的官員
南下管理漢族臣民，而可汗則帶着契丹高官繼續以遊牧方
式行軍。

同時，華夏政權的經營方式也廣泛開展起來，因為在契
丹的疆域中，可供開墾的土地相當多。首先是長城地帶的
農牧交錯帶，歷史上赫赫有名的燕雲十六州也位於這一帶。
這裡原本就有着相當可觀的耕地，契丹將這塊地區納入版
圖之後，就等於有了一座可靠的糧倉。

其次是東北地區的遼河平原，這裡因為地處北方，氣候
較為寒冷，所以一度人氣不旺，耕種規模十分有限。再加上
地處周邊各方勢力角逐的焦點，社會動盪，生產大受影響。
其實從氣溫、降水、土壤條件來説，遼河平原極具農業開
發價值。

在耶律阿保機四處擴張，向東擊敗了盤踞在東北地區
東部的渤海國後，他和他的繼任者將許多昔日渤海國的人口
遷移到遼河平原上，使這裡的農耕社會變得興旺起來，所謂

的遼東就此崛起，並一直澤被後世。其中遼陽後來成為契丹帝國五京中的東京，進一步成為各個族群雜居的繁榮之地。這塊土地逐漸成為中華文明圈的重要部分，一些東北族群也正是以遼河平原這個大糧倉為創業基石，開始了逐鹿中原的征程。此乃後話。

總之，從耶律阿保機開始的契丹「新農村建設」，開闢了一條中華文明區域融合的新道路——以草原為主體的混合政權模式。

自匈奴帝國以來，歷代遊牧政權都是馬上打天下，馬上治天下，以鬆散聯合體的形式管理龐大的疆土。耶律阿保機的契丹一方面要保持遊牧民族的機動性和戰鬥力，保持草原地區固有的遊牧生產方式；另一方面，他在契丹境內建立了包括首都遼上京等五京在內的許多城郭，並移居了大量的人口到城郭裡外定居，從事手工業生產和農業生產，把華夏王朝的國家治理模式也嫁接到契丹帝國的體系之中，一定程度上克服了草原政權的鬆散特性。

在一個草的世界中導入禾的系統，耶律阿保機的這一創舉給契丹帶來了前所未有的強大國力和穩定性。自從單一華夏政權——漢朝與單一草原政權——匈奴的白登山之戰後，歷經千年洗禮，直至契丹，草原與華夏的融合之路終於登上了新的台階，可以同時駕馭草原和華夏的、更為有效的政權模式已經初露鋒芒。

　　就在耶律阿保機一面統御契丹諸部、四方征討，一面大張旗鼓地進行「新農村建設」的時候，長城以南又是怎樣的場景？

　　大唐王朝笨重的身軀已經轟然倒地，唐朝後期藩鎮割據的局面很自然地過渡到所謂的五代十國的紛亂局面。廣闊的華夏在一片混亂中探索着自己的未來。

　　雖然名為五代，分成了後梁、後唐、後晉、後漢、後周5個朝代，但其實總共也只有短短的半個世紀，與漢唐這樣延續數百年的朝代相比，五代加在一起都顯得袖珍，分別被稱為朝代，實在是過於抬舉它們了。至於十國，除了北漢外，其他基本上都地處長江流域及以南地區，並沒有同時存在過，一般與五代朝廷同時存在的十國只有7個左右。其實在五代十國之外，至少還有大理國在西南方向裂土而治，更不用說還有凌駕於北方的令華夏各個政權不寒而慄的契丹了。

　　所以，五代十國只是後世史家的總結，當時的局中人並不這樣想。那麼，當時的人是怎麼看天下大勢的呢？

　　許多人都沒感覺到唐朝已經是過去時了。就像漢朝滅亡後，匈奴人劉淵高舉起漢朝的大旗那樣，當朱溫篡奪了唐朝的社稷，建立了自己的梁朝時，他一生的宿敵──彪悍的沙陀將領李克用視其為唐朝的叛逆，根本不承認梁朝，甚至繼續使用唐朝最後的年號「天祐」，高舉唐朝的大旗，與朱

溫死磕到底。

　　沙陀軍團是五代十國時期華夏影響力最大的軍事力量。追根溯源，沙陀人應該是突厥人的一支，活躍於西域天山巴里坤湖一帶，曾經歸附唐朝，在吐蕃攻陷了唐朝的北庭都護府後，沙陀人改投吐蕃帳下。此後由於受吐蕃的猜忌，沙陀人又向東遷移，再度歸附唐朝，生活在北方長城地帶。

　　唐末黃巢起義攪動了天下，沙陀人在首領李克用的帶領下，為唐朝擊敗黃巢、收復長安立下大功，從此以沙陀騎兵為核心，吸納了周邊各個民族力量的軍事集團閃亮登場。李克用之子李存勖更是如同戰神下凡，不僅力抗不可一世的契丹大軍，硬生生地把耶律阿保機的南進一次次打退，更在923年稱帝，國號為唐，史稱「後唐」，並在同一年消滅了後梁。李存勖這個突厥系沙陀人成了「唐朝」的皇帝。此時，他順理成章地把天祐的年號改成了自己的年號——同光。

　　一個沙陀人「復興」了唐朝。想想當年劉淵建立的「漢朝」，李存勖的「唐朝」如出一轍，都是試圖延續此前數百年的王朝社稷。

　　五代十國時期高舉唐朝大旗的可不只有沙陀人。在南方，李昇自稱唐朝皇族後裔，也建立了自己的「唐朝」，史稱「南唐」，疆域覆蓋了今江蘇、安徽、湖南、湖北、江西一帶，是十國中最為強大的一個政權。由於自稱唐朝正宗，南唐甚至有一統天下、光復唐室的野心，可惜受挫於北方

的後周，一蹶不振。

這種競相爭奪唐朝正統地位的現象，反映了當時整個華夏的一種文明、文化上的認同感，這種認同感來自延續了數百年的唐朝，基礎是大江南北日益聯繫在一起的經濟與文化，其核心是唐朝留下的大一統的文化認同遺產，包括語言、制度、文化、思想等。

唐朝雖滅，文明猶存，文明的認同感才是最為重要的融合，哪怕疆土是分裂的，大江南北的人們依然有着類似的夢想，為了天下的統一而各自奮鬥。哪怕是有着濃厚的少數民族色彩的沙陀集團，也把自己視作唐朝的一員，願意為復興唐朝而拚殺。

更值得人深思的是，五代之中除了被李克用父子視為叛逆的後梁外，後唐、後晉、後漢都是沙陀集團建立的。當李存勖帶着沙陀騎兵與契丹騎兵在沙場鏖兵的時候，真是不太像一位「漢家大將」。換句話說，五代十國時期的華夏，也已經融入了多個族群和他們的文化元素，就像契丹也吸收了華夏的一些農耕經濟和制度那樣。那個時代的長城內外，大江南北，草的世界與禾的世界已經你中有我、我中有你了。

沙陀人李克用與契丹人耶律阿保機見過面，並英雄相惜地結為兄弟，當然這兄弟情義僅限於酒桌上，戰場上兩人對壘起來都不含糊。李克用的兒子李存勖與耶律阿保機也

有名義上的子與父的說法，也僅限於使臣往來送書的時候。當時的天下大勢是契丹強而後唐弱，契丹一心想吃掉後唐，但直到耶律阿保機在平定東北地區的渤海國後去世，也未能得逞。

後唐的內亂終於給了契丹新可汗耶律德光南下的機會，他是耶律阿保機的二兒子，在母親述律氏的支持下繼位。為了讓自己的兒子順利繼位，壓制契丹內部的反對勢力，述律氏甚至不惜自斷右手，震懾群雄，當真是剛烈無比，草原風格的契丹可汗選舉制度總算是勉強地過渡到了世襲制度。

接下來的歷史進程中，在幫助後晉石敬瑭擊敗後唐的過程中，耶律德光兵不血刃地得到了長城地帶的燕雲十六州。耶律德光的志向不止於此，他有着逐鹿中原的野心。在後晉大亂的時候，耶律德光覺得時機成熟了，於是率領契丹軍隊大舉南下，試圖一舉吞併華夏，完成父親耶律阿保機的夙願。

然而耶律德光沒有想到的是，這是一次讓他達到光輝頂點的遠征，也是一次讓他走向末路的遠征。

946年秋，契丹軍隊從本土出發南征，一片混亂的後晉基本上無力阻止抵抗，到年底的時候，都城開封陷落。947年正月初一，耶律德光的馬蹄風光無限地踏入了開封。又過了一個月，耶律德光改國號為大遼，改年號為「大同」，

似乎在宣告一個囊括了草原和華夏的大同世界來臨了。

遺憾的是，耶律德光自己根本就沒準備好迎接那一刻。

孤軍深入的契丹騎兵出現了糧草短缺。這反映出此次南征根本就準備不足，因為過去契丹軍隊南下劫掠的時候，搶了財物就撤回草原，不需要後勤補給。但是這次南征是以佔領華夏為目的的，沒有足夠的糧草供給，怎麼能持久呢？

耶律德光只好縱容自己的軍隊掃蕩開封周邊，並大肆搜刮錢財。這是一種典型的草原劫掠風格的行為，問題是這些契丹騎兵現在並不在草原，而是在農耕區。原本處於觀望之中的華夏軍民在生死存亡之際，全都奮起反抗契丹侵略軍，後晉的地方殘部也開始一致對外，攻擊契丹軍隊。沒有了糧草，耶律德光的大軍戰鬥力銳減，他在開封待不下去了。從他進入開封僅僅三個月後，這位達到人生頂峰的契丹可汗灰溜溜地撤離開封，向北方的故土而去。

心力俱疲的耶律德光在半路上就突然病死了，他的「大同」世界就像是一場噩夢。耶律德光的失敗警示世人，草的世界與禾的世界的融合是艱巨的任務，並不是單靠武力就能夠實現的。

契丹軍隊撤退後，沙陀勢力中的一方豪強劉知遠輕鬆進入開封，建立起了後漢政權。幾年之後，後漢又被後周推翻，而後周也挺立了不過 10 年光景，就又被趙匡胤發動的政變推翻，宋朝建立。

　　華夏政局風雲變幻，本來都是契丹入主華夏的好機會，但耶律德光的南征失利，給了契丹人非常慘痛的記憶，以至此後的歷代契丹可汗基本上都打消了入主華夏的念頭，他們更傾向於回到草原帝國的經典套路上，通過軍事敲詐，謀取一些經濟利益，而不是佔領華夏。

　　可能正是因為契丹上層出現了這種心理，再加上宋朝的趙匡胤、趙匡義兄弟也很爭氣，統一了華夏，結果 1004 年契丹大軍再次飲馬黃河，進逼北宋都城東京時，雙方都有些「麻稈打狼，兩頭害怕」的心理：心有餘悸的契丹對統治華夏沒有底氣，北宋也沒有了當年縱橫沙場的決死氣概。最終雙方坐下來談判，北宋答應每年給契丹絹 20 萬匹、銀 10 萬兩，以此換取和平，這就是契丹與北宋簽訂的「澶淵之盟」。

　　澶淵之盟讓草原與華夏回到了經典的納貢—和親模式。但是與匈奴—兩漢和突厥—隋唐時代不同的是，在契丹—北宋時代，契丹已經不是一個單一草原政權了，而是融合了大量華夏文明的混合政權。而北宋到澶淵之盟的時候，已然蛻變成了單一華夏政權。

　　以草原為主體的混合政權對壘單一華夏政權，這是契丹—北宋那個時代的新格局。澶淵之盟給契丹帶來了長期穩定的軍事敲詐收入，對於這個以草原為主體的政權的長治久安非常有幫助。

　　當然了，作為一個混合政權，即使契丹不再軍事敲詐華夏政權和其他周邊政權，自身也具有一定的生產能力，能夠製造一定量的手工業品，以及生產大量人口所需的糧食。所以，一方面契丹對於華夏物產的迫切需求降低了，軍事敲詐到華夏物產當然更好，但是敲詐不到，契丹管理好自己的頭下軍州，管理好自己境內的農民和手工業者，日子也照樣過得不錯。作為一個以草原為主體的政權，契丹的政權顯然比過去的草原帝國更安穩。

　　同時，契丹還收穫了管理農耕區的人才和經驗，這使過去草原帝國侵佔華夏後出現的管理難題在契丹的時代難度大大下降了。佔領一片地方後，混合政權有足夠的管理人才，能夠很好地管理佔領的農耕區，恢復生產，產出大量的糧食和其他手工製品，供整個混合政權調用。

　　新的局面對於華夏政權絕對不是好消息。幸好澶淵之盟後，在大約長達百年的時間裡，契丹與北宋基本上相安無事。也許耶律德光的那次慘痛教訓過於深刻了，即使契丹已經具備了治理農耕區的人才和經驗，它也沒有大舉南下佔領華夏的野心了。契丹逐漸刀槍入庫，馬放南山，契丹貴族過起了奢華的定居生活，而契丹底層民眾該放牧的放牧，該種地的種地，該做手工的做手工，愜意地過着自己的小日子。

　　拋開澶淵之盟是不是一個不平等條約不談，這個條約給北宋還是帶來了巨大的和平紅利。避免了戰爭帶來的破

壞和消耗，這本身就可以算作「收入」。而且從歲幣支出額來看，每年輸送給契丹的絹的份額僅僅相當於北宋南方一個州（比如越州）的生產量，這是北宋完全可以承受的代價。

而且在和平降臨後，兩個政權之間的「跨國貿易」順利展開。華夏由於物產更為豐富，因此在與草原的貿易中往往會獲得大量的盈餘，即使契丹已經不是一個單一草原政權，貿易收支的趨勢也沒有發生根本性的變化。根據估算，北宋支付的歲幣中的銀兩，大約有60%又回到了宋朝的境內，因為契丹在獲得了上貢的絹之外，仍然用大量銀兩來購買華夏的物產。

所以，澶淵之盟雖然有點屈辱，但對北宋來說，每年的歲幣倒也不算巨大的開支。

但是，北宋出現了新的麻煩。安撫了契丹這頭兇惡的北方之狼後，西北方向又崛起了党項人建立的西夏，又來了一頭可怕的狼。

經過幾次大戰之後，北宋意識到自己無法消滅西夏，而西夏在北有強鄰契丹，西南和西方都有強敵的情況下，也無力再戰，雙方於1044年達成和平協議，西夏向北宋稱臣，而北宋每年歲賜西夏銀7.2萬兩、絹15.3萬匹、茶3萬斤。這一事件被稱為「慶曆和議」，堪稱澶淵之盟的姊妹篇，北宋再次用華夏的財力購買了與西夏的相對和平局面。

歲幣也好，歲賜也罷，對北宋的財政來說並不是難以承

受的。北宋財政支出的最大頭是軍費開支。即使沐浴在和平之光中，北宋還是要面對西夏乃至西南方向此起彼伏的軍事襲擾，再加上防備契丹的入侵威脅，北宋不得已建立起龐大的軍隊防禦邊境。

雖然北宋留給後世一張經濟富庶、文化繁榮的面孔，《清明上河圖》以繪畫的形式展現了都城東京（今開封）的繁華景象，但北宋的權力和財力其實都集中在東京，這一城一地的繁華，掩蓋了北宋在財政壓力下對全境民眾的高額稅收政策導致東京以外的老百姓艱難度日的現實。北宋的生產力確實不錯，但開銷同樣很高。我們甚至可以這樣説，恰恰是因為北宋有着嚴重的外敵威脅，於是背上了沉重的軍費開支，才不得不強迫民眾開足馬力生產更多的物產，轉化為財政收入，再轉化為財政上的軍費支出。

北宋那繁花似錦的外表之下，是並不浪漫唯美的殘酷現實。

軍費高昂的根本原因，是北宋是一個單一華夏政權，沒有強大的騎兵部隊，卻要面對如狼似虎的混合政權——契丹與西夏的威脅和挑戰。

隋唐前期是以華夏為主體的混合政權，擁有草原血統的軍事力量，特別是擁有戰鬥力強大的騎兵部隊，可以壓制周邊的單一草原政權的挑戰。隋唐維持邊疆軍事力量當然也耗費巨大，但好歹只是將草原背景深厚的族群人口轉化

為軍人，或者這些族群乾脆就是「戰鬥民族」，轉化成本相對較低。而北宋作為單一華夏政權，只能將純粹的華夏人口轉化為軍人，不僅轉化成本很高，而且還缺少戰馬，因此也就缺少機動性強、戰鬥力強的騎兵部隊。

反觀契丹這種以草原為主體的混合政權，不僅擁有強大的軍事力量，而且還握有一定的農耕基礎，如虎添翼，其政權的穩定性和軍隊的保障能力都超越了單一草原政權，不太容易出現過去草原帝國的老毛病——其興也勃焉，其亡也忽焉。

此消彼長間，北宋面對契丹乃至西夏，只能靠軍隊數量來彌補戰鬥力的巨大差距，號稱80萬的禁軍以及分佈在各地的廂軍，構成了北宋的百萬大軍，龐大的常備軍進一步增加了軍費開支。

說句實話，北宋一直在勉為其難地維持着自己的統治，經受不起一次較大的打擊。

與此同時，橫跨草原、叢林和一部分華夏的契丹是不是一邊收着歲幣，一邊舒適地過和平日子呢？

並沒有。就在澶淵之盟後，騰出手來的契丹馬上展開了與自己疆域東南方向朝鮮半島上崛起的高麗的大規模戰爭。契丹與高麗的戰爭起因，是為了爭奪被契丹消滅的東北地區渤海國的領土和民眾。朝鮮半島複雜的山區地形絆住了契丹鐵騎的馬腳，戰爭最後以相互妥協收場，契丹並沒

有佔到便宜，徒耗國力。

此外，雖然起家是在草原上，但是契丹似乎並沒有完全控制亞洲東部的草原。盤踞在今內蒙古西部、陝西北部和甘肅地界的西夏是契丹欲除之而後快的大患，但是多次征討，也沒能消滅西夏。

此外，在契丹的北方、西方，還存在着一些草原部落，比如阻卜，從耶律阿保機時代開始，契丹大軍就多次向北征討這些草原部落。在契丹大軍攻打過來的時候，北方草原部落要麼像傳統遊牧族群那樣逃得遠遠的，要麼暫時投降契丹。在契丹大軍的威脅消失後，北方草原部落往往又揭竿而起，反抗契丹的統治。

從契丹建國直到滅亡，這樣的草原征討持續不斷，說明契丹並沒有真正有效控制草原地帶的北方區域。

站在草原的角度來說，契丹在草原上取得的榮耀遠遠不能和昔日的草原帝國匈奴、柔然、突厥等相比。甚至與同為混合政權的唐朝相比，契丹也沒能取得鼎盛時代唐朝的影響力。當然，唐朝前期是一個以華夏為主體的混合政權，而契丹則是以草原為主體的混合政權，兩者的根基有所不同。

契丹無法在草原上縱橫馳騁的原因是複雜的，疆域南方的高麗、北宋、西夏乃至西域的回鶻都不是軟柿子，必然會牽扯契丹絕大部分的軍事力量，讓契丹無法集中精力

征服草原。但是，與草原上那些鬆散的弱小部落相比，契丹這一混合政權的國力是相當強大的，沒能有效控制草原，也許要從契丹自己身上找原因。

癥結也許就在於契丹的混合政權體制上。契丹脫胎於傳統的草原政權，有着深厚的草原文明傳統，說得直白一些，那就是草原貴族共同議事的政治體制對於契丹的政治有着很深的影響。雖然耶律阿保機壓制了契丹8部大人，甚至靠計謀殺死了8部大人，但是耶律氏自己內部仍然舊勢力林立，耶律阿保機和妻子述律氏花費了很大的力氣，甚至分別付出了生命和右手的代價，才勉強實現了契丹君主的世襲制。

契丹君主叫可汗也好，叫皇帝也罷，都不能不考慮契丹貴族的意見。因為混合政權的主體是草原，契丹的根基是草原上的遊牧民，所以契丹貴族雖然被皇權壓制，但依然是不容忽視的力量。契丹君主需要這些貴族的草原軍事力量的支持，維持自己的統治權以及東亞霸主的地位。

契丹君主鼓勵契丹人保留尚武精神，比如契丹早在988年就仿照華夏制度推行了科舉考試選拔官員，並一直延續到契丹末年，但是明確禁止契丹人參加科舉考試。有一位契丹貴族子弟偷偷參加科舉考試，結果被罰鞭打。後來，這位子弟用連續三支箭射殺三隻野兔的武功，才得到了提拔。

可是讓這些貴族過於強大，又會威脅到契丹君主的統

治地位。於是，契丹君主必須掌握好平衡。

現在，我們可以回到征服草原的話題上了。如果契丹主動出擊，征服了廣袤的草原，獲得最大利益的人會是誰？

並不是契丹的君主，而是那些有濃厚草原背景的契丹貴族。

所以，契丹的君主未嘗不想建立不世奇功，名垂草原青史，但是如果征服草原意味着自己的寶座不穩，那還是算了。而且草原各個部落的物產比起南面的南宋、朝鮮、西夏甚至契丹自己的產出來說，可以忽略不計，花費巨大的力氣去征服這些貧窮的部落，並不值得。

所以站在契丹君主的角度思考草原問題，他會儘量以防禦為首要策略，只有當草原部落對契丹造成嚴重威脅的時候，才會主動出擊。契丹君主的很大一部分利益應該是依賴疆域內的頭下軍州的產出的，如果任由草原部落襲擊這些城鎮，君主的利益會嚴重受損。據史書記載，契丹為了防禦草原部落侵襲，在草原深處修建了可敦城，駐紮了兩萬騎兵，以及一些屯墾的人口。而且規定，不管南方發生了甚麼大事，這兩萬騎兵不許南下。契丹甚至可能在從今內蒙古的呼倫貝爾草原到蒙古國的漫長北方邊界上修建邊牆，抵擋草原部落的侵襲。這是一種被動防守的戰略，類似於漢朝修建長城抵禦匈奴。從這些行動中，後人可以體會到契丹君主的苦心孤詣。

旁觀者清。北宋有位大臣叫富弼，這個名字也許不是很有名，不過他的岳父就是寫出了「無可奈何花落去，似曾相識燕歸來，小園香徑獨徘徊」的著名詞人晏殊。富弼曾經出使契丹，勸說契丹君主不要南下入侵北宋。他的說辭是，如果發動南下的戰爭，獲得的利益就會歸契丹的臣子所有，而契丹的君主卻要承擔戰爭損失和禍患。如果保持和平，北宋的歲幣會歸契丹的君主所有，而不是歸臣子所有。這就是為甚麼契丹臣子要鼓動君主打仗。

這套說辭雖然是北宋大臣說出來的，有自己的目的，但深深地打動了契丹君主，因為這段話的確言之有理。

總之，契丹這個以草原為主體的混合政權，雖然是當時東亞的霸主，但也有自身的煩惱，在與周邊政權、部落的不斷摩擦甚至戰爭中，強壯的契丹也逐漸顯露出了疲態。

歷史貼士

中國的名字曾叫契丹

雖然直到滅亡，強大的契丹也沒有真正實現入主華夏的夢想，但是「契丹」這個名字實實在在地與中國的稱謂掛上鈎了。

金朝滅掉契丹後，契丹貴族耶律大石率領部分契丹力量向西遷移，收編了契丹留在西北部重鎮可敦城（曾經也是回鶻汗國的重要城市）的兩萬騎兵部隊，於1124年建立西遼，

或稱喀喇契丹。

西遼的疆域地跨今蒙古國、中國新疆和中亞的部分地區，耶律大石不僅抵擋住了金朝的追擊，而且四處擴張，於1141年一舉擊敗當時亞洲西部的強大政權塞爾柱帝國。塞爾柱帝國為突厥人的一支所建立，曾經頻頻與東羅馬帝國交戰，所以西遼（即喀喇契丹）的威名也因這一戰而遠播歐洲。周邊的一些政權如高昌回鶻、西喀喇汗國、東喀喇汗國及花剌子模先後臣服於強盛期的西遼。

由於西遼盤踞在中亞一帶，阻隔了亞洲東部與西方交流，西遼還繼承了契丹時期吸收的許多華夏制度，甚至自認為是古代中國的正統王朝的延續，因此在歐亞大陸西部的國家誤認為當時的中國都處於喀喇契丹的統治之下，以為這個喀喇契丹就是中國。而那個與西遼同時代的偏安在江南的南宋，並不為西方世界所熟悉。於是，契丹的西方語言拼寫名稱——Cathay 不脛而走，成為一部分西方國家對於中國的稱呼。

1218年西遼為蒙古所滅。此後意大利旅行家馬可·波羅遊歷了元大都後，在自己的遊記中描寫了蒙古人統治下的契丹省的繁榮昌盛，說那裡遍地都是黃金和香料，使契丹的名字不僅在歐洲家喻戶曉，而且成為歐洲人嚮往和追求的夢想，Cathay 成為西方人對中國，特別是金朝故地的代稱。時至今日，在斯拉夫語國家中，仍然稱中國為契丹。

　　直到 1575 年，曾到過福建沿海的西班牙人拉達考察後指出：「我們通常稱之為中國（China）的國家，曾被威尼斯人馬可·波羅稱為契丹（Cathay）。」此後明朝萬曆二十九年（1601 年）意大利傳教士利瑪竇來到北京城，根據他的生活經驗以及對於經緯度的實測，確鑿無疑地證實，北京城就是馬可·波羅書中描述的汗八里，而契丹（Cathay）和中國（China），都是指他所在的大明王朝這塊區域。

　　契丹不僅在實力上曾經是亞洲東部的霸主，而且在其滅亡之後還成為中國的代名詞，這是草原文明廣闊影響力的一個體現。

女真人南柯一夢

1234 年正月十一，蔡州城（今河南汝南）。

寒風瑟瑟中殺聲震天，宋軍攻破南門，蒙軍攻破西城，守城金軍在巷戰中紛紛戰死，絕望中的金哀宗完顏守緒自縊於後龍亭幽蘭軒。此前一天，完顏守緒傳位給身手敏捷的完顏承麟，希望城破之後完顏承麟能夠策馬突圍出去，為金朝留下一顆火種。可惜在金哀宗自殺之後，金後主完顏承麟也死於亂軍之中。金朝宰相完顏仲德在君王死訊傳來後，率領最後的餘部數百人投汝水而死。君臣皆身死社稷，一代威烈北族的殘存血性沉入了華夏的滔滔東逝水中。

至此，金朝這個驟然崛起於東北地區白山黑水間的馬上王朝，在距離自己龍興之地數千里之外的黃河之南氣數盡滅，其 100 多年的興衰往事猶如南柯一夢。金朝的這段興衰故事，到底是中華文明數千年融合史的一段小插曲，還是不可或缺的一環？

建立了金朝的女真人是東北地區一個古老的族群——靺鞨的分支，也有說法認為，女真完顏部的始祖來自朝鮮半島的高麗。總之，那個時代的東北地區有着大量的族群，彼此之間也有人員的交流。至少在五代時期，女真人已經在按出虎水附近形成了較強的勢力。「按出虎」在女真語中是「金」的意思，這條河流實際上是松花江的一條支流，大概

位於今黑龍江省哈爾濱市東南方向。

　　與契丹以及之前的草原族群不同，女真人其實並不是典型的遊牧民，他們可以被視作叢林民，在東北地區的深山老林之中從事狩獵、捕魚，以及少量的農耕，所以他們也過着定居生活，只不過不住在草原氈帳裡，而是就地取材，利用叢林中豐富的木材搭配樹皮以及獸皮，建造原始的木屋。

　　值得注意的是，他們也養馬，因為自然環境中有草料供馬食用，他們的打獵、貿易等活動也需要馬。馬匹是北方族群形成戰鬥力的重要資源，女真人其實很早就擁有了這樣的潛在戰鬥力資源。

　　女真人活動的區域曾經是渤海國的疆域，在渤海國被耶律阿保機的契丹大軍攻陷之後，女真人轉為接受契丹的統治。由於烏蘇里江和松花江一帶出產天下名鷹——海東青，契丹強迫女真人定期交納足夠數量的海東青，供契丹貴族作打獵之用。此外，女真人還要交納珍珠、貂皮等當地特產。威震東亞的契丹人並不把叢林中的這些民眾放在眼裡，所以橫徵暴斂是常有的事。女真人在做買賣的時候，也會經常遭到契丹人的強搶。

　　令契丹人沒想到的是，女真人正在一點點地積累自己的力量，散落在叢林中的女真各部逐漸聯合起來，早在金朝的開國君主完顏阿骨打的爺爺完顏烏古乃的時候，就已經形成了類似於國家的部落聯盟。完顏烏古乃接受了契丹的

節度使封號，以契丹代理人的身份打擊、吞併其他女真部落，成功控制了東北地區的東部。1113 年，完顏阿骨打被各部首領推舉為女真的領袖，當然他也沿襲了契丹的節度使封號。

面對契丹不斷的橫徵暴斂，完顏阿骨打認為忍無可忍，無須再忍。1114 年，女真人的怒火終於如同火山一樣爆發了。在完顏阿骨打的帶領下，女真人揭竿而起，開始向契丹發起挑戰，這場造反看上去就像是螞蟻與大象對決，前者似乎毫無勝算。至少我們翻看契丹過往的光輝戰史記錄，會覺得完顏阿骨打是在以卵擊石，他最開始召集到的部眾人馬才只有區區 2 500 人。

不可思議的是，龐大身軀的「大象」竟然會被「螞蟻」吞噬了。在擊敗了契丹最初的地方討伐軍後，完顏阿骨打立刻在按出虎水河畔建國並稱帝，打出「金朝」的旗號，召集周邊早已對契丹的壓迫非常不滿的各族群，一起向「大象」進攻。

契丹人終於意識到了事態的嚴重性，但是仍然輕視了這些造反的「螞蟻」。契丹天祚帝耶律延禧拼湊起一支號稱 70 萬的平叛大軍，討伐完顏阿骨打。實際能夠打仗的契丹軍隊當然遠遠小於這個數字，但肯定比完顏阿骨打的軍隊要龐大很多。耶律延禧御駕親征的勇氣可嘉，但是他對於軍事並不在行，根本無法駕馭龐大紛雜的軍隊，而且還發生

了後院起火的叛亂事件。結果這場平叛戰役以契丹慘敗、耶律延禧落荒而逃結束。

經此一役，契丹帝國的萬里江山走到了土崩瓦解的邊緣，所有被契丹人統治的其他族群都看到了機會，紛紛造反，瓜分這個日薄西山的帝國遺產。當然，切得最大一塊蛋糕的無疑是女真人的金朝，原來契丹帝國的東部疆土全部被金朝吞下。

被契丹敲詐勒索了上百年的宋朝也想分一杯羹，甚至還派出使者跨海到達按出虎水，與金朝結盟，相約共同攻打契丹。怎奈宋軍自己不爭氣，連處於絕境的契丹殘軍都打不過，最後還是金軍打下了燕雲十六州。1125年，契丹天祚帝耶律延禧被俘，標誌着契丹正式滅亡。雖然契丹皇族成員耶律大石帶領殘部向西遷移，在西域一帶「復興」，建立了西遼，但這一政權完全不能和曾經凌駕於整個亞洲東部的契丹帝國相比。

宋朝的孱弱被金朝完全看穿了，金朝兵鋒所指，下一個目標就是在契丹鼻息下偷生百年的宋朝。同樣在1125年，金朝正式對宋朝發動了攻勢，宋朝簡直不堪一擊，1127年東京陷落，宋欽宗、宋徽宗及大量皇室成員、官員被俘虜，被帶到東北地區。

北宋就這麼滅亡了，其實它能在北方契丹強權和周圍西夏、大理等國的威脅下存活160多年，已經很有運氣了。

　　金朝在極其短暫的時間內從東北地區興起，並掃蕩了契丹和北宋，建立起一個擁有部分蒙古草原、東北地區和中原地區的龐大政權。女真鐵騎疾馳而來，橫掃了亞洲的東北部，摧枯拉朽一般把契丹和北宋兩大政權消滅。

　　還是那句老話：馬上得天下，卻不能馬上治天下。打下天下之後，不管自己是否意識到了，金朝已然是一個成分複雜的混合政權，它的統治者將要面對昔日契丹的政權治理問題了——如何整合草的世界、禾的世界以及女真人起家的林的世界，將不同經濟模式和文化模式的各個區域融合成一個穩定發展的整體？

　　金朝是從契丹的巨大身軀中誕生的，因此金朝的統治者從一開始就繼承了契丹的很多文明融合方面的遺產。比如，女真人雖然在苦寒的東北地區起家，但他們對華夏制度與文化並不陌生，甚至很早就藉助漢族人的經驗，構建自己的國家體制。金朝的國名來自按出虎水的含義，同時還有一個華夏風格的年號——收國。完顏阿骨打還給自己取了一個漢名，叫作王旻。金朝從一開始就表現出了一些華夏文化的影響。

　　再如，完顏阿骨打身邊有個重要的漢族人謀士，叫作楊樸，其家族是渤海國區域的望族。此人年輕時曾經考取契丹的進士，後來追隨完顏阿骨打。金朝立國後，楊樸立刻幫助金朝起草了一份給契丹的文書，提出停戰條件，其中包括

完顏阿骨打要以「大聖大明皇帝」為稱號，契丹與金朝要以兄弟相稱，雙方平起平坐。楊樸的例子說明，金朝的政權治理從一開始就有漢族人參與其中。

所以把完顏阿骨打和他新建的政權視作單一的叢林文明並不恰當，金朝從一開始就有混合政權的色彩，東北地區本來就是多種經濟模式、多種文明相互交融的地區，有適合耕種的平原、適合放牧的草場和適合漁獵的叢林，也受到毗鄰的華夏文明和草原文明的影響。昔日的渤海國就帶着華夏文明的色彩，此後這裡又處在以草原為主體的混合政權——契丹的長期統治之下，自然受到了多種文明的熏陶。

如果我們要給金朝如疾風般掃蕩塞北與中原找個理由的話，那麼金朝一開始所具有的混合政權的「基因」無疑是十分重要的理由，其重要性可能僅次於女真人鐵騎的強大軍事力量。女真人擅長漁獵和騎射，但也熟悉農民和牧民的生活，所以才會很順利地接收了契丹瓦解後的廣闊疆域，甚至南下入主華夏。

話說回來，金朝早期在對國家政權的理解和建設方面，基本上是借鑒契丹的經驗，並不會超出契丹的混合政權的治理水平。所以金朝既繼承了契丹在政權治理方面的優點，也沿襲了與契丹類似的治理問題。

金朝面臨的一個重大問題，正是當年耶律阿保機所面對的那個問題，即貴族集團對於君主權力的限制。雖然金

朝起家於叢林地區而不是草原，但也是從部落聯盟的形式
演變而來，女真人的軍事力量來自各個部落的支持，完顏阿
骨打只是部落首領的大首領而已。如果金朝只是一個叢林
政權，這種治理結構也未嘗不可，但是在金朝疆域迅速擴張
到萬里江山後，麻煩就會出現了。

完顏阿骨打自己沒有把自己當成華夏王朝的皇帝。據
史書記載，完顏阿骨打稱帝後，群臣奏事，完顏阿骨打的表
兄弟完顏撒改等人跪拜，完顏阿骨打立刻站起來流着眼淚
阻止大家説，今天的成功都是大家一起協助得來的，自己即
使登上了大位，也不能改過去的習俗。言外之意，大家無須
拘泥於君臣禮節，還是不分彼此的好兄弟。所謂過去的習
俗，按照漢族人對於金朝建立前的女真人的社會的描述，就
是「無大君長，亦無國名。散居山谷間，自推豪俠為酋長，
小者千戶，大者數千」。

在完顏阿骨打率軍攻佔燕京後，和自己的幾位重臣一
起坐在大殿之上，接受燕人的歸降。燕人拿出代表皇權至
尊的「黃蓋」，獻給完顏阿骨打。完顏阿骨打問，這個東西
還有沒有，給自己的大臣也分一下，一起張蓋。這件事被華
夏民眾引為笑談，象徵君主至尊無上地位的「黃蓋」，怎麼
能與他人分享呢？

完顏阿骨打的這些逸事，不論是出自本心尊重兄弟，還
是裝作尊重兄弟，都説明了早期金朝君主和貴族之間還保留

着叢林部落聯盟首領之間的淳樸關係，君王的權力並不大，受到貴族臣子的限制。

關於金朝前期皇帝的弱勢，還有個有趣的故事。金朝曾經設置倉庫，收藏了一些財物，皇帝和群臣誓約，只有發兵的時候才能動用這些財物。金太宗完顏吳乞買私自挪用了倉庫裡的財物，被群臣中地位較高的諳版發現了，並告訴了另一位重臣粘罕，要懲治完顏吳乞買違背誓約的罪過。於是群臣把完顏吳乞買扶下殿，杖打二十。打完了皇帝，群臣又將完顏吳乞買扶上殿，大家向他謝罪，然後皇帝和群臣該吃吃，該喝喝，和好如初。

一位皇帝竟然在群臣眼皮底下被打板子，這在華夏王朝的皇帝、臣子看來簡直毫無禮儀、荒唐可笑，卻正是金朝這種部落聯盟傳統的生動體現。

當金朝開始面對北宋這樣的華夏政權時，已經開始暴露出部落聯盟傳統的問題。攻入北宋境內的金朝大軍與過往的許多草原遊牧政權一樣四處掠奪，卻缺少經營華夏的政治遠見，和當年耶律德光南征沒甚麼區別。

金朝滅掉北宋時兵分兩路，東路由斡離不統帥，西路由粘罕領軍。西路軍一度受阻，而東路軍則長驅直入，渡過黃河圍困了東京，並打敗了宋軍的各路援兵。斡離不本人並不希望滅掉宋朝，而是在勒索了宋朝大量錢財和得到割地的承諾後就引兵北歸，體現了典型的草原族群劫掠風格。

粘罕聽說斡離不撈到大筆財物後，如法炮製，要求宋朝也給西路軍大筆錢財。

北宋覺得自己已經花錢消災，和金朝達成了協議，粘罕再度提出要求表示金朝背信棄義，於是拒絕再次破財免災，並讓各地組織力量抗金。北宋的反擊招惹斡離不的東路軍去而復返，與粘罕的西路軍會師汴京城下，全力攻打。攻破東京後，金軍大肆劫掠，最後帶着俘虜的二帝北還。

在北宋滅亡這一事件中，北宋並沒有意識到金朝的東路軍和西路軍其實屬於不同的部落集團，滿足了一個集團的勒索，並不代表安撫了整個金朝。這其實有點像漢朝當年用和親加貢品來安撫匈奴王庭，卻依然不時遭到匈奴其他一些部落的劫掠那樣。金朝前期的權力結構是部落聯盟式的，雖然有一個大家都承認的皇帝，但皇帝的權力也受到代表各個勢力的群臣的掣肘，並不能一言九鼎。

反過來看金朝，縱兵劫掠北宋境內的行為，並不是一個想要入主華夏並實施長期治理的塞北政權的樣子。金朝雖然把宋朝從中原趕到了南方，但還沒準備好接管大宋的北方江山。金朝的君臣也知道自己無法馬上治天下，在把宋朝趕到秦嶺淮河以南變成南宋後，金朝對中原地區首先採用了扶植傀儡政權的策略，畢竟漢族人治理華夏更有經驗。中原地區相繼出現了楚、齊兩個由漢族人管理的政權，它們依附金朝，對金朝納貢稱臣。

金朝的設想是，這兩個緩衝政權不僅可以幫助金朝防禦宋朝的反攻，而且可以吸引一些宋朝的文臣武將過來，幫助治理中原，自己則可以通過納貢等方式獲得穩定的宗主國收益，這是塞北族群熟悉的經典套路。此外，雖然女真人陣營中很早就有漢族人加盟，但畢竟這樣的人才還太少，對中原的情況也不熟悉，設置了緩衝政權，還有利於培養出自己的華夏人才。

金朝想得挺美，南宋可不答應。

南宋初年頻頻意圖收復中原的北伐，根本不是傀儡政權能夠抵擋的，中原地區的大宋子民也翹首期待「王師北定中原日」，所以只有派出金軍才能穩定中原局勢。金朝想通過傀儡政權治理華夏，給自己提供充足的華夏物產的企圖根本無法實現。不得已，金朝最終全面接管了中原地區，親自操盤。這意味着金朝將從一個較為單一的草原／叢林政權過渡到以草原／叢林為主體的混合政權。

女真人的大麻煩來了。

最大的麻煩是人口比例。此前在契丹政權境內有各種族群，雖然也包含了大量逃亡到契丹的漢族人，但從族群人口比例來說，契丹人在疆域的總人口中就算達不到絕對多數，單獨與其他任一族群比較，人口差距也並不懸殊。可是金朝的女真人佔有草原和中原後，不僅在人口數量上少於契丹人，而且陷入了漢族人的汪洋大海之中。

　　金朝全國的總人口在四五千萬，女真人剛剛入主中原的時候，主要是軍隊和政府官員及其家屬、隨從，總人口估計也就幾十萬，女真人與非女真人的比例估計在 1:100 的數量級上。

　　一個勃興的人口較少的女真族群要管理人口較多的契丹族群已屬不易，現在又要面對龐大的漢族人群體，在管理上真是巨大的挑戰。

　　相對來說，管理契丹故地容易一些，畢竟契丹已經打好了混合政權治理的基礎。為了有效管理北方生產方式不同的草原區、農耕區和森林區，金朝也借鑒了契丹人的捺缽制度和五京制度。所謂捺缽，就是國家權力機構隨着季節做週期性的遷徙，一方面可以更方便地管理廣大的地區，另一方面可以讓遊牧政權的核心集團在一年中的每個季節都有好草場來放牧牛羊。這種制度至少可以追溯到匈奴帝國時期不斷遊走的龍庭。而契丹在這種傳統的捺缽制度基礎上，又添加了類似華夏都城性質的五京制度，有效管理了農耕區從事固定地點生產的農民。此後的女真人也有樣學樣。

　　不過金朝和契丹的重要區別在於，前者比後者多了一大塊疆土，那就是中原地區。多了中原這個區域後，金朝農耕區的面積比契丹的農耕區擴大了至少幾倍，而且從事農業的人口也大大增加了，金朝統治者需要對農業生產進行更為專業的管理。

經濟模式和人口構成上的新變化，並不是女真人過去的管理方式能夠適應的。

女真人最初崛起之時，實行的是猛安謀克制度，這是一種軍政合一的組織，曾經以 100 戶為 1 謀克，10 謀克為 1 猛安。1114 年，完顏阿骨打確定以 300 戶為 1 謀克，10 謀克為 1 猛安。猛安謀克不是一個純粹的軍事組織，而是一個包羅萬象的社會制度。在女真人的故鄉東北地區，每個謀克都居住在由木柵欄圍起來的村莊或其周邊，大多數以最初居住地來命名，甚至在移居他鄉後，也保留着謀克的原來名稱。古代東北地區地廣人稀，人們必須結成小團體，共同生產、共同作戰，這就是猛安謀克制度得以形成的自然與社會環境。

但是在吞併了契丹和宋朝的大片土地後，確切地說是獲取了大量的農耕區和農業人口後，金朝不可能讓所有民眾都採用東北地區的猛安謀克制度來生活，它必須借鑒契丹和宋朝的管理方式，在疆土的大部分地區使用華夏傳統的層級式的州縣制度。

如果金朝皇帝是華夏王朝類型的皇帝，「普天之下，莫非王土，率土之濱，莫非王臣」，管理上並沒有甚麼問題。可是金朝的皇帝首先是部落聯盟的大首領，他的權力受到群臣或者說女真貴族的限制，皇帝要依靠人口很少的女真人來管理廣闊的農耕區和農業人口，他就必須協調好自己

與女真貴族的關係。相比契丹可汗管理自己疆土中的頭下軍州的情況，金朝皇帝的任務難度大為增加。

不管願意不願意，為了治理廣大的中原地區，或者更直白一點說，為了讓極端失衡的人口比例有所改善，女真人只能選擇離開東北故鄉，傾巢而出。從入主中原那一刻開始，東北的女真族群就不斷遷入中原地區，分散鎮守各地。根據記載，當時東北地區的女真人是整村整屯地集結南下的，應該是以猛安謀克為單位的大遷徙。他們來到中原後，除了強健者成為金朝軍事力量的中堅外，許多女真人也分得了田地，過上了定居屯田的生活。

身處華夏的女真貴族掌握了大量的土地、人口和物產，皇帝卻還在遙遠的東北地區，金朝初期所謂的都城在今黑龍江省哈爾濱市附近，與中原地區隔着千山萬水。

回溯歷史，我們會發現女真人的金朝所面臨的問題，昔日鮮卑人的北魏也遇到過。北魏的選擇是多次遷都，從盛樂遷都到平城，最後在孝文帝的帶領下，南下洛陽城，最終融入了農耕區，從一個單一草原政權一步步地演變成了一個單一華夏政權。

那麼現在，女真人的金朝要向何方去呢？

歷史驚人地相似，在金朝的第四任皇帝完顏亮期間，也發生了南遷都城到燕京的事件。完顏亮是弒君後登上寶座的，女真貴族中不乏他的反對者，於是他不得不大開殺戒，

鏟除異己，大量的女真宗室貴族被殺。為了鞏固自己的皇權，也為了更有效地統治疆土，完顏亮在 1151 年宣佈遷都燕京，也就是契丹五京中的南京。第二年，完顏亮將燕京更名為中都，定為金朝的新首都，然後在 1157 年，下令毀掉東北地區上京的宮殿廟宇，連大族的宅子也都毀掉了，徹底廢掉了上京的都城名號和功能。

金朝與北魏的不同在於，北魏基本上放棄了長城地帶以北的草原，以六鎮作為防禦線，但是金朝難以放棄長城地帶以北的東北地區，因為那裡是女真人的根。因此，要讓金朝演變成北魏後期那樣的單一華夏政權，內部的阻力只會比北魏多，不會比北魏少。

完顏亮執意要把草原／叢林為主的混合政權轉向以華夏為主體的混合政權。遷都的同時，他對原來受封王爵的貴族一律削封，並且對猛安謀克制度進行改革。原本的猛安謀克制度中，第一等的首領由女真完顏氏皇族擔任，第二等的首領由其他女真貴族擔任，第三等的首領則由契丹人、奚人、渤海人和漢族人擔任。完顏亮廢除了這種等級劃分，相當於要削弱女真皇族和貴族的軍政大權。

一系列的激進改革激起了女真貴族的集體反彈。1161 年，完顏亮興兵南征，打算消滅偏安在南方的南宋政權。完顏亮的一意孤行，很可能也是想要畢其功於一役，通過對外戰爭的勝利，壓制女真政權內部對他的強烈不滿。沒想到

後方起火，一個女真實力派人物——完顏雍在東北地區造反稱帝，很快吸引了大量對完顏亮不滿的女真勢力加盟。完顏亮試圖先擊敗南宋再回頭救火，卻在采石磯大敗。進退維谷之際，前線士兵嘩變，完顏亮被殺。

完顏雍在女真貴族的支持下成為新的金朝皇帝，現在該輪到他處理金朝向何處去的問題了。他的策略明顯要比完顏亮溫和很多，也明智得多。

一方面，他拒絕了女真貴族要求他把都城遷回上京的建議，金朝不能走「回頭路」，永遠也不可能回到單一草原／叢林政權了；另一方面，完顏雍也開展了「女真文化復興運動」，他禁止女真人穿戴漢族人的服飾，禁止採用漢族人的姓名，宮廷中只准講女真語。他甚至親自率領皇子皇孫回到東北上京「尋根」，並在金太祖完顏阿骨打起兵之地樹碑立傳，稱頌先祖的功績，希望後代永遠不要忘記女真人的歷史、文化和本性。

完顏雍的政策表明了那個時期金朝的走向，那就是堅定地走在一個以草原／叢林為主體的混合政權的道路上。

金朝的行政管理制度就很好地體現了混合政權的特徵。沿襲了契丹的制度，金朝也有自己的五京，雖然金朝皇帝不像契丹可汗那樣遊走於草原之上，但他們也會經常在不同的京城間巡行，處理國家大事。為了管理廣大的中原地區，在 1137 年，金朝創立了行台尚書省，而中央一級的

尚書省早在 1126 年就在上京設立了。尚書省的最高官員是左丞相，一共有 16 人曾擔任這一職務，其中 11 人出自完顏宗室，4 人來自女真其他支系，還有 1 人是渤海人。左丞相之下的右丞相甚至出現了由契丹人和漢族人出任的情況。總之，級別越低的官職，契丹人和漢族人的比例就越高。

金朝的科舉制度也體現了混合政權的特色。早在 1123 年，金朝就開始科舉取士，這不能不說是沿襲了契丹的一些做法，不過金朝在科舉制上走得更遠，一開始科舉考試幾年一次，到後來一年一次。所以，有很多漢族人都是通過科舉考試得到朝廷的青睞，入仕為官的。對於女真人，金朝也設立了進士科，女真人也可以通過科舉成為官員，當然大部分女真人還是靠自己的家族背景、世襲特權。

不管怎麼說，金朝一直在尋求各個族群的相對平衡，在為廣大漢族人提供科舉考試的上升渠道的同時，也給予了自家女真人種種特權，確保女真人的統治權不被嚴重削弱。

實話實說，從治理漢族人和華夏的角度來看，金朝是非常成功的混合政權。

有例為證。1206 年，南宋趁金朝虛弱之際興起幾路大軍北伐，史稱「開禧北伐」。當時南宋寄希望於金朝境內的漢族人能夠群起響應，一舉實現「王師北定中原日」。然而實際情況卻讓南宋很尷尬，金朝境內漢族人的大規模響應並沒有發生，與之相反，在戰事不利時，世代在四川一帶鎮守

的高官吳曦竟然率領 7 萬部眾投降了金朝，給了南宋的四川防禦體系沉重打擊。金朝境內漢族人不響應南宋的北伐，當然原因很複雜，但是我們不得不承認的一點是，金朝通過科舉制等吸納漢族人為官，並在平衡女真人和漢族人利益方面實施種種有效措施，使金朝境內漢族人願意把自己視為「金人」而不是南宋遺民，對「歡迎王師」沒興趣。面對這樣的局面，陸游地下有知，不知道會是甚麼滋味。

金朝江山的命門仍然是人口比例。通過吸收契丹和宋朝的制度，以及自己活學活用，金朝的女真統治者在廣闊的華夏基本上實現了長治久安，對被趕到南方的南宋始終處於優勢。然而回望北境，金朝人口比例失衡的問題越來越嚴重，最終釀成重大危機。

金朝的北方麻煩還是要從海陵王完顏亮南征前後算起。女真人是叢林族群，雖然興起後急速擴張，把契丹趕到西域變成了西遼，把宋朝趕到江南變成了南宋，但是女真人對於廣袤草原地區的熟悉程度和控制能力，其實是遜色於契丹人的，畢竟後者是草原族群。

一方面女真人自己對草原並不熟悉，另一方面當時草原上的各個族群也有相當強的實力，金朝面對廣闊的草原採取了以防禦為主的戰略。契丹為了控制草原，曾經設立了西北路招討司，金朝也沿用了這一機構，金朝雖然設置了西北、西南和東北三路招討司，但它們的據點沿着廣闊草原

的東方、南方邊緣分佈，比如西北路招討司的據點並沒有深入草原，而是退縮到了大興安嶺以東，基本上放棄了對草原的直接控制，而是採取羈縻方式來間接控制草原遊牧族群，尤其是利用分化的手段，讓草原族群相互之間爭鬥，金朝坐收漁利，保障境內安全。

前面我們已經多次強調，對付草原遊牧力量最有效的手段還是騎兵。女真人也是靠騎兵起家的，但是畢竟人數太少，單靠女真鐵騎控制從華夏到東北再到草原的廣大國土，力不從心。於是面對草原上的威脅，女真人非常倚重境內的契丹人的力量，契丹人本來就是草原族群，而且擅長養馬、騎射。金朝早期的戰略是讓契丹部眾駐守北境前線，契丹人的身後由少量女真人的猛安謀克坐鎮。這種戰略在早期基本保障了金朝北境的安全。

可惜，海陵王完顏亮南征，改變了一切。

完顏亮是在女真貴族強烈反對的情況下執意南征的，因此他能夠調用的女真軍隊是有限的，而對於那些跟隨他南征的女真軍隊，忠誠度幾何，恐怕他心裡也沒底。於是，他不得不依靠非女真人的軍事力量，在南征隊伍中，包括女真人和其他族群在內的猛安謀克將士人數，比漢族將士人數還要少一些。為了進一步加強軍力，完顏亮「盡徵西北路契丹丁壯」，要求契丹的壯年男丁全部南下參戰。

一股恐慌氣氛立刻彌散在契丹族群中，他們擔心壯年

男丁都被調走後，老弱病殘無人保護，「西北路接近鄰國，世世征伐，相為仇怨。若男丁盡從軍，彼以兵來，則老弱必盡係累矣」。1160－1162年，契丹人中先後爆發了以撒八和窩斡為首的起義，謀求自立以自保。契丹人掌握着金朝多個馬場，輕鬆組織起了騎兵部隊，而金朝部隊卻因馬匹不足而戰鬥力大減。

雖然金世宗完顏雍費盡力氣，終於平息了契丹人的叛亂，但是金朝北境的防禦體系徹底被破壞了。戰爭和動盪讓金朝的畜群銳減，戰馬奇缺。更嚴重的問題是，叛亂過後，女真人和契丹人不再相互信任，女真人不能再藉助契丹人的力量對付來自草原的威脅了。馬匹數量可以慢慢恢復，但契丹人的忠誠已經消失了。

從金世宗開始，金朝的北境防禦體系發生了根本性的變化，金朝組織了大量人力、物力，開始興建界壕，簡單地說就是把挖壕溝挖出來的土堆砌在壕溝旁邊，形成簡單的、有一定防禦作用的牆壕。金朝耗費了20年的時間才建成這道界壕。在界壕上，還築造了很多堡壘，有士兵駐守其中。我們可以把這道界壕看成當年漢朝為了防禦匈奴而修建的長城的簡陋版本。

契丹人叛亂之後，金朝越來越像一個華夏王朝那樣思考問題和採取行動了。女真人也不想這樣，只是現實讓他們無可奈何。

　　據學者們估算，駐守在漫長的界壕和堡壘中的士兵數量在 10 萬左右。防守的主力部隊不可能再由契丹人擔任，而代之以女真人和其他族群。這就又出現了問題。女真人和其他族群並不熟悉草原環境，再加上金朝騎兵力量被削弱，界壕只能抵禦小股草原勢力的侵襲。假如草原上出現強大的勢力，萬騎席捲草原呼嘯而來，低矮的界壕是無能為力的，在草原上最終決定勝負的力量，仍然是騎兵。

　　女真人也曾經金戈鐵馬，可是短短的幾十年過去，他們就從馬背上滑落了。大量猛安謀克嵌入中原大地，金朝分配給他們用於農耕的土地，希望他們能夠在經濟上自給自足，並保持自己的戰鬥力。這怎麼可能呢？許多女真人缺乏農業經驗，不習慣耕種，他們中許多人把土地租給漢族人，然後自己無所事事，開始酗酒，並荒廢了軍事訓練。還有的女真人受到高利貸者的盤剝，又沒有謀生手段，逐漸淪為窮人。女真人一步步變得不再像完顏阿骨打時代那般能征善戰了。

　　我們似乎又依稀看到了過去某個入主華夏的政權的影子，那個政權叫作北魏。500 多年前，北魏選擇了放棄草原、融入中原的華夏政權發展道路；現在，女真人雖然借鑒了契丹人同時治理草原、山林、平原地區的寶貴經驗，建立了以草原／叢林為主體的混合政權，但因為自身人口過於稀少這一族群宿命難以破解，而變得步履維艱。

　　如果從 907 年耶律阿保機成為契丹可汗算起，到 1234 年金朝滅亡為止，300 多年間，北方「狼族」終於實現了入主華夏的千古偉業，單一草原政權對壘單一華夏政權的歷史格局，終於在契丹人和女真人的手中發生了巨變，以草原 / 叢林為主體的混合政權成為新千年的主旋律，草原與華夏的融合之路已經打通。以草原 / 叢林為主體的混合政權對壘單一華夏政權成為新的局面，而這種局面並不會持續太久。

　　更強烈而迅疾的馬蹄聲正在響徹整個大陸。

轉進江南：水運即國運

從契丹—北宋時期開始，部分長城地帶已經落入草原政權之手，在以草原為主體的混合政權展現出巨大的威懾力之時，南面的宋朝作為一個單一華夏政權，承受着前所未有的巨大軍事壓力，不得不拚盡全力地迎戰。宋朝的對手——契丹人、党項人、女真人、蒙古人，都不僅擁有傳統的草原鐵騎軍事力量，而且或多或少地擁有農耕人口和農耕區，在物產方面縮小了與華夏的差距。而宋朝缺少了長城地帶的山區作為屏障，不可能光靠修建長城等防禦工事防禦北方強敵。長城地帶的缺失，還讓宋朝缺少了軍事上至關重要的資源——馬匹，這讓宋朝在面對北族騎兵時難以抵擋，唯有靠軍隊規模壓倒北方。

實際上從漢末天下大亂開始，華夏政權就在不斷地輾轉騰挪，以應對越來越嚴峻的北方侵襲的威脅。在草原政權不斷演進的同時，華夏政權也在不斷增進與調適。

華夏政權能夠做的，首先是促生產，儘可能多地生產糧食和其他物產；其次是搞運輸，將糧食等物產大量運輸到前線，支援大規模軍隊的消耗；最後是廣開源，儘可能多地獲得財政收入，支撐王朝運轉。

華夏政權的增進與調適，在宋朝之前很久就開啟了。有趣的是，華夏政權的促生產、搞運輸和廣開源，都與水有

着密不可分的聯繫。

長江與黃河，是孕育了華夏文明的兩條重要的母親河，4 000多年前文明處於「滿天星斗」時，從北到南，從遼河流域、海河流域到黃河流域、長江流域，到處都有文明的曙光。進入「月明星稀」的時代之後，黃河流域一度成為中華文明最重要的舞台，中原地區成為眾多王朝的核心地帶。

東亞大河中，可以與黃河相提並論的只有長江，在華夏文明發展的早期，相較長江，黃河具有明顯的農耕優勢。

黃河流域細膩而酥鬆的黃土層，適宜粟、稷等旱地作物的生長，也較適宜遠古簡單粗糙的木、石、銅質農具的使用，所以中國古代的農業生產首先在黃河流域大規模開展是有自然條件基礎的。尤其是黃河中下游地區，相對平整的平原和山間盆地乾濕適宜，冷暖適中，保障了糧食產量的穩定。

立足於黃河中下游地區的農耕條件，商、周、秦、西漢、東漢、曹魏、西晉、隋、唐、北宋等王朝的都城均建立於這片土地之上，並孕育了燦爛的文化。

反觀早期的長江流域，在農耕條件上要遜色很多。據統計，在長江流域180萬平方千米的土地上，山地面積約佔44.5%，高原約佔20%，盆地約佔13.5%，而地勢相對平緩且利於人類生存的丘陵和平原只各佔11%，所以長江流域雖然比黃河流域的面積大，但是適宜農耕的面積並不太多，

尤其是在文明早期科技落後、物種缺乏的條件下，農耕區更為有限。特別是在長江中下游地帶，湖沼密佈，過多的地表水並不利於農業的開展。而且從氣候上看，長江流域那些平原、丘陵炎熱潮濕，遠沒有北方氣候宜人。

南北方的農作物品種也影響了文明的發展。文明早期，南方的主糧是水稻，北方的主糧是粟。水稻不像粟那樣易於種植，而是需要花費大量的人力開墾適宜的農田，積水時需要開溝放排，乾旱時要引灌；而且水稻在栽培技術方面技藝複雜，要求較高，直接播種很難獲得滿意的產量。所以水稻的種植規模長時間內得不到擴大，稻穀的收穫量不足以讓南方民眾果腹。古代人口數量多寡證明了黃河流域相對長江流域在農耕文明上的優勢。

在漫長的時間裡，南方百姓大多以漁獵山伐為業，農耕只能算作一種輔助生存方式。食物來源的不穩定和數量的有限，直接導致了南方人口增長緩慢。比如三國時東吳割據江東，雖對南方地區有一定程度的開發，但一直苦於人口不足，兵源和勞動力都相當匱乏，不得不全力吸收山越人口。當佔據東南半壁江山的東吳被西晉滅亡時，人口也不過才230萬而已，還不如北方一郡的人口數量。

在古代，人口即是國力。黃河流域養育了更多的人口，它獨領農耕文明早期歷史的風騷，也就順理成章了。

自秦漢之交一代雄主冒頓統一蒙古草原，強大的匈奴

開始登上歷史舞台以來，以黃河流域為根基的華夏王朝開始面臨揮之不去的麻煩，受到越來越多的北方族群的入侵威脅。一開始草原強權還只是滿足於武力索取財物，但是隨着長城南北雙方對彼此的了解日益加深，草原族群也越來越多地介入華夏政局。從西晉衰弱開始，草原族群一撥撥地深入黃河流域，甚至有問鼎中原之志。

於是，相對於遙遠的南方的長江流域來說，黃河流域直接受到塞外的巨大威脅，並頻頻遭到北方族群的入侵。一方面，由於黃河流域是華夏王朝的必爭之地，王朝內部的紛爭會引起黃河流域的強烈動盪；另一方面，北方族群南下，也會給黃河流域帶來浩劫，比較典型的就是魏晉南北朝時期，黃河流域持續動盪了數百年的時間，從漢末一直亂到隋朝建立。

政局的動盪必然導致人民流離失所，農耕無以為繼，經濟遭受巨大的破壞，文化遭到巨大的摧殘。不過每一次破壞的過程中，同時也孕育着希望的種子，遭到破壞的是黃河流域，孕育希望的是長江流域，把希望的種子帶到南方的，就是那些逃亡南方的中原先民。

華夏文明史上，較大規模的人口南遷可以追溯到三國時期。孫吳政權其實就融合了很多北方士族的力量，只是論門第，孫吳政權的核心人士無法與曹魏政權相比，奠定政權基礎的孫堅不過是下層軍官。雖然孫策、孫權苦心經營，

有相當一部分北方士族來到吳地定居，但整體門第還是比北方遜色很多。說白了，三國時期的世家大族都是從漢朝的體系中延續而來的，三國前期，漢室名義上還猶存，這些世家大族為了自己的權力和利益，並不願意背井離鄉，而是寄希望於團結在中原的漢室乃至取代漢室的政權周圍，謀取自己的千秋萬代。

但是到了西晉滅亡的那段時期，情況驟變，南侵的少數民族可不管甚麼漢室體系和世家大族，他們要建立屬於自己的政權，依靠自己從北方帶來的草原貴族階層的力量來治理天下，至少在早期，中原的世家大族是被邊緣化的。很多世家大族比如琅邪王氏、太原王氏、陳郡謝氏等，迫不得已隨着東晉政權的南遷而「衣冠南渡」，帶着他們的家屬、奴僕、財物，也帶着他們的文化、技術、思想，遷徙到長江流域。

從實質上講，不論是東晉，還是後來的南朝的宋、齊、梁、陳政權，都是移民政權，它們的皇室原籍都出自北方。衣冠南渡實際上承接了孫吳政權對於江南地區的初步開發，由於大量人口南遷，集中於長江下游一帶，他們不僅給這裡帶來了足夠多的勞動力，也帶來了應用於北方的許多先進的農業技術。

長江流域迎來了經濟大發展的時代。

長江流域發展農業的最大困難就是耕地裡積水太多。

早在三國時期，曹魏政權和孫吳政權出於軍事需要，在江淮地區開始大規模屯田。在屯田中築堤防水，這就出現了後來的圩田的雛形。到了南朝，圍水造田興盛起來，人們建起合圍水域的堤壩，在圍內開闢溝渠，設置閘口，可以排水，也可以灌溉。當時太湖地區圩田水利已經很發達，史書記載「良疇美柘，畦畎相望，連宇高薨，阡陌如繡」，對農田、溝渠、田埂道路進行了生動的描述。

長江下游以及錢塘江流域丘陵地帶很多，這些地區的山林也成為北方移民的開發對象。由於山林川澤的開發需要足夠的人手和較高的組織管理能力，以及一定的財物先期投入，所以長期難以開發。但是北方的世家大族帶着奴僕來到江南，具備了開發山林的條件，開始砍伐山林、填淤湖泊，在山地建起梯田，在湖泊圍出魚塘，使得原本處於漁獵採集狀態的丘陵地帶的經濟也被納入農耕社會體系之中，物產更為豐饒了。

毫不誇張地說，南朝各個政權對於江南的大開發，增強了自身的國力，這是它們能夠長期頂住北魏等北朝政權攻勢的經濟基礎。

從唐朝安史之亂開始，戰亂與地方割據經年不斷，歷史上又一次人口南遷大潮啟動了，這次南遷過程一直持續到五代十國時期。如果說此前從人口數量上看，黃河流域還保持着相對長江流域的領先優勢的話，那麼經過這次人口

南遷，中國古代人口分佈格局發生了重大變化，黃河流域不再是獨領風騷的「文明高地」和人口大區，長江流域開始取代前者，在古代經濟中成為最重要的經濟區域，在人口數量上也逐漸完成了對前者的超越。

在唐朝末期以前，江南地區的開發主要集中在一些支流沖積形成的谷地，以及一些距離海岸線較遠的湖泊附近。唐末至宋初，北方移民給江南地區帶去了較大的人口壓力，人多地少的矛盾開始突出，人們開始向靠近海岸線的河流三角洲地帶挺進。雖然靠近海岸線的土地很難打理，但是在農業技術特別是水利技術的幫助下，人們興建了大量的堤壩、水門、水渠，把海水擋在農田區之外，並用河湖的淡水沖洗掉海潮倒灌入農田區的積水。經過長期艱苦卓絕的興建水利與農耕勞作，大量高濕度、高鹽度的江南土地被征服了，變成了魚米之鄉。

從人口統計的數據看，742年，也就是唐朝安史之亂前的美好時代，全國的戶數統計是897萬戶。到了1080年，比較祥和的北宋神宗時期，全國的戶數統計是1 657萬戶左右。經過約250年的時間，全國的戶數將近翻番。而同一時期，長江中下游地區和東南沿海地區的戶數則增加到原來的三四倍之多。

人口增多，糧倉充實，長江流域的其他產業也相應開展起來，一舉甩掉了昔日蠻荒之地的帽子。比如絲織業，北宋

都城汴梁的許多高級工匠把技藝帶到江南地區，推動蘇州、杭州等地的絲織業和刺繡技藝發展起來，從此成為全國翹楚。印刷業和釀酒業也因為有了原材料和需求量而繁榮起來。更不用說江南地區通江達海，可以開展沿海貿易乃至海外貿易，在更為廣闊的天地中販賣財物，互通有無，賺取貿易利潤了。

經濟重心南移，文化的春風也緊隨其後，吹綠了江南大地。到唐朝後期，江南已經成為美好生活的代名詞，相信讀者都知道白居易的那首《憶江南》，描寫了「日出江花紅勝火，春來江水綠如藍」的自然美景。其實白居易有三首《憶江南》，另外兩首則分別回憶了杭州和蘇州，反映了當時的人文盛景，其一是：「江南憶，最憶是杭州；山寺月中尋桂子，郡亭枕上看潮頭。何日更重遊！」其二是：「江南憶，其次憶吳宮；吳酒一杯春竹葉，吳娃雙舞醉芙蓉。早晚復相逢！」

能讓大詩人白居易稱讚並追憶再三，這顯示江南的文化層次已經站在了唐朝的前沿。更有說服力的是南方士人的崛起，北宋時期的一些名臣如范仲淹、歐陽修、蔡襄等，都出身於南方的文化沃土，這說明在政治地位上長江流域的人才也已經不遜色於黃河流域了。

囊括了黃河流域和長江流域的物產、人口後，華夏政權在國力上有了大幅度的提升，在與草原政權抗衡的時候，

也就有了更強的物質後盾。長江流域的開發與繁榮，是華夏文明從黃河流域向長江流域的一次成就非凡的轉進與擴張。農耕文明圈的結構由黃河「一河獨唱」變成了黃河與長江「各展風流」。

這種結構的改變，給單一華夏政權帶來了從容，也帶來了煩惱。

從容是說，過去華夏政權遭遇北方勢力南侵時，作為政治、經濟核心的黃河流域首當其衝，損失慘重，華夏政權很難組織起有效抵抗，沒有戰略騰挪的餘地。長江流域崛起後，再遇到入侵時，即使黃河流域遭受衝擊，華夏王朝也有長江流域的物資來組織反擊。就算戰事不利，華夏政權也可以實施戰略轉移，將朝廷從黃河流域轉移到長江流域，將以中原為中心的王朝變成偏安的江南王朝。被金朝入侵的宋朝就從北宋變成了南宋，以延續社稷。

煩惱是說，原本政治中心與經濟中心都處於中原地區，因此華夏政權在國家治理上相對容易，只要管好了中原地區這個「主幹」，全國其他地區的「旁支」就很好控制了。但是長江流域經濟發展起來後，全國的經濟中心由一個變成了兩個，甚至作為經濟中心，長江流域變得比黃河流域更為富庶。特別是擁有足夠人口和財富的江南地區，很容易出現強大的地方勢力，對中央政權發起挑戰，使整個王朝分裂。

北方政治中心與南方經濟中心的分離，給華夏政權的

國家治理提出了新課題，甚至成為此後各個王朝都要小心處理的大問題。

因此，長江流域崛起後，華夏政權在完成不同流域的地區整合之後，無一例外地，都需要面對不同流域的政治、經濟、文化上的再次融合問題。

農耕文明圈內部深層次融合的「關鍵鑰匙」，就隱藏在江河之水中。既然要整合的是不同流域，為甚麼不能讓這些河流都融合成一個巨大無比的水系，形成統一的流域呢？

貫通南北的運河是打破流域間的隔閡，打通華夏政權「任督二脈」的不二法門。

一舉結束幾百年南北朝對峙局面的隋朝，既是需要面對南北融合問題的第一個華夏統一政權，也是貫通整個華夏不同流域，特別是長江流域和黃河流域的第一個王朝。雖然人們把開鑿隋唐大運河的歷史功績歸於隋煬帝楊廣，但其實他並沒有從北到南把一整條大運河憑空挖出來，他有許多前朝運河可以利用，只需要做一次跨度幾千公里的「連水管」遊戲。

早在公元前 486 年，吳王夫差在今江蘇揚州附近開挖邗溝，溝通了長江與淮河流域，這是中國歷史文獻中記載的第一條有確切開鑿年代的運河。此後不論是統一還是分裂時期，各地政權都熱衷於開挖運河，早期主要是出於軍事目的，後期則是因為需要運河來運輸糧食等物資。在北方，一

段段的運河逐漸向黃河以北延伸，抵達今河北東部地區；在南方，浙東運河從杭州東渡錢塘江，一直延伸到寧波，溝通了多條自然河流。

經過上千年的陸續修建，華夏大地上的運河已經斷續分佈在中國東部的廣闊區域。但隋煬帝需要的是一條南北方向大跨度的運輸水道，跨度越大，運河產生的政治價值和經濟價值也就越大。短短幾年時間，隋煬帝就完成了以洛陽為中心，東北方向到達涿郡，東南方向延伸至江南的大運河。沒有此前歷朝歷代的運河積累，大運河是不可能如此快速完工的。

這條隋唐大運河連接了華北地區北部的軍事重鎮、中原的政治中心和江南的經濟中心，它溝通了海河、黃河、淮河、長江、錢塘江五大流域。至此，藉助於大運河實現的廣闊華夏的水系貫通，華夏文明實現了一次鳳凰涅槃。由於有了大運河帶來的物資和文化交融，華夏大一統的趨勢逐漸壓制了南北分裂的趨勢，華夏政權也更容易集結國力，對付北方叩關的少數民族。

就拿北宋來說，大運河是王朝的生命線。

北宋軍隊在全盛時期有100餘萬將士，集中屯戍在華北、京畿和淮南，每年所需的糧食、馬料折合成米、粟、麥、豆等農作物，相當於3 000餘萬石。而北宋每年穀物稅收收入大概也就2 700萬石，為了養活龐大的軍隊，北宋不得不

依賴大運河的運輸能力，從南方調運糧食到北方，比如東南六路每年要運輸 600 萬石穀物，哪怕中途有大量的損耗也在所不惜。如果沒有大運河，北宋恐怕早就保不住中原這片疆土了。

誇張一點說，溝通南北的大運河的出現，正是華夏政權或以華夏為主體的混合政權針對草原／叢林政權的軍事威脅做出的反應。面對東北方向高句麗對於隋朝稱雄東亞的嚴重挑戰，隋煬帝以大運河作為回應，通過大運河調集軍隊和物資，主動出擊；面對契丹、西夏帶來的巨大軍事壓力，北宋同樣以大運河作為無形的武器，把大量軍隊和物資調至北方，防禦外敵。大運河對於華夏政權的經濟價值毋庸置疑，但大運河之所以得以誕生，首先是因為它能夠提供軍事價值。

水運即國運。宋朝的舟楫不僅來往於中原和江南，而且還揚帆出海，在更廣闊的水域獲取財富，增加王朝的財政收入，改善老百姓的生活質量。

在陸地上，絲綢之路溝通了歐亞大陸的東方和西方。但是宋朝的西北方向有西夏，北方草原上有契丹，都不是善鄰。所以宋朝通過絲綢之路進行貿易並不順暢，難以把自己境內的多餘物產轉化為財富。在陸上貿易受到干擾甚至阻礙的情況下，宋朝為了獲取足夠的財政收入以抵禦強敵，更多地把目光投向了寬廣的大海，投向了海上絲綢之路。

　　和長江流域的開發歷史類似，其實海上絲綢之路也源遠流長，可以追溯到漢代。

　　早在公元前，不論是中國的鄰海，還是東南亞、南亞、西亞、東非、南歐的鄰海都已經出現了一定規模的海洋貿易。如果從中國特產絲綢的貿易角度看，最早值得一書的事件，莫過於《後漢書》記載的一次貿易活動。166年漢桓帝時期，「大秦王安敦遣使自日南徼外獻象牙、犀角、玳瑁，始一通焉。其所表貢，並無珍異，疑傳者過焉」。

　　在此，大秦指的是羅馬帝國，日南指的是今中南半島上的越南中部一帶。漢朝官員顯然發現，這些號稱羅馬帝國使者的傢伙可能是冒牌貨，因為他們帶來的貢品只是中南半島的特產，沒甚麼奇異之物。不過漢朝還是對冒牌使者的到來很高興，讓他們從交趾郡那裡裝走了一大船的絲綢，交趾郡即今越南北部紅河流域，當時在東漢的版圖之內。

　　此後東吳、晉朝都曾接待過一些冒充羅馬使團的羅馬商團。再往後，羅馬帝國和漢朝兩大強國都分崩離析，遠距離海洋貿易也就完全中斷了，代之而起的是相對近距離的海洋貿易，比如南亞、東南亞與中國之間的貿易交流。但是一方面海洋貿易還處於起步的時期，貿易量很少，另一方面中國自漢末開始了持續幾百年大動盪，民不聊生，阻礙了海洋貿易的進一步發展。

　　海上絲綢之路真正形成氣候，並開始對中華文明的進

程產生潛移默化的影響，是在唐朝時期。

　　1998 年，一家德國打撈公司在印度尼西亞勿里洞島海域一塊黑色大礁岩附近發現了一艘古代沉船。這艘被命名為「黑石號」的沉船堪稱中西合璧，船上的貨物來自中國唐朝，而這艘船本身的結構為阿拉伯商船。船上發現的「乾寧五年」（898 年）刻款的銘文磚清楚地證實，「黑石號」是唐朝 9 世紀航行於東南海域上的一艘貿易船。

　　「黑石號」上出水了 6 萬多件唐朝瓷器，其中絕大多數來自名不見經傳的窯口——長沙窯，還有少量來自名氣很大的越窯、邢窯等。其中很多瓷器上裝飾了釉下彩繪，圖案有飛鳥、花葉、摩羯魚紋和胡人形象，還有連珠紋、葡萄紋、獅子紋、阿拉伯文字紋等西亞風格的紋飾字，與唐朝傳統的瓷器紋飾並不一樣，顯然是為了迎合當時的國際市場的需求而繪製的。

　　這艘沉船包含了許多值得揣摩的古代信息。一艘運載大量唐朝瓷器的阿拉伯帆船，說明了跨洋長距離貿易線路已經形成，而且意味着曾經有更多船隻來往於這條貿易線路之上，還意味着有許多經驗豐富的海商和海員參與海洋貿易，唐朝的手工業生產者和西亞的阿拉伯消費者之間建立了密切的聯繫。

　　為甚麼海上絲綢之路會在唐朝興起？

　　從唐的角度講，安史之亂前，強盛的唐朝曾經打通了

通往西域的道路，雖然其更大的目的是爭霸亞洲，壓制北方的突厥和西南方的吐蕃，維護自己作為以華夏為主體的混合政權的政治地位，但客觀上也促進了陸上絲綢之路的發展。但在安史之亂後，唐朝迅速萎縮到農耕文明圈內，變成了一個單一華夏政權。西域的民間商路雖然還存在，但是在複雜的形勢下受到了很大的衝擊。

不過，也正是在唐朝後期，南方地區逐漸得到開發，長江流域後來居上，從經濟上實現了對黃河流域的逆襲。南方地區河網密佈，面向大洋，當地又有着很強的手工業生產能力，特別是古代中國的傳統產品——陶瓷的生產在唐朝大為興盛，具有很強的出口潛力。

而從西亞的角度講，阿拉伯帝國興起後，西亞、北非、中亞乃至東非都處於阿拉伯文明的控制之下。阿拉伯人原本就是非常依賴商業貿易的族群，在南征北戰打下大片江山後，對商業依然非常重視和支持，自身的造船技術也很發達，而且廣袤國土中的民眾對於東方的陶瓷有着巨大的消費需求，客觀上促使阿拉伯商人向東航行，開拓跨洋貿易的航線。

於是，處於亞洲大陸兩端的人們一拍即合，跨越茫茫的大海，東方商人以唐朝的瓷器換取阿拉伯—波斯的羊毛製品，以及阿拉伯商人沿途買進的金銀、香料等貨物，海上絲綢之路已成氣候，以至唐朝後期，大量阿拉伯商人因貿易來

到東方，有多達 10 萬的異域商人常年在廣州生活和做生意。

可惜的是，就在「黑石號」沉入海底後不久，黃巢起義爆發，農民武裝侵襲唐朝大部分地區，險些推翻了唐朝。879 年，黃巢的大軍攻入廣州城後，屠殺了 10 多萬外國商人，海上絲綢之路貿易遭受重創。此事被當時的阿拉伯商人記錄在冊。

黃巢圍攻廣州的時候，派人與朝廷聯絡，要求朝廷冊封自己為節度使。唐僖宗詢問大臣意見，僕射于琮認為「南海以寶產富天下，如與賊，國藏竭矣」，於是黃巢招安的請求被拒絕了。這也從側面證明了當時的南方沿海地區已經成為衰落的唐朝的重要財源，不可給予他人。

海上絲綢之路作為一條水路，在風力和洋流的配合下，運載能力比陸路強大很多，運輸成本大大降低，加上南方地區生產能力提升，使得海上絲綢之路在利潤方面完勝陸上絲綢之路，因此作為陸上絲綢之路東端的長安的商貿價值下降，趨於衰落，南方臨江靠海的揚州等城市則蒸蒸日上。

此消彼長之間，一個理性的單一華夏政權，不會對潛力巨大的海上貿易視而不見，因為揚帆遠航能夠給國民帶來巨大的財富，給政權帶來寶貴的稅收。這些稅收是維持華夏政權運轉乃至抵禦北方強敵的寶貴財富。歷史告訴後人，經過唐末五代的重挫之後，海上絲綢之路在宋朝終於又迎來了繁華時光。

在大陸南方的海洋裡，考古學家發現了多艘宋朝從事海上貿易的沉船，最著名的莫過於「南海一號」沉船，這是一艘由福建工匠打造的福船，滿載了中國瓷器和鐵器。此外，在印度尼西亞海域也發現了多艘同一時期的沉船，上面也裝載了中國瓷器，但船型都是阿拉伯帆船。從沉船的船型分佈猜測，宋朝時期的中國海商可能負責把貨物運送到東南亞的港口，在那裡把貨物賣給阿拉伯海商，然後由阿拉伯海商運往印度洋周邊銷售。

從唐朝開始，朝廷就介入海上絲綢之路的貿易，在廣州設市舶使，掌握海外貿易、關稅等事務。到了北宋，海上絲綢之路更加繁榮，朝廷也在廣州、杭州、明州（今寧波）、泉州等很多港口城市都設立了市舶司，藉助於這種類似於現代海關的機構，向前來做生意的商船收稅，並採購朝廷所需的珍寶。

971年北宋在奪取了南漢控制的廣州後，於當年6月就設置了廣州市舶司，逐利之心如此急迫，可見海外貿易早已是深入人心的賺錢門道了。而南漢君臣在廣州城被攻破之前，焚毀了自己積攢的海外珍寶，有點天真地希望北宋撈不到珍寶後，會覺得廣州沒甚麼價值從而撤回北方。

宋朝規定，本國商船出海前，必須呈報市舶司領取出海貿易的公憑；外國商船抵港時，也需要先報告市舶司，由市舶司派專人上船檢查，徵收所載貨物價值的 1/10，作為進

口稅收，也就是「抽分」，可以是實物稅，也可以是貨幣稅。抽分從宋仁宗時期的 50 多萬貫不斷增加，到南宋初期宋高宗時，達到了每年 200 萬貫。此外，市舶司還直接購買進口舶貨，即所謂的「博買」，這其中，官府壓低價格並挑最好的貨之類的貓膩是免不了的。

北宋朝廷一開始試圖完全壟斷海外貿易的收入，命令市舶司購買犀角、象牙、珠璣、香藥等海外珍寶送往京師，在市舶司採買之後，如果海商還有餘貨，才可以賣給老百姓。到了宋太宗時期，甚至規定從廣州進口的商品一律由市舶司購買，全部進入朝廷的官府倉庫中。

嚴格的專賣制度並沒有持續多久，因為北宋官員很快發現，官府壓低收購價格的結果是，海商為了保本或者獲取微利，只能以次充好，最終讓官府收不到甚麼好的貨物，也就沒甚麼收益可言了。現實迫使北宋調整了自己的貿易政策，除了少量奢侈品繼續專賣外，其他進口商品全部解禁，市舶司按照一定比例收購非專賣品中的好貨物，其餘的貨物交由商人自行出售。

貿易政策調整取得了意想不到的好結果，北宋官府的舶貨收入不降反增，看似市舶司壟斷的貨物減少了，但是整個海外貿易被激活了，民間貿易規模擴大了很多，所以市舶司能夠收取的稅錢也增多了。

南宋被金朝打到了淮河以南，偏安於杭州後，更加依賴

海外貿易的收入。

　　針對南宋市舶司的稅收在朝廷財政收入中所佔的比例，不同學者有不同的結論，但大體上為10%，這對於以農耕為基石的華夏王朝來說，已經是很重要的財源了。而且這部分稅收只是朝廷賺到的錢，海上絲綢之路的主力軍是民間海商，他們從海外貿易中獲得的財富也是非常巨大的。國富民強的南宋能夠硬抗強敵金朝和蒙古達150多年，海外貿易收入功不可沒。

　　南宋時期，最主要的進口商品是各種香料和藥物，這個時期的香料不僅包括胡椒一類的飯菜調味品，還包括用於焚燒產生香氣的物品，比如乳香、檀香、龍涎香等。此外，印度地區出產的棉紡織品、鋼和劍在南宋也很受歡迎，來自非洲的象牙、犀牛角甚至黑人奴隸都被商人不遠萬里帶到南宋。當時南宋的主要出口商品是絲綢和瓷器，以及鐵製品，考古學家在東南亞、南亞、阿拉伯半島、東非海岸都發現了南宋時期的出口商品。

　　從漢朝到宋朝的千年之中，海上絲綢之路首先由民間海商開闢並培育起來，進而華夏政權發現了裡面蘊藏的商機與財富，通過各種機構從海洋貿易中徵取稅收。唐宋時代海上絲綢之路的繁榮與草原／叢林政權崛起的大背景息息相關。從華夏政權的視角看，北方強敵控制或切斷了傳統的北方、西北方的陸地貿易路線，通過陸上絲綢之路獲取

財富變得不穩定甚至無利可圖。正是在這樣的背景下，華夏政權為了遠方的財貨和更多的稅錢，更加積極地經營海上絲綢之路。

千年之中，華夏自有其發展之路，古人為了追求美好生活，必然會辛勤耕耘，努力建設，積極生財。但我們必須看到，華夏的發展歷程伴隨着北方強敵威脅這一大背景，華夏內部的調適與增進，與北方草原 / 叢林政權的政局變化有着密不可分的聯繫。尤其是兩宋——北宋與南宋，這個在中國歷史上有着屢弱名聲的單一華夏政權，用自己的經營智慧，譜寫了一曲與強敵周旋長達 300 年的奮鬥之歌。

江南萬頃良田、大運河、海上絲綢之路……華夏這千年持續奮鬥的累累果實，不僅讓唐宋這些以華夏為主體的政權增強了自身的國力，還給後來者打下了堅實的經濟基礎和貿易基礎。華夏「苦練內功」的結果，對中華文明的融合與繁榮意義非凡，甚至對於超出草原與華夏之外的外部世界也具有廣泛的價值。我們很快將看到華夏的增進對於古代世界的重要意義。

從唐末到宋末，或者以草原視角來說，從遼建國到金滅國，這 300 多年的歷史雖然並不算漫長，但在中華文明融合史中開闢出了一條新的發展道路。以草原為主體的混合政權模式呼嘯而來，以其巨大的優勢衝破了草的世界與禾的世界的界線，它不僅讓單一華夏政權模式難以招架，而且從

文明融合的角度看，它比隋唐時期以華夏為主體的混合政權更具有衝擊力，政治力量、軍事力量、經濟力量的結合也更為緊密和高效。以草原為主體的混合政權在給華夏政權帶來挑戰的同時，也面臨改造自身體制以適應複雜新局面的挑戰。

這300多年間，草原、叢林在改變，出現了諸多都市；華夏也在改變，努力提高自身的生產力。更大的改變是文明與文化融合上的，一個人口佔絕對少數的北方族群可以建立起跨越叢林、草原、華夏的混合政權，管理超出本族群人口十倍乃至百倍的民眾，並通過一定的制度建設，比如官職制度和科舉制度等，讓所有族群都凝聚在一起，彼此擁有一國之民的認同感。

沿着以草原為主體的混合政權模式開闢的道路繼續向前，一個真正融合草的世界與禾的世界的大一統新時代呼之欲出。

第四章

萬里一統

——元朝統一政權模式

成吉思汗：重塑草原的遊牧人

春寒料峭的草原上，漫長冬季積累的冰雪剛剛消融，新草未茂，地面上一片泥濘，一群騎手從遠處倉皇而來。

疲憊的騎手們在渾濁的班朱泥河畔下馬暫歇，清點人數，共計 20 人。這些人正是剛剛被克烈部偷襲而敗走的蒙古部首領鐵木真及其手下，他們與其他部眾走散，飢渴之際，唯有射殺野馬充飢，並飲用渾濁的班朱泥河河水解渴。

在如此困苦的境遇中，鐵木真飲下泥水，帶領 19 名部下宣誓：「使我克定大業，當與諸人同甘苦。苟渝此言，有如河水。」眾人宣誓忠誠於彼此。

這就是班朱泥河盟誓，這一事件雖然只是一代天驕鐵木真統一草原的小插曲，卻頗有象徵意義，蘊含了深刻的信息。

19 名部下中，除了鐵木真的弟弟哈撒兒是蒙古部孛兒只斤家族成員外，其他人的背景和來源十分複雜，有的來自其他草原部落，比如兀良哈部、篾兒乞惕部、克烈部，還有契丹人；鐵木真自己信仰草原上古老的薩滿教，而他的這些部下中包含了基督徒、穆斯林和佛教徒。也就是說，大

家超越了血緣、部落、宗教這些關係，不論出身、背景而走到了一起，圍繞鐵木真組成了團隊。

　　草原上千百年以來的社會傳統是遊牧式的，大量各自遊牧的部落散落在草原各地，每個部落可能還會分成若干個家族，各個部落也會組成更大的部落聯盟，乃至形成匈奴、柔然、突厥、回鶻那樣的草原帝國。這種社會是以血緣關係為紐帶的，父系的血緣關係和母系的血緣關係決定了一個人在草原社會中的政治地位和經濟地位。

　　然而鐵木真的身邊，卻聚集了大量沒有血緣關係的部下。這些人對於鐵木真來說，其實並不完全是字面意義的部下，在蒙古人當時的語境中，他們是鐵木真的那可兒，既有「部下」的含義，又有「志同道合的親密夥伴」的含義。主人和那可兒之間以口頭誓約的形式，表示彼此間必須忠誠，有難同當，有福同享，那可兒無條件地為主人效力，而主人也充分信任那可兒的忠誠，彼此同甘共苦。

　　據史書記載，第一個跟鐵木真結成那可兒關係的是博爾術，然後是博爾忽、木華黎、哲別、者勒蔑等，他們都成為鐵木真打天下的左膀右臂。

　　鐵木真的周圍聚攏了大量的那可兒，這當然首先是因為鐵木真胸懷寬廣、待人真誠，所以很多人願意跟隨他。但我們也要看到，與鐵木真同時代的其他部落首領的身邊，一樣聚集着形形色色的那可兒，這是當時蒙古草原上的一

種普遍現象，並非鐵木真獨有。

為甚麼在那個時代，草原社會打破了血緣關係的族群藩籬，背景不同的各種族群、各色人等在草原上相互交融，在原有的遊牧部落的形式之外，還相對自由地組合成新型的合作形式？

一般來說，動盪的社會環境會打破秩序，讓很多人失去在社會中的固定位置，變成「流民」。鐵木真時代及之前幾百年的草原正是這種情況。

自從 840 年左右統治整個草原的回鶻汗國被黠戛斯人偷襲擊倒後，300 多年的時間中，沒有任何一個草原部落能夠把整個草原都納入囊中。契丹人雖然是草原民族，也建立起以草原為主體的混合政權，但並未能直接統治整個草原，最多只擁有草原的東部地帶，連帶影響草原其他地區。此後的女真人在草原上的影響力還不如契丹人，大體上只能沿着草原的東部、南部邊緣進行被動防禦。群雄逐鹿的草原上，各個部落你爭我奪，動盪的社會自然會出現大量流民。

草原的外部環境也加重了草原的動盪。回鶻汗國解體後，一支回鶻殘部南逃，建立了高昌回鶻，活動範圍大致在今新疆東部一帶。高昌回鶻以及我們更為熟悉的契丹、金朝、西夏，包括契丹滅亡後耶律大石在西域創立的西遼，都是與草原有着或多或少聯繫的政權。寬泛點兒說，這些政權都具有混合政權的組織形式，它們不僅有農耕經濟，而且

有遊牧經濟，還廣泛地進行遠途貿易，發展商業。

在周邊這些混合政權眼中，廣闊的草原是非常有價值的區域，那裡的畜牧業產品和消費人群會給自己的政權帶來財富，更不用說草原還有各個政權最需要的軍事力量──戰馬和騎兵。

群龍無首的草原讓周邊這幾個混合政權有機可乘，它們或深或淺地介入草原的政治和經濟事務，攫取草原上的資源為己所用，這就使草原社會變得更加複雜和動盪，出現了更多脫離原來遊牧部落的流民。

所以，當以遼為代表的混合政權登上歷史舞台並大行其道的時候，這些政權不僅對單一華夏政權構成強大的軍事威脅，而且永久性地影響了草的世界，改變了草原上傳統遊牧社會的面貌，也改變了遊牧部落的社會結構。草原部落最底層的遊牧單元可能並沒有改變，遊牧依舊是草原固有的經濟模式，但在此經濟模式之上，草原社會變得比過去鬆散的部落聯盟體系要複雜得多了。

正是在持續動盪長達數百年的內部和外部大背景下，鐵木真和他的那可兒們翻身上馬，踏上了改變草原歷史甚至全球歷史的漫漫征途。

鐵木真事業的起點非常低，縱觀中國歷史上的帝王，大概也只有未來終結元朝的明太祖朱元璋的幼年身世比他更為悽慘了。

其實鐵木真所屬的蒙古部（此處是狹義的蒙古，並不是未來統一草原後形成的蒙古帝國）倒也算是草原上的一方強權，很早就威脅到了金朝的邊境安全。比如，據史書記載：1135年，「萌古斯擾邊，王偕太師宗磐奉詔往征之」；1139年，「女真萬戶呼沙呼北攻蒙古，糧盡而還」；1143年，「蒙古復叛，金主命將討之」。這裡所說的萌古斯，應該就是指崛起在北方的蒙古部。

當時蒙古部的領袖可能是合不勒，他在1127年被推舉為蒙古的可汗，金朝派出名將完顏兀術征討，也沒有佔到便宜。合不勒之後，部落的首領之位傳給了俺巴孩，他被另一個草原勢力塔塔爾部出賣，被押送至金朝，最後被金熙宗處死。於是，蒙古部與塔塔爾部、金朝就結下了血海深仇。俺巴孩死後，首領位置傳給了合不勒的四子忽圖剌，他們算是蒙古部最尊貴的家族。而合不勒的孫子之一——也速該，即鐵木真的父親，是蒙古部乞顏氏的首領。所以鐵木真的出身只能算是個小貴族，在蒙古部中不算顯赫。

更為糟糕的是，鐵木真9歲的時候，父親也速該帶着他去提親，歸來途中也速該被塔塔爾人毒死。失去了家中頂樑柱的鐵木真一家被本部落的人拋棄了，母親帶着鐵木真兄弟姐妹和幾個年長婦女艱難度日。鐵木真還陷入被仇敵塔塔爾人抓捕的糟糕境地。這是他人生中最低谷的時刻。

除了弟弟們之外，鐵木真身邊很早就吸收了兩個那可

兒：一個是博爾術，在幫助鐵木真奪回被強盜搶走的馬匹時兩人相識；另一個是者勒蔑，可能是也速該死後沒有離開鐵木真一家的部眾。

有一個在鐵木真早年征戰中產生了巨大影響的人物是不能不提的，他就是札木合，出身於蒙古部札答闌氏。雖然同為蒙古部，但鐵木真和札木合的血緣關係顯然很遠。不過兩位青年才俊彼此欣賞，於是舉行了宣誓儀式，結為安答，類似大家都很熟悉的三國時期劉關張桃園三結義，彼此建立起生死弟兄的關係。

鐵木真有很多那可兒為其效力，但據史書記載，他只有札木合這一位安答，這說明其在建立安答關係方面是更為嚴肅慎重的，兩人甚至在第二次宣誓儀式的時候，一起吃下「難以下嚥的食物」。而且安答之間是地位平等的，當然相互間的忠誠則與那可兒的要求類似。

在鐵木真的人生中，有兩個安答關係至關重要，一個是他與札木合之間的安答關係，另一個則是他的父親也速該與另一個強大的草原部落克烈部首領王汗（因被金朝封王且稱汗，而以王汗著稱）之間的安答關係。驍勇善戰的也速該雖然不是蒙古部的首領，但也有一定的實力，曾經幫助王汗在爭奪克烈部首領的戰鬥中勝出。

於是，當仇敵篾兒乞惕部襲擊鐵木真的營地，搶走了他的妻子時，鐵木真向自己的安答札木合和父親的安答王汗

求援。在蒙古部內部力量和克烈部力量的幫助下，鐵木真不僅搶回了自己的妻子，還兼併了弱小部落，壯大了自己的力量。

回憶鐵木真青少年時期的這段往事，我們可以一窺他獨特的世界觀的形成過程，從而對於為甚麼是他最終改變了整個草原有所了解。

與傳統的草原血緣社會關係不同，鐵木真並不看重部落血統關係，他更看重與無血緣關係的人們結成同盟。首先，這是因為他的確沒有甚麼部落血統可以利用，本部落的人在他父親死後就拋棄了他們一家，這件事想必強烈地影響了他的世界觀。他要想生存甚至有所作為，不得不藉助與他無血緣關係的人們。

其次，草原上要有足夠多的無血緣關係的人們能夠為鐵木真所用，不論是在蒙古部中，還是整個草原其他部落裡，人們要形成願意結交和幫助無血緣關係的人的氛圍。剛好，草原上長期的動盪環境形成了這樣的氛圍，被鐵木真趕上了。從這個角度上說，也算是時勢造英雄。

當然最後，我們必須承認鐵木真具有世所罕見的戰略意識和人際交往能力。亂世出英雄，當時草原上的英傑很多，絕大多數人都比鐵木真的起點高，卻只能目送天縱奇才鐵木真網羅一批又一批人才，征服一個又一個部落。

此後，哪怕安答札木合與自己反目成仇，哪怕父親的安

答王汗派兵偷襲自己，鐵木真都挺了過去，而且並沒有改變自己的人生觀、世界觀。在長期的征戰之後，鐵木真要建立的並不是一個舊秩序的草原帝國（即一個血統為紐帶的鬆散的部落聯合體），而是要打造一個新秩序的草原帝國。

正是因為鐵木真的政權力量主要建立在無血緣關係的組織之上，所以鐵木真與耶律阿保機、完顏阿骨打等在此前建立了不世偉業的英雄不一樣。耶律阿保機一生都受到八部大人和家族兄弟的掣肘，而完顏阿骨打則必須要照顧本部落族長和其他林中部落族長的利益。當鐵木真一飛沖天，統一草原，並於1206年在整個草原的忽里勒台大會上接受「成吉思汗」的稱號後，他更便於按照自己的意志來塑造新的草原帝國。

一代天驕成吉思汗打破了草原上延續了千年的傳統，對蒙古高原上的各個部落進行了重新組合與劃分，淡化了部落的形式，代之以統一的千戶制。

在千戶制中，有的是由原來某個部落的人員構成一個千戶，有的是由不同部落的人員混合構成一個千戶，還有許多是征戰的過程中散落的民眾重新集合構成一個千戶。千戶制打破了草原上舊有的部落組織形式，它既是一種軍事組織，也是一種行政組織。在統一蒙古高原前夕，成吉思汗將所有部眾劃分為95個千戶，並把他們分給自己的親戚和功臣管理。

　　擔任千戶長的人可以分為三類：第一類是長期跟隨成吉思汗的那可兒，這些人中有許多赫赫有名的將領；第二類是與成吉思汗家族聯姻或由其家族收養的人，這些人中也有很多成長為將領；第三類在數量上佔了大部分，但在史書中沒有記載他們的姓名，他們的影響力也不大，可能是那些傳統的部落首領，接受了成吉思汗的領導。

　　在領地的劃分上，蒙古高原的西邊即右翼依次分佈着成吉思汗的三個兒子術赤、察合台和窩闊台的領地，而東邊則是哈撒爾等成吉思汗的幾個兄弟的領地，中部大片領地由成吉思汗帶領幼子托雷以及諸將管理。在傳統的三翼劃分的表面之下，其內核是分封制度，不論左中右哪一翼，都由成吉思汗家族（即「黃金家族」）控制，每一翼之下也並非過去的鬆散部落，而是嚴密管理的千戶。不論是千戶，還是這個層級上下的萬戶、百戶，都是黃金家族的臣民，千戶的民眾及其財物、土地都歸屬於某個黃金家族成員。昔日隸屬於不同部落的草原民眾，如今都統一在蒙古的旗幟之下，集合在以成吉思汗為首的黃金家族的周圍。

　　成吉思汗建立分封制度的時候，除了將部分民眾和領土分給親戚和少數功臣之外，還留下了相當大的一部分歸自己管理，這一部分與其說是大汗的個人財產，還不如說是黃金家族的「公產」。

　　據史書記載，成吉思汗在分封的時候，幼子拖雷分到了

5 000 戶，比他的大哥術赤要少一些。而在成吉思汗死後，拖雷分到的戶數竟然多達 10.1 萬戶！這麼多的民眾當然不是拖雷的私有財產，而是根據蒙古「幼子守灶」的傳統，拖雷以監國的身份代管了黃金家族的公產，直至第二代大汗窩闊台即位後，拖雷將公產移交新的大汗管理。

總之，在成吉思汗建立的新的草原帝國中，各個部落的世襲貴族權力被廢除了，帝國的官職統一歸大汗來管理，而不是分屬於某個貴族或部落。即使是千戶制中的部眾，大汗也可以根據需要重新分配。也就是說，新的草原帝國不再是部落聯盟的鬆散聯合體，而是一個緊密的整體。成吉思汗對整個草原勢力進行了重新洗牌，以黃金家族的力量為核心，輔之以家臣／那可兒，建立起新的國家管理制度和軍事制度。

這是草的世界的一次深刻的變革，毫無疑問，剛剛建立的蒙古帝國就展現出了強大的戰鬥力，戰鬥力的源泉應該就來自該變革。甚至於蒙古騎兵遠征到萬里之外時，仍然能保持堅韌的戰鬥力和團結協作的精神，而且仍然能夠由大汗來遠程控制。和匈奴以來的各個時代的草原雄師相比，蒙古騎兵似乎都更勝一籌。如果說蒙古帝國能夠超越契丹和金朝，征服更遠的疆土，如果說鐵木真能夠超越耶律阿保機和完顏阿骨打的絕世霸業，最重要的原因可能就在於他實現了草原的變革。

如果說鐵木真與兩位前輩相比有甚麼弱項的話，那就是鐵木真本質上仍然是一個單純的草原遊牧民族領袖，雖然歷史的車輪滾滾向前，在蒙古草原的周邊排列着多個混合政權，但鐵木真在成長過程中忙於在草原上拚殺，對於混合政權的運轉並不熟悉。他的確接觸過金朝的官員，但也僅限於接觸而已，根本沒有機會和時間去吸收金朝的各種管理方式。因此他管理下的草原帝國雖然發生了變革，但並不是一個混合政權，而仍舊是一個單一草原政權。在統一草原之後的征戰中，鐵木真的遊牧人思維顯露無遺，即不以佔領和管理農耕區為目的，而是保障對外貿易的暢通，利用軍事力量劫掠財富、索要貢品。

成吉思汗發動的對中國歷史具有深遠影響的戰爭是針對金朝的。前面談到，金朝自從經歷了契丹人大起義之後，在北境的防禦就變得很困難了。雖然金朝相對於單個的蒙古部落還是有壓倒性優勢，在 1195–1199 年，金軍和塔塔爾部展開大規模戰爭，在蒙古部和克烈部的幫助下，金軍才算取得了勝利。但是顯然，草原上的局勢已經不是金朝單獨可以控制的了。到了 1202 年，當鐵木真大軍與扎木合─乃蠻部聯軍決戰於草原西部的時候，金朝只能心驚膽戰地旁觀，根本無法左右草原局勢。

現在，一個新的草原帝國要與金朝對決了。不論是新興的蒙古帝國，還是富庶的金朝，都沒有選擇和平的外交手

段，沒有像宋朝面對契丹那樣，以納貢的形式換取兩國的和平。這是因為：一方面，蒙古部和金朝有着血海深仇，雖然雙方曾經為了消滅共同的敵人塔塔爾部勉強聯手過，但是在成吉思汗統一草原後，雙方的仇恨難以化解；另一方面，金朝畢竟是由北方叢林族群建立的王朝，而且疆土遼闊、人口眾多，不會選擇向新興的草原政權納貢稱臣。

於是，蒙古帝國作為單一草原政權，無法從華夏獲取貢品，剩下的選項就只有軍事掠奪了。因為成吉思汗以黃金家族為核心構建的新型草原帝國，需要用外來的財物滿足內部落群的需要，這些財物要麼由大汗賞賜給家族成員和那可兒，要麼由家族成員和那可兒自己動手掠奪或通過開展貿易獲得。唯有如此，新興的蒙古帝國才能維持長期團結和穩定。

我們甚至可以猜測，在整個草原被統一後，再無草原部落可以劫掠了，如果不能從外界獲取大量的財物，這個新興的草原帝國很快就將解體。成吉思汗應該也意識到了這個危險。

1211 年，成吉思汗在克魯倫河流域誓師，正式向南方的宿敵——金朝發動戰爭，蒙金戰爭就此爆發。僅僅在 5 年之前的 1206 年，成吉思汗才剛剛征服了整個草原，就馬不停蹄地兵鋒南指，先拿西夏開刀，逼迫西夏稱臣，為攻打金朝做好了前期鋪墊。

　　征討金朝的蒙古騎兵分成了三路大軍，典型的草原三翼出擊的風格。成吉思汗與幼子拖雷率領中軍，越過長城地帶進入河北的平原地區，一直南下攻取了山東的濟南城；右軍由成吉思汗的另外三個兒子術赤、察合台、窩闊台率領，侵入山西中部的太原一帶；左軍由成吉思汗的弟弟哈撒爾和鐵木哥率領，直指遼西。

　　又一批兇猛的草原「狼族」衝破長城地帶南下了。不過我們不要忘了，說到底成吉思汗仍然是一位遊牧君主，不論是面對金朝還是面對其他周邊政權，他的目標都是掠奪或索要財富，而不是佔領農耕區。雖然歷史上人們詬病成吉思汗殺人無數，但其實更準確地說，成吉思汗應該是一個城市毀滅者，而不是屠殺者。作為一個遊牧君主，他需要城市裡的財富，而不需要巨大的城市本身，在這一點上他和契丹的耶律阿保機、女真的完顏阿骨打不一樣。

　　所以我們在史書中看到，成吉思汗統領下的蒙古軍破壞了很多城市以及周邊的農田，這一方面是為了掠奪和敲詐農耕區，另一方面是想通過摧毀某些城市，使遠途貿易線路改而通過成吉思汗控制的草原地帶，這會讓草原帝國的財富增加。比如，當成吉思汗的蒙古軍攻佔了金朝的中都時，就把中都的財貨劫掠後運往草原，空留下被破壞的中都不管。

　　如果成吉思汗和他之後的蒙古大汗們都是這樣的想

法，那麼蒙古帝國充其量也就是一個單一草原政權，無法實現融合長城南北的目標，更不用提統治更為廣闊的疆土了。

歷史並沒有回到匈奴與漢朝對陣時期單一草原政權與單一華夏政權對峙的模式。

雖然金朝在成吉思汗的攻擊下完全變成了一個單一華夏政權，但在契丹、金朝乃至西夏、高昌回鶻這些混合政權數百年的輻射影響下，草原已經不是過去的草原了。歷史的車輪從匈奴時代起已經向前滾動了 1 000 多年，對於成吉思汗和他的黃金家族的子孫來說，樹欲靜而風不止，單一草原政權的模式已經是明日黃花，他們必須做出選擇，要麼繼續前進，邁向混合政權階段，要麼退回單一草原政權模式。而選擇後者，可能意味着帝國的不穩定。

這裡面的關鍵，還是蒙古帝國能否源源不斷地從外界獲取財物。

我們已經多次強調，草原遊牧民比華夏農耕民更需要貿易，他們更加期盼商人的到來，因為商人能給他們帶來草原上匱乏的各種生活用品。成吉思汗的草原帝國除了通過戰爭掠奪財物外，還可以通過貿易得到財物。

當時有大量中亞商人活躍在連接草原和其他區域的商路之上。1218 年，成吉思汗命令自己的兒子、將領從下屬中各抽取兩三個西域商人，組成商團去中亞的花剌子模採購所需商品，竟然一下子集中起來 450 個西域商人，足以看

出當時蒙古草原上商業是很興盛的，遊牧人的需求是很旺盛的。

沒想到，這個蒙古商團到達花剌子模的邊境城市訛答剌時，不僅遭到守將的搶劫，而且商人被屠殺。這是一次改變了世界歷史進程的重大事件，只是當事人懵懂不知。

殺死商人、搶奪貨物的行為對於草原族群來說，是超越自己的容忍底線的。即便如此，成吉思汗還是先提出了外交抗議，要求花剌子模交出兇手，賠償損失，但遭到了花剌子模君主摩柯末的拒絕，所以一些史家猜測，邊城守將殺人越貨的行為至少是得到了摩柯末默許的。

從成吉思汗對花剌子模的謹慎克制態度，我們可以看出他作為一個遊牧民君主對於商路的重視，他不想輕易失去重要的商路和貿易收益。

實際上，當時摩柯末低估了蒙古帝國，而成吉思汗高估了花剌子模。為了保護草原商路的暢通，成吉思汗不得不鼓起勇氣向摩柯末宣戰。說他「鼓起勇氣」是有根據的。史書曾記載，出征之前，成吉思汗的后妃也遂甚至詢問他，萬一發生不幸（也就是成吉思汗回不來了），甚麼人可以繼承他的大汗事業。成吉思汗不僅沒有發火，反而認為這個問題有道理，責問大家怎麼沒早提出來。這足以說明他認為此次西征頗為兇險。

史書還接着描寫道，成吉思汗詢問長子術赤對這個問

題的意見，術赤沉默不語。二子察合台以為父親此舉是意欲讓術赤繼承汗位，大為不滿，與術赤大打出手。二子相爭讓成吉思汗更加青睞人緣很好的三子窩闊台，這為日後窩闊台繼承汗位埋下了伏筆。此乃題外話。

蒙古西征花剌子模曾經被視作蒙古汗國熱衷向全世界進行軍事擴張的事例，但從這件事的起因看，保證幾乎等同於遊牧民生命線的商路的安全與暢通，才是成吉思汗的出發點，這是一個草原帝國統治者的職責所在。這是一種典型的遊牧民思維。

財物對於蒙古帝國有着無比的重要性，它是維繫黃金家族及其群臣／那可兒的團結和忠誠的關鍵。成吉思汗之後的蒙古帝國君主們自然也十分清楚這一點。如果說支撐蒙古帝國這座大廈的第一根柱子是天下無敵的蒙古鐵騎的軍事力量，那麼支撐這座大廈的第二根柱子就是商業貿易力量。

早在 1209 年，也就是成吉思汗還沒有開始伐金戰爭時，高昌回鶻就殺死了宗主國也就是西遼的官員，投靠了蒙古帝國。高昌回鶻的首領被成吉思汗封為第五子，還娶了成吉思汗的女兒為妻。回鶻人在混合政權管理和遠途貿易方面積累了長期的豐富經驗，他們的投靠給了勃興的蒙古帝國以急需的行政、商業管理人員，蒙古帝國在官職設置、財政制度乃至重要政策方面受到了回鶻人的深刻影響。其中一個非常重要的影響就是蒙古帝國獲得了生意經。

　　蒙古帝國的黃金家族擅長征戰，卻疏於理財和經營，在回鶻官員的協助下，他們和自古以來就擅長經商的西域各路商人簡直一拍即合。隨着蒙古汗國擴張到花剌子模所佔據的中亞地區，西域商人紛紛聚集在蒙古帝國的軍旗之下，他們組成了大大小小的斡脫，給蒙古帝國提供商業服務。斡脫在突厥語中是「夥伴、商業合作」的意思，類似於華夏的商幫。

　　成吉思汗死後，窩闊台繼承了大汗之位，也繼承了如何給黃金家族和官員們帶來財富的問題。與成吉思汗有所不同的是，窩闊台已經不是一位單純的遊牧民君主了，他繼承和征服了大片的農耕區，蒙古帝國此時也已經不是單一草原政權，而是演化成一個以草原為主體的混合政權了。

　　這樣的演化過程，一方面是因為窩闊台需要更多的財富來安撫蒙古帝國的王公們，劫掠農耕區這種涸澤而漁的財富獲取方式並不明智，長期經營農耕區並從農耕區收稅，將會獲得更多的財富；另一方面是因為此時的蒙古帝國有回鶻人、契丹人幫忙管理政權事務，對於治理一個混合政權有了經驗。

　　回鶻人、契丹人的混合政權思維也反過來影響了大汗的決策。比如，曾經有官員建議窩闊台減少華北地區的人口，把農耕區變成可以放牧牲畜的牧場。契丹人耶律楚材站出來表示反對，他建議保留農耕區的經濟模式，用固定稅

收的方式來從農耕區獲得財富,這樣帝國的財政收入會大大增加,從長期來看也會給國庫帶來更多財富。窩闊台被耶律楚材説服了,當然準確地説是被耶律楚材描繪的大量財富給説服了。大約在 1230 年,窩闊台在佔領的原金朝土地上任命了許多「徵收課税使」,他們大部分都是投靠來的金朝前官員。他們根據耶律楚材設計的税收制度,向百姓徵收絲綢產品和糧食。

結果税收收入非常可觀,窩闊台十分滿意,任命耶律楚材為中書令,負責這些土地的行政管理,説白了就是負責收税。

在窩闊台的主持下,從金朝奪取的土地、人口的大部分被分配給黃金家族成員以及戰功卓著的功臣,窩闊台自己則分得了比諸王更多的一份。沿襲自成吉思汗建立的分封制度鼓勵了黃金家族的成員積極參與對外戰爭,以分得更多的勝利果實。相對合理的分配制度也刺激了蒙古帝國的諸王向外擴張,這是蒙古鐵騎能夠在很短的時間裡橫掃歐亞大陸的原因之一。

蒙古王公們靠征戰和收税聚斂了大量的財富後,除了自己花天酒地,還會把金銀和其他財物交給斡脱,委託他們去經商或者放貸,從中賺取高額的利息。斡脱則藉助於蒙古王公的財富從事各種商業活動,實現財富的增值。

斡脱的生意甚至可以上達汗庭。窩闊台就曾經説過:

「來到我們這裡的每一個斡脫，我知道他們各打算盤，各有所謀。但我希望我們能使他們個個稱心如意，分享我們的財富。」一個統治者說要讓商人們高興，並和自己分享財富，這一幕真是太和諧了。華夏王朝的皇帝是絕對不會有這樣拜金主義的思想觀念的，就算有類似的財迷想法，面對朝廷之上口吐聖賢之言的儒家官員們，也難以啟齒啊。

　　對商業的態度是蒙古帝國與華夏王朝的一個重要區別。這種區別的背後是一個政權的財政收入模式的區別。當蒙古帝國過渡為一個以草原為主體的混合政權時，它的財政收入來源是很多元的，與單一華夏政權有着很大的區別。蒙古帝國既有來自農耕區的錢糧賦稅，也有來自商業貿易的盈利和稅收。靠對外戰爭劫掠的財物當然也算其收入之一，只是它既不穩定，也不持久。

　　但是，蒙古帝國前期的歷任大汗都很看重對外戰爭，因為作為一個以草原為主體的政權，對外征戰是一個大汗能力和權威的象徵，沒有戰功的大汗是不能服眾的。這種思維對於被入侵者和被征服者而言當然是罪惡的，這種思維主導下的戰爭造成死傷無數，大量百姓流離失所，對經濟造成了短期劇烈破壞。不過拋開戰爭引發的悲劇不談，蒙古帝國的擴張影響了全世界，打通了歐亞大陸的各個角落。蒙古帝國的擴張對於中國歷史進程的影響也是史無前例的，其標誌就是忽必烈建立的疆域廣闊的元朝。

大元王朝的三大支柱

　　蒙古帝國經過鐵木真、窩闊台、貴由和蒙哥四任大汗，已經坐擁大片的農耕區，不再是創立者鐵木真心中的那個單一草原政權的模樣了。

　　1259 年，蒙哥在征討南宋期間突然死亡，大汗權力的爭奪戰在阿里不哥和忽必烈之間爆發，兩人都是蒙哥的弟弟，鐵木真的孫子一輩。由於阿里不哥控制着蒙古高原上的都城哈拉和林，近水樓台，大部分蒙古王公們選擇站在了阿里不哥一邊，通過忽里勒台大會推舉阿里不哥為新任大汗。阿里不哥的根基是草原，優勢也是草原的騎兵軍事力量。而且，蒙古帝國的公產可能也落入了阿里不哥手中，如果窩闊台沒揮霍一空的話。

　　但是，率先自立為大汗的忽必烈也有自己的優勢，那就是他的勢力範圍囊括了一部分草原和廣大的華夏。如果把此時忽必烈的勢力看作一方政權的話，那麼他擁有的是一個以草原為主體的混合政權，既有蒙古騎兵加上大量華夏軍隊作為軍事力量，也有充足的糧食和其他物產作為軍需。他面對的阿里不哥政權，則是一個單一草原政權。

　　兩軍圍繞都城哈拉和林激戰數場，難分高下。最終，糧草成為決定兩個大汗勝負的關鍵。忽必烈有華夏糧食作為後盾，阿里不哥卻沒有。糧食不足的阿里不哥無法持久作

戰，只能撤出位處草原深處的哈拉和林，轉向南面的伊犁河谷找吃的，從而導致軍心渙散，不得不向忽必烈投降。這場歷時近 5 年的蒙古帝國的內戰以忽必烈的勝利而結束。

這是一場以草原為主體的混合政權對單一草原政權的勝利。可是，阿里不哥雖然被除掉了，但龐大的蒙古帝國也已經貌合神離，基本上分裂為四大汗國：北亞到東歐位於俄羅斯草原的金帳汗國、西亞位於伊朗的伊利汗國、中亞從阿姆河到阿爾泰山的察合台汗國，以及東亞橫跨華夏與蒙古草原的元朝。忽必烈需要面對變得極為複雜的「帝國新局面」，他要增強自身的實力，讓幾大汗國的首領承認自己的大汗地位。

混合政權的優勢是忽必烈戰勝阿里不哥的關鍵，經營華夏許多年的忽必烈清楚這一點，所以他邁出了自鐵木真以來歷任大汗不曾走過的關鍵的一步——稱帝。1271 年，忽必烈仿照華夏傳統稱帝，選取《易經》中的「大哉乾元」，正式建國號為「大元」，然後定都於大都，亦稱「汗八里」（意為大汗之城）。這樣，忽必烈就兼具草原大汗和華夏皇帝的雙重身份。

忽必烈稱帝，並不是因為他夢想做一個華夏意義上的皇帝，作為蒙古帝國的「第三代領導人」之一，他具有多重身份。其一是他的草原蒙古人身份，他熱衷於打獵野獸，和蒙古女人結婚生子，雖然建設了類似華夏城池的元大都，但

他本人仍然喜歡住在氈帳之中。其二是他的華夏君主身份，他不僅用漢族人推崇的《易經》中的詞句作為國名，而且還指定自己的兒子真金作為皇太子。這種直接指定繼承人的方式，完全違背了蒙古帝國大汗選舉必須通過忽里勒台大會的傳統，這是對草原重要傳統的背叛。其三是他還接受了藏地高僧八思巴的金頂灌禮，授予八思巴國師的地位，與藏傳佛教聯繫緊密。

對於這些身份，我們很難說忽必烈都是有意為之，故意裝扮的。有很大可能，他真的喜歡打獵，喜歡佛教，也喜歡一些華夏文化。當然，首先，忽必烈是一個政治家。如果說忽必烈有甚麼夢想，那就是他希望能夠最大限度地利用華夏的生產力量，增強自己的實力，不戰而屈人之兵地降服各大汗國的汗王，一躍成為蒙古帝國名正言順、至高無上、唯一的大汗。

儘管忽必烈用軍事手段擊敗了阿里不哥，但是在元朝內部或是其他汗國內部，許多蒙古王公私下裡仍認為，那個在蒙古草原上經過忽里勒台大會選舉的阿里不哥才是名正言順的大汗。在他們看來，雖然忽必烈也召開了他自己的忽里勒台大會，但沒有大部分蒙古王公出席的會議結果是無效的。

忽必烈不用問也知道蒙古王公背後的想法。終其一生，他都在為扭轉這個不利印象而奮鬥。

　　既然蒙古帝國大汗的標配業績是對外戰績，那我忽必烈就拿出戰績來。

　　忽必烈的目標是偏安在華夏南方的南宋政權。如果能夠征服南宋，他將一箭三雕：一是能收穫重大的軍事征服「業績」，在蒙古帝國內部提升自己的威望；二是可以收穫富庶的江南地區，獲得糧食和其他物產的巨大生產能力，滿足元朝運營的需要，增強元朝的實力；三是能夠利用江南本身的財富或通過貿易獲得的財富，「收買」蒙古帝國的各方勢力，用錢實現軍事無法完成的戰略目標。

　　不論是人口密度還是物產總量，華夏都遠遠超過蒙古人統治下的其他地區。特別是江南地區，在幾次人口南遷的浪潮中鳳凰涅槃，已經成為中華文明圈中最為富庶的區域。而且，在隋朝平定陳朝、宋朝平定南唐的華夏統一戰爭中，並沒有出現殘酷的兵禍，也沒有大規模的殺戮，而是非常順利地降服了江南的政權。於是，在元朝滅南宋之前，荊湖、兩江、兩浙、福建等廣大地區的農業、手工業、商業均非常發達。

　　不過從蒙古帝國到元朝，對南宋的征討過程相當曲折，大汗蒙哥曾在征討過程中死去。幾十年間，宋蒙大戰主要圍繞四川、重慶的山地和長江中游的襄陽城展開。1273年，襄陽城在孤立無援、炮火轟城的絕境中打開城門投降元朝後，南宋的長江屏障不復存在，元朝平定南宋變得異常順

利，許多城池都開城投降，因而並沒有遭受戰火。特別是南宋都城臨安（位於今浙江杭州市）於1276年「無血開城」，毫髮無損地變成了一座元朝的重要城市，延續着它夢幻般的繁華景象，讓此後不久途經此地的旅行家馬可‧波羅驚為「天城」。

元朝滅南宋，從政治上講，不僅結束了南宋建立以來華夏150多年的南北分裂局面，更為重大的是，自從682年東突厥復國打破了李唐王朝短暫的史詩級版圖後，遼闊草原與廣袤華夏終於又重新統一於一個王朝政權之中，一個堪比唐朝史詩級版圖的新王朝 ── 元朝出現在地球上。

從經濟上講，元朝把整個華夏囊括其中，特別是擁有了生產力發達的江南後，它終於補上了草原帝國的最大短板，一個融合了廣闊大地、眾多文明的王朝從幻想變成了現實。

忽必烈把混合政權的規模推向了一個前所未有的新高度，這個政權不僅包括了全部的華夏和大片的草原，還囊括了女真人起家的東北叢林，以及宗教氛圍濃厚的青藏高原。元朝實現了史無前例的疆域規模，也必然會面對史無前例的政權治理挑戰。

元朝作為混合政權，繼承了金朝前期的一個突出的問題，就是政治、軍事中心在北方，而生產中心在南方。金朝為了解決這個問題，不惜舉家搬遷到中原，基本上放棄了東北老家。元朝的政治、軍事中心在元大都，甚至還要爭雄

草原，控制草原深處的蒙古帝國第一個都城——哈拉和林，而其生產中心則在華夏，特別是江南地區。從哈拉和林到江南水鄉，實打實有萬里之遙！

伴隨着忽必烈建立元朝，甚至一直延續到忽必烈去世，大約40年間，元朝與西面的一些蒙古部族勢力爭鬥不斷，尤其是與窩闊台的後裔海都的勢力之間頻頻爆發激戰，海都甚至還一度攻佔了象徵帝國至高榮耀的哈拉和林。

因此，元朝的中心不重合問題更為突出，卻又不能像金朝那樣放棄老家，從以草原/叢林為主體的混合政權蛻變為以華夏為主體的混合政權，因為忽必烈不僅是華夏的皇帝，而且他更看重的身份是蒙古帝國的大汗。

放棄廣闊的草原？這等於是放棄蒙古黃金家族的血統，忽必烈決不答應。

那麼，如何解決中心不重合的千古難題？

這個問題在隋唐時代就出現了，前人用隋唐大運河來解決問題。於是忽必烈也照方抓藥，睿智的忽必烈甚至在很早就開始思考和佈局混合政權的深層次整合問題，特別是草原和華夏的溝通。

1256年，忽必烈命令自己的下屬在草原上修建開平府，也就是後來的元上都，今內蒙古自治區錫林郭勒盟正藍旗境內還留有元上都遺址。此時的蒙古大汗還是忽必烈的兄長蒙哥，但忽必烈當時已經在管理蒙古草原東部到華北

平原的廣大地區，他在靠近華北平原的草原一側修建開平府，就是想更好地管理兩個生產模式不同的區域，試圖對草原和華夏進行整合。

等到忽必烈成為蒙古帝國的大汗和元朝皇帝後，他的構想更為宏偉，元朝的國家建設力度非常大。在前人貫通的隋唐大運河的基礎上，元朝將運河截彎取直，變成了南北方向上的京杭大運河，從華北平原上的元大都（今北京）一直通往曾經的南宋都城臨安周邊，把政治、軍事中心和經濟中心更加便捷地聯繫起來。

大運河的北方端點元大都與元上都一道，構成了元朝的「兩都」。每年夏季，元朝的皇帝會從元大都啟程，到草原上的元上都辦公，在秋季再返回元大都處理國事。通過這種巡迴的方式，元朝對廣闊的草原和華夏進行有效的管理。

必須注意的是，京杭大運河線路上的截彎取直雖然更為便捷，實際上是以增加了運河維護成本為代價的。京杭大運河要穿過泥沙含量很高的黃河下游，還要穿過山東境內的小山丘，那裡是整個京杭大運河的最高點。你能想像存在一條中游較高、上游和下游較低的河流嗎？

元朝為了保障大運河不中斷運輸，花費了很大力氣修建各種水利工程，比如大運河與黃河交叉點的清口樞紐工程、運河海拔最高點附近的南旺水利樞紐工程。這些工程集合了中國古代工程師的智慧，最終保障了大運河的暢通。

不過實話實說，由於這些自然條件的限制，元朝時期的京杭大運河遠不如聽起來那麼瀟灑寫意，它的效率很低，漕運量遠不如後來的明清時期，而且很容易因為一點點自然災害或社會動盪而停擺。

但是，漕運對於元朝又是至關重要的，因為其政治和軍事中心在北方，元大都的官僚機構人員以及官僚的家眷、大批軍隊、大批商人每年要消耗大量的糧食，華北平原雖然也是產糧區，但根本不夠養活北方人口，元朝必須每年從南方調運足夠多的糧食到北方。

更為要命的運輸任務，是從華夏向草原深處的元上都甚至哈拉和林的糧食運輸。

據說忽必烈甚至讓大臣郭守敬考慮修建一條運河，從元大都延伸到元上都。不過當郭守敬發現兩地不僅有幾十萬米的直線距離，而且有幾百米的海拔高度差時，這個逆天的設想只能被放棄。今天宏偉的三峽大壩也不過才百米高度，700多年前的元朝根本無法通過堤壩讓運河水征服幾百米的海拔高度差，從華北平原上沖蒙古高原。

為了有效控制廣闊的草原，應付西方那些居心叵測的蒙古宗王的軍事威脅，元朝在草原和西域地區長期駐紮幾十萬大軍。要對大軍進行補給，就必須運送大批糧食，一開始是每年20萬石，到14世紀初增加到30萬石。就算兩方領袖忽必烈和海都死後，元朝與海都後裔達成了和議，來自其

他宗王的威脅依舊很大，元朝仍然必須在草原上維持大軍。

1311 年，元朝號稱全部政府稅收中有 1/3 要花在草原的軍事防禦上。史書記載在草原腹地的哈拉和林，「朝廷歲輦粟實和林忙安諸倉，至八十萬斛而屯戍將士才免飢色」。

大量的錢從哪裡來？大量的糧食怎麼運？

與借鑒大運河經驗類似，元朝把一種華夏存在很久的制度發揮到了極致，一箭數雕地解決錢糧問題。這種制度就是鹽引制度。

在談論鹽引之前，我們要先看一下元朝的經濟運轉情況。

元朝疆域遼闊，人口眾多，經濟規模已經達到了前所未有的級別，超越了此前所有古代國家。而且元朝和其他蒙古汗國分支，比如西域各汗國、金帳汗國、伊利汗國之間有着同宗的聯繫，並由於斡脫商團的穿針引線，整個亞洲乃至歐洲、非洲的一部分都被納入了一個完整的經濟體內，其經濟規模在古代世界真可謂空前絕後。

問題就此出現了，按照經濟學規律，經濟體的規模越大，經濟正常運轉所需的貨幣量就越多。在古代世界的經濟生活中，往往以貴金屬作為貨幣，比如華夏王朝曾經長期以銅錢作為流通貨幣：漢代的五銖錢風靡了 400 年，其影響力輻射隋朝；宋朝經濟日益繁榮的同時，鑄造的銅錢也攀上了新的高峰。元朝的經濟規模比起宋朝來說更是登峰造極，

因此需要更多用於交易的貨幣。

到哪裡去獲得足夠的貨幣呢？

斡脫是以白銀為貨幣來進行商業貿易的，但我們知道，古代世界一直苦於貴金屬太少，也就是經濟上所說的通貨緊縮局面。直到哥倫布發現美洲大陸，西班牙人和葡萄牙人開採和掠奪了大量的美洲黃金和白銀後，世界經濟中流通的貴金屬貨幣才逐漸多了起來。但美洲大陸的發現要到1492年哥倫布遠航的時候了，那時已經是明朝中期。而現在元朝就要解決貨幣不足的問題，顯然指望不上未來才出現的美洲金銀。

元朝找到了一種很好的貨幣替代品——鹽引。

鹽引制度早在宋代就已經出現了，國家規定商人販賣食鹽的時候，必須首先取得國家的許可憑證，這就是鹽引，沒有鹽引而販賣食鹽是犯法的行為。國家通過出售鹽引而獲得壟斷利益，同時引導商人幫助國家運輸貨物，比如規定商人把一定量的糧食運送到邊境上的駐軍處，才能獲得相應的鹽引。

元朝把鹽引這種制度推廣到了更為廣大的地區，而且其功能也得到了儘可能的擴展。大體來說，元朝的鹽商想要販賣食鹽，需要經過如下幾道程序。首先，他們要去國家的鹽運司購買鹽引，同時得到去鹽場或者鹽倉的通行文書；其次，他們要到鹽場或者鹽倉去支取貨物，也就是食鹽。根

據食鹽銷售目的地的不同，鹽商還要繳納一筆費用，鹽引上加蓋印信，才可以帶着食鹽去指定的地區賣鹽。最後，食鹽賣掉後，鹽商要立刻向地方官府繳納舊鹽引，這次賣鹽的商業活動才算結束了。

以上描述的只是鹽引作為販賣食鹽憑證的基本功能。實際上，由於有食鹽這種大眾所需的貨物作為價值支撐，鹽引本身就具有了類似貨幣的功能，因此在許多場合，元朝皇室和官府還拿鹽引作為支付手段，實際上是把鹽引當作貨幣來使用了。

比如糴糧就是鹽引作為支付手段的重要功能的體現，元朝政府藉助於鹽引，招募能夠承攬糧食運輸的商人，讓他們把糧食輸送到哈拉和林，用鹽引支付給商人作為報酬，結果發現效果很好，於是元朝北方地區的鹽引和糴糧變成了一項長期性的政府採購活動，向元上都、哈拉和林、陝西等駐軍較多的地方運輸糧食，供給軍民食用。

鹽引還是元朝皇室和官府的一種支付貨幣。比如元貞元年（1295 年）皇帝賞賜了一個臣子「鹽萬引」，供臣子蓋府邸之用。大德元年（1297 年），官府「以鈔十二萬錠、鹽引三萬給甘肅行省」，將鹽引和鈔並列作為貨幣來使用。

元朝的財政官員圍繞着鹽引屢屢創新，比如說鹽引可以用白銀買賣，這就相當於讓鹽引和白銀掛鈎了，一張張的鹽引就好比是「高額紙幣」，而且它的價值是建立在實實在

在的食鹽的價值之上的，並不是憑空印刷出來的。

更為有趣的是，鹽引通行全國，手握鹽引的商人也好、王公也罷，並不一定非要拿鹽引兌換具體數量的食鹽，換不換看自己的需要。如果需要用鹽引來進行其他的商品交易，也是可以的，只要鹽引沒有過期就行。

有學者統計，通過發放鹽引所獲得的收入，甚至可以達到元朝中央政府財政收入的八成，再加上其他一些商品的專賣收入，以及元朝印製紙幣的收入，構成了元朝的財政收入結構。

元朝之前，歷代王朝都受到金屬貨幣不足的困擾，而通貨緊縮的經濟困境在元朝因為鹽引在經濟領域中的大量使用得到了一定的緩解。

從礦產角度講，華夏缺少金礦和銀礦，銅礦相對富足，所以許多古代王朝是以銅錢作為貨幣的。但是一方面銅錢的價值比起金幣、銀幣要低很多，進行大額交易很不方便；另一方面華夏經濟規模很大，相應地需要更多的貨幣來滿足交易。所以很多王朝曾鬧「錢荒」，特別是宋朝曾經大量鑄造銅錢，但宋朝同時也是非常缺乏貨幣的朝代，朝廷為了保證國內的貨幣需要，嚴禁銅料和銅錢的出口。

元朝是個商業發達的朝代，按說貨幣需求量更大，應該更「差錢」，其實不然。一方面，元朝疆土遠勝於曾經的華夏王朝，元朝和其他蒙古系的政權有着很廣泛的交流，所以

可以獲得很多金銀作為流通貨幣，白銀就是從元朝開始成為中華文明圈中的主力貨幣之一的；另一方面，元朝藉助於鹽引、紙鈔等金融手段，解決了大額貨幣不足的難題，極大地增加了市場上的「貨幣」流通量。結果導致元朝完全不限制銅錢和銅料的出口，元朝周邊需要銅錢和銅料的國家紛紛前來尋寶。

最典型的例子莫過於在朝鮮半島海域發現的新安沉船，這是一艘從元朝的寧波開往日本的商船，上面不僅載有數以萬計的青瓷和白瓷，還有令人瞠目結舌的重達 28 噸的銅錢。

以各種形式發行的「貨幣」，如果沒有實體經濟強大的生產力做保障，是沒有價值的。正是因為元朝把華夏，特別是富庶的江南地區納入疆土，以江南的巨大生產力為基礎，才可以維持龐大王朝的財政運轉和政權管理。我們甚至可以這樣說，如果沒有江南地區的生產力，元朝就無法在蒙古草原和西域維持大量的駐軍，從而無法保障王朝的北方和西方的安全。打遍天下無敵手的蒙古鐵騎真的很需要江南的糧食來養活，僅靠羊肉和奶酪是不夠的。而把糧食運輸到草原深處，也必須依靠以江南強大的生產力做後盾的鹽引制度來實現。

所以簡略地說，元朝的三大支柱是：草原軍事力量、華夏生產力量和西域商業力量。三者緊密對接，相互支撐，

缺一不可。草原軍事力量給華夏提供安全和秩序，保障西域商人的運輸和買賣活動；華夏生產力量給草原和西域商人提供大量的物產，最重要的是給草原軍民提供糧食；西域商業力量將華夏物產轉化為財富，支持草原的消費，也給華夏生產提供需求動力。

元朝是如假包換的混合政權，只是相比此前中華文明圈出現的其他混合政權，它規模更大，而且不僅是草原和華夏的簡單混合，還納入了「第三方力量」，是一種升級版的混合政權，如果借用天文學中的天體概念來描述的話，元朝是一種三體政權。

契丹、金朝並非不重視商業，作為混合政權，它們一樣渴求商人帶來的財富。但西域商人並不受兩大王朝的直接控制和管理，契丹人和女真人無法把西域商業力量緊密地融入自己的政權結構之中。只有元朝第一次做到把西域商業力量掌控在自己手中，並使其成為維持政權運轉的三大支柱之一。

而且與契丹、金朝面對草原和華夏時往往採取「一國兩制」政策不同，元朝這種三體政權追求的是天下大同，各地的生產方式可以不同，但管理方式儘量相同，並推行貿易自由、宗教自由的政策。元朝建立了行中書省制度，也就是我們熟悉的行省或者省，行省的最高長官是丞相，相當於今天的省委書記，總管行省的軍事、行政、財政大權，他們的

重要職責就是監督地方政府運轉，確保能夠收取稅收。

　　蒙古人建立的這個王朝，和此前中國歷史上出現的華夏王朝或以華夏為主體的混合王朝不一樣，它不像那些王朝那樣，把政權的財政建立在向大量農耕民徵收錢糧和勞役的基礎上，高度依賴來自農業的收入，元朝更為依賴金融手段，比如鹽引、商品專賣等來取得財政收入。這些制度雖然不是元朝首創，但被元朝統治者發揮到了極致。元朝的鹽引制度還被後續的明朝借鑒，明朝初年建立的國家食鹽運銷體制就是建立在元朝制度的基礎之上的。

　　因此，從財政角度看，元朝可以說是一種商業政權，雖然農業仍是其物質根基，但元朝如此大規模促進和依賴商業，在中華文明中是史無前例的。

　　同樣史無前例的是，在元朝的政權體系中，儒家學者的地位遠不如在單一華夏政權或以華夏為主體的混合政權。

　　蒙古統治者並非不了解儒家的理論對於治理華夏的重要性，但他們只是把儒家看作宗教派別的一種，劃入儒戶這一戶籍。忽必烈時期，政府答應免除儒戶的主要稅務，並給予其他優待。在征服南宋的過程中，蒙古統治者明文規定，軍事將領不得在戰場上抓捕和奴役儒生。地方官受命評定本地哪些人有資格成為儒戶，而軍方要聽從這些決定。而且儒戶身份可世襲。

　　只是讓華夏知識分子頗為失落的是，元朝的這套制度

並沒有保證他們能夠獲得官位，成為社會上的優越階層。儒生比起社會底層來說待遇是好一些，但是比起他們在華夏王朝中的地位差多了。即使是在契丹或金朝，儒生的地位也要比在元朝好，因為在契丹人和女真人的混合政權中，儒生可以參與國家大事的制定和執行。但是元朝對儒生的國家治理才能並不太在意，蒙古人的政權更看重的是收稅和經商的能力，而這方面恰好是儒生的弱項。

華夏的文化是重農抑商的，對於生產力巨大的華夏政權來說，通過對外貿易賺到的利益有限，帶來的不安定因素卻會帶來麻煩，商人賺了大錢後，對於皇權也是一種威脅。所以華夏政權傾向於控制和抑制商人的活動，商人在華夏的地位甚至僅僅高於盜賊。

蒙古人入主華夏後，重農抑商的文化被完全改變了。草原文明對於財富的渴望轉化為元朝政府對於理財的重視，商人的地位高於其他職業和宗教人士，僅次於蒙古貴族。於是在元朝政府中，西域的色目人地位比華夏的儒生高得多，因為色目人擅長理財。或者可以這樣說，因為元朝是一個更大範圍的混合政權，它擁有擅長理財的色目人，所以它不必像契丹和金朝那樣，不得不依賴儒生來擔任治理國家的官員。

比如，忽必烈啟用了西域裔的阿合馬等人，在朝廷裡設置了專管經濟、財務的特別中央機關——制國用使司，類似

於今天的財政部和商務部，負責給朝廷管錢和賺錢。元朝還相繼設立了斡脱總管府、斡脱所等機構。在官方的支持下，斡脱的生意範圍已經不限於元朝境內以及其他蒙古汗國境內，他們還積極從陸路和海路向國境之外擴展貿易。

作為三體政權，元朝有着與其他朝代迥乎不同的風貌。我們知道，從物理學角度説，三角形是穩定的結構，而從天文學角度説，天體組成的三體系統是十分不穩定的結構。那麼對於元朝來説，這樣的政權模式是穩定的還是不穩定的呢？

歷史證明，元朝要實現草原軍事力量、華夏生產力量和西域商業力量三大支柱的無縫對接，在古代那樣的科技條件下是非常艱難的，正如前面一再強調的那樣，元朝三體政權的最大命門是漕運。只有依靠漕運，元朝才能彌補政治、軍事中心與經濟中心的分離，才能有足夠的糧食養活元大都和元上都的朝廷，才能有充足的糧食養活草原上的大批駐軍。此外，漕運也是南北方其他物產的運輸通道，是元朝非常看重的商業貿易路線。

一句話，漕運是對接和維繫元朝三大支柱的核心。

但是，元朝修建的京杭大運河運輸能力有限，時不時就會被泥沙淤塞。因此除了依靠時斷時續的大運河漕運之外，元朝還開先例，嘗試着從海上運輸糧食到北方。

至元十九年（1282 年），元朝網羅了南方招安的海盜朱

清、張瑄等人，招募水手，嘗試着從海上運輸糧食，到次年三月，首次實現了將 4.6 萬石江南糧食送達北方都城的任務。從此以後，海運逐漸取代大運河，成為糧食運輸的主幹道，至元二十七年（1290 年），海運量達到約 160 萬石。天曆二年（1329 年），海運量達到高峰，運輸了 352 萬石。當時海運分春夏兩期進行，經過多次航海摸索，已經探索出了從長江下游的劉家港等地到達天津界河口的海上航道，順利的話，10 天就可以駛完航程。

海運繁榮的同時並不意味着花費巨資打造的京杭大運河就被放棄了，海運只是糧食運輸的線路，其他各種物資，特別是黃海沿岸生產的食鹽，仍然主要通過大運河來運輸。食鹽以及其衍生出來的鹽引的重要性，已經不需多說了，由此可見大運河在元朝經濟中依然有着重要地位。

海洋漕運與運河運輸一道，調和着政治、軍事中心與經濟中心不重合的矛盾，支撐着元朝這種奇特的三體政權的穩定性。

元朝的政權其實經常處於不穩定的狀態。這種不穩定有外部的原因，比如西面的其他蒙古勢力的挑戰，也有內部的原因，比如很多蒙古宗王在制衡甚至挑戰元朝大汗 / 皇帝的權力。

草原帝國需要外部的財富來維繫，帝國統治者通過分配武力要挾或者軍事劫掠而來的財富，換取各個部落的支

持。元朝這樣的三體政權並非單一草原政權的形式，但元朝統治者有草原傳統的基因。成吉思汗雖然剝奪了各個部落貴族的特權，但是到了忽必烈時代，黃金家族自身的繁衍生息已經產生了數量眾多的宗族人士，這些宗親位高權重，都是蒙元帝國這家「大公司」的「股東」，有分享帝國財富的權利。元朝最高統治者需要不斷地通過賞賜財富來換取這些宗親的忠誠，定期發放屬於他們的「歲賜」。

這也是為甚麼蒙古帝國和元朝都如此重視稅收和商業，政權的穩定必須建立在巨額財富基礎上。畢竟在南宋被拿下後，元朝基本上就停止了版圖的大擴張，它難以通過軍事行動來從外部攫取大量財富了，要增加財富供給，只能挖掘內部潛力。

忽必烈本人才幹蓋世，所以能夠靠權威來暫時壓制元朝內部的各方宗王，他給宗王的賞賜是比較少的，在元朝內部有「吝嗇大汗」的名聲，因此當時元朝的財政負擔並不重，財政收支狀況還比較好。但是忽必烈之後的元朝皇帝就沒有這種本事了，他們不得不花費大量的賞賜來換取宗王的效忠，否則就會有被宗王幹掉的危險。

比如 1294 年，一代雄才忽必烈病逝，其孫鐵穆耳即位。為了穩定政局，他即位之初就大肆賞賜，皇室成員得到的賞賜比在忽必烈時期得到的歲賜的金多 4 倍，銀多 2 倍。巨額賞賜很快造成國庫枯竭。鐵穆耳即位後兩個月，中書

省上奏：「朝會賜與之外，餘鈔止有 27 萬錠。凡請錢糧者，乞量給之。」忽必烈攢下的財政家底幾乎是眨眼的工夫就用光了。

而關於歲賜不足的後果，最典型的例證就是南坡之變。年輕氣盛的元英宗碩德八剌剪除宗王勢力，引發了強烈的反彈。他在位時間很短，卻兩次因為財政困難而取消了宗王們的歲賜，這樣的情況在元朝歷史上前所未有。1323 年，碩德八剌在從元上都返回元大都的途中，在元上都向南 15 千米的南坡駐紮過夜，結果遭遇政變，碩德八剌被殺死。諸多權臣參與政變，包括至少 5 位蒙古宗王。

如此激烈的事件表明，元朝的體制有着自身的特點或者說缺陷。蒙古帝國的基本原則之一是帝國屬於黃金家族的共同財產，大汗也不過是家族的「族長」，他要儘量公平地分配財富給宗王們，否則他就沒有資格做大家的大汗。元朝雖然嫁接了一些華夏的政治體制，但其草原傳統烙印依然很深，元朝皇帝／大汗並沒有華夏政權那種至高無上的皇權。

甚至連元朝的行省制度也很獨特，它與華夏政權的行政劃分，比如宋朝的路有着很大的不同。各個行省的自主權更大，和中央政府之間的聯繫相對鬆散，尤其是各個行省內還有很多蒙古宗王的封地，這些封地猶如一個個小的獨立王國。有趣的是，一個住在中原的蒙古宗王甚至可能會

在中亞擁有一小塊封地，反之，一個中亞的蒙古宗王也可能會在中原擁有一小塊封地。

1315 年，元仁宗愛育黎拔力八達曾經下令，各宗王封地的達魯花赤（行中書省下設的路、州、縣的長官）必須由中書省任命的官員擔任，各地宗王只能任命副達魯花赤，一年後他乾脆取消了宗王任命副達魯花赤的權力。結果宗王們群情激憤，反對大汗的決定，認為這違背了黃金家族子孫共享天下的古老傳統。最終勢單力孤的愛育黎拔力八達迫不得已收回成命，宗王們又獲得了任命當地副達魯花赤的權力。大汗清楚地認識到，如果沒有各地宗王的支持，他能統治的區域不會比元大都和元上都的面積大多少。

所以，三體結構的元朝只是表面看上去軍力強大且富甲天下，但骨子裡自始至終都承受着巨大的財政壓力和政局動盪的考驗。

元朝崩塌的直接誘因非常容易預測，那就是漕運中斷引發的政治體系的崩潰。當漕運出現問題的時候，金戈鐵馬、氣吞萬里的元朝如同着火的紙房子一樣，剎那間灰飛煙滅。

怕甚麼就來甚麼。1351 年，為了挖通被淤泥堵塞的大運河，元朝徵調了十幾萬民工進行施工。結果信仰白蓮教的民眾在劉福通等人的率領下突然發難，舉起造反的大旗。這次史稱紅巾軍起義的叛亂發生於淮河中游，正好切斷了

大運河的航運，使得元朝北方無法得到南方的各種物資——糧食、鹽、各種手工製品，當然也包括軍用物資，元大都中的大汗不得不依靠海運來勉強解決困難。

「屋漏偏逢連夜雨」，兩年之後，鹽販張士誠在江蘇泰州也發動叛亂，這個叛亂的地點更加要命，不僅切斷了大運河運輸，還因為波及長江三角洲地區，干擾了元朝的海運。同時，元朝財政所依賴的鹽業也陷入了一片混亂。

構成元朝三大支柱之一的華夏生產力量的崩潰，直接導致另外兩大支柱——草原軍事力量和西域商業力量也瀕臨崩潰：軍隊沒有了糧食，就無法作戰；商人沒有了貨物，也就無法交易；中央政權喪失了賞賜宗王所需的財富，政治上也陷入一片混亂。

元朝的最後十幾年，曾經擁有幾十萬人口的元大都得不到漕運糧，已經陷入了長期饑荒，全國的局面完全失控。北方地區各個蒙古王公擁兵自保，互相搶地盤、搶糧食；南方地區則是放任自流，任憑幾股叛軍打成一片。自身的內部爭鬥，反映出了皇帝／大汗的權力有限、各路宗王各懷鬼胎的情況，這正是元朝政權自始至終的特點或者說軟肋，這是承接自草原帝國傳統的後遺症。

即使是名義上仍然忠於坐鎮元大都的大汗的蒙古勢力，在資源短缺的情況下，相互之間也爭鬥不斷，難以齊心平定叛亂。比如盤踞在河南地區的察罕帖木兒在抗擊紅巾

軍的戰鬥中成長起來，獨霸一方，而他在元朝朝廷中最大的對手是孛羅帖木兒，後者為山西大都督兵農司使。兩者的政治和軍事鬥爭左右了岌岌可危的元朝朝廷，並讓朝廷陷入癱瘓。此後，1362 年察罕帖木兒被刺殺，他的外甥擴廓帖木兒接手了他的勢力，並最終在 1365 年配合元朝朝廷消滅了孛羅帖木兒勢力。

南方的「叛亂」勢力並沒有給元朝迴光返照的機會。朱元璋從亂世中脫穎而出，他的明軍在收拾了南方的各路割據勢力後，揮師北上，直指元大都。1368 年，元朝的大汗妥歡帖木兒只能無奈地棄城而走，逃回蒙古人的故鄉——茫茫草原。

雖然歷史教科書通常把 1368 年作為元朝結束的時間，但其實此時元朝的皇帝、政府仍在，仍然有着很強的軍事力量。除了華夏之外的草原、叢林、西域甚至雲南等地仍然歸屬於元朝管理，因此從疆域角度講，1368 年的時候，明朝更像是元朝內部一個重要區域的割據勢力。

之後的 20 年中，撤退到草原的元朝，或稱「北元」，與明朝連年激戰。那個在元末活躍起來的擴廓帖木兒成為北元軍事上的中流砥柱，讓北伐的明軍吃盡苦頭。金庸在以元末為背景的武俠小說《倚天屠龍記》中，給擴廓帖木兒杜撰了一位敢恨敢愛的妹妹——趙敏。真實的歷史上，朱元璋為了拉攏擴廓帖木兒，曾經讓自己的一個兒子娶了擴廓帖

木兒的妹妹。此乃趣談。

元朝的餘部與新興的明朝對峙了很久，但那個曾經令意大利旅行家馬可‧波羅驚歎且跪拜的元朝，已經消失不見了，它如同疾風一般襲來，掠過北國與江南，然後又如同疾風一般颳過，丟掉了全部的華夏。

當我們回顧元朝時，並不能簡單地用「馬上打天下，馬上治天下」來武斷地評價它。它對於中華文明圈的深層次融合有着重要的貢獻。其中，元朝推動了華夏「小天下」邁向多族群「大天下」，這是它對於中華文明圈的最大貢獻。我們甚至可以斗胆説一句，如果不拘泥於單純的華夏儒家文化色彩的「天下觀」，那麼元朝是中國歷史上實現了大一統王朝的第一個朝代。

首先，元朝用軍事力量完成了疆域上的大整合，把草原、中原乃至東北叢林、西域綠洲、青藏高原都囊括在版圖之中，一統天下。其次，元朝用行省等形式，儘力推動行政上的統一，從整體上進行有效管理。再次，元朝在經濟上也是從「全國一盤棋」考慮的，而不是像過去的混合政權那樣，簡單地採用「一國兩制」或「一國多制」，元朝尤其利用了斡脱等商團的力量，創造性地利用了鹽引制度，打造了獨具特色的「商業帝國」。最後，元朝乃至更為廣闊的蒙古各大汗國境內，力推宗教信仰自由、文化自由發展，形成了跨越宗教、文化、族群的「天下一家」的觀念（除了少量的特

權階層──黃金家族）。

綜上，只要不過分吹毛求疵，元朝的確是一個有着大一統氣度和大一統構建的王朝。它承接了之前的隋唐、契丹、金朝的混合政權形式，最終把混合政權推進到登峰造極的新境界──大一統政權。

元朝敗退草原，化身為北元，這當然是元朝的大失敗。但是值得重視的是，鮮卑人創立的北魏、女真人創立的金朝卻是退無可退，無法回到草原或叢林老家，最終亡於華夏。蒙古人創立的元朝竟然可以在遭遇嚴重失敗後仍能退回草原，保存與明朝抗衡的力量，這是此前入主華夏的所有北方族群從未能做到的。

元朝政府能做到這一點正是依靠元朝留下的大一統遺產，元朝自始至終控制着廣袤的草原地帶，至少是有效地控制着大部分草原地帶，草原上的餘部仍然認同元朝政府和大汗。正是因為元朝殫精竭慮地構建了獨具特色的三體政權，才保住了自己的龍興之地，沒有像歷史上的一些政權那樣，經歷了單一草原政權─以草原為主體的混合政權／以華夏為主體的混合政權─單一華夏政權的蛻變，最終丟掉了自己的北方根基。夢幻般的元朝雖然不存在了，但其大一統遺產仍然存在於草原上。元朝對於草的世界的改變是根本性的，其留下的大一統遺產對於華夏，即禾的世界的影響，同樣是持久的。

歷 史 貼 士

天青色等來誰的煙雨

　　元青花的興起是中國乃至世界瓷器史上的一件大事。自元代開始，古代中國青、白、黑瓷各領風騷的局面被打破了，一種嶄新的色彩裝飾——鈷藍，出現在精美的瓷面上。這種深沉、濃重的藍色以畫花形式為主體，在中國瓷器上長久地駐留下來，這種風格被明清兩代繼承，於是宋代及宋代以前「類玉」的青瓷崇尚被改變了。

　　但早期中國的鈷藍完全是進口貨。青金石是製作鈷藍顏料的礦物，主要產地在阿富汗、伊朗等地區，很早就為亞洲西部各個文明所鍾愛和使用。在某種程度上，青金石在亞洲西部的地位，類似於玉石在中華文明圈的地位。唐朝曾經燒製出少量唐青花瓷器，但是曇花一現，估計是少量鈷藍通過陸上絲綢之路輸入的結晶。宋代也有少量鈷藍瓷器，但是由於鈷藍顏料太過缺乏，宋代瓷器上那若有若無的一抹藍色算不算青花，都還存在爭議。但宋代形成了官、哥、汝、定、鈞五大名窯，這是古代中國精湛的製瓷工藝與優質的製瓷原料相結合的碩果。

　　反觀亞洲西部，那裡有鈷藍，卻沒有製造精美瓷器的技術。在9世紀以前，亞洲西部地區一直只能生產比較粗糙的陶器。在9世紀的時候，那裡出現了最早的類似於青花的白底藍花陶瓷，它以白色為底色，以鈷料描繪藍色圖案，這種

青花陶瓷在 13 世紀末依然流行於亞洲西部，但是製瓷工藝較為落後。

伴隨着元朝的興起，元青花也驚艷亮相。學者猜測，元青花的最初市場可能在亞洲西部，由於歷史上對於鈷藍產品的鍾愛，那裡的王室貴族和宗教人士對青花瓷十分着迷，於是鈷藍和設計圖紙被送到了景德鎮，當然一起送去的還有銀子。目前元青花的傳世之作主要集中收藏在土耳其的托普卡帕宮內，多為當年奧斯曼帝國時期的帝王所收藏，説明元青花深受當地上流社會珍愛，一直珍藏至今。

中華文明圈的精美白瓷遭遇了亞洲西部的鈷藍顏料和審美趣味，以及那裡對於青花瓷的旺盛需求和強大購買力，於是刺激了元青花的蓬勃，古代瓷器市場被天青色全面浸染。那片天青色等來的，是元朝所締造的氣吞全球的統一商業圈，從此那一抹幽藍攝魂奪魄，一發不可收拾。

朱棣：披着大明外衣的「蒙古人」

明建文元年（1399年）九月二十八日，瑟瑟秋風中，發動靖難之役的燕王朱棣命令兒子朱高熾堅守北平城，自己率軍北進，偷襲寧王朱權的藩地、關外要塞——大寧（今內蒙古自治區寧城）。

此時朱棣的形勢非常兇險，南面是建文帝派來平叛的朝廷北伐大軍，北面是不斷圍攻過來的大寧都司和遼東都司的官軍。軍旅生涯豐富的朱棣兵行險着，並沒有從通常人們所走的松亭關（今河北喜峰口）進兵，而是向東兜了一個圈，從劉家口關隘（今河北盧龍縣）冒險突進，然後向北疾馳，突然出現在大寧城下。大寧守軍猝不及防，倉促間關閉城門，組織防禦。朱棣率數騎環城而行，發現西南角有缺口，於是指揮軍隊大舉進攻，攻克了大寧。

這次奇襲戰果重大，朱棣不僅消除了背後的威脅，可以一心一意地對付南方的官軍了，更重要的是他收編了寧王的部隊，軍力大盛。而最重要的是，他獲得了曾經隸屬於寧王的戰鬥力強悍的兀良哈騎兵，這些草原鐵騎讓爭奪天下的朱棣如虎添翼。

明朝將元朝大汗趕出元大都後，大汗的權威跌落，有名無實，只算是草原上的「天下共主」，蒙古草原上逐漸群雄並起。其中，在草原東部與東北地區毗鄰的農牧交錯地區，

也就是大興安嶺及其兩側一帶，分佈着一些蒙古部落，這些部落的出現最早可以上溯到成吉思汗分封自己的兒子和功臣的時代，當時成吉思汗在蒙古高原東部曾分封了一些東部諸王。明朝建立之初，積極征戰北方，這些東部諸王的後裔率先投靠了明朝，於是朱元璋設置了泰寧衛、朵顏衛、福餘衛指揮使司，這其中，朵顏衛地險兵強，主要是兀良哈部的活動區域，因此人們以「兀良哈三衛」來代指這些依附明朝的草原東部部落。

朱棣拿下大寧後，帶着在大寧獲得的全部家當——軍隊、民眾、財物趕回北平，迎擊南方殺來的官軍，而把大寧要塞完全放棄，拱手送給了當地的兀良哈部。

如果説奇襲大寧是朱棣人生的一次高光時刻，那麼放棄大寧則成為他被後人詬病的一次「決策失誤」。後人認為，他放棄長城以北的據點，特別是軍事要塞大寧，讓明朝此後對北方的軍事防禦變得被動且艱難。

然而，雄才大略且軍事經歷十分豐富的朱棣真的會犯如此簡單的錯誤嗎？

由於朱棣打下天下後，過分干預史書撰寫，所以關於靖難之役的一些歷史細節變得模糊不清。不過，明朝的一些學者曾經為朱棣放棄大寧這一行為做了解釋，認為當時朱棣是把大寧區域作為籌碼送給了兀良哈部，換來了兀良哈騎兵協助自己一爭天下。

其實正如我們前面一直強調的那樣，翻越長城地帶的群山，往草原上輸送糧食和其他物資是非常困難的，元朝為了維持草原上的統治就付出了巨大的代價。同樣，朱棣要維持大寧要塞的軍事功能，成本也將十分巨大。深諳軍事的朱棣顯然明白這個道理，所以朱棣選擇放棄大寧，一開始是因為他根本就沒有兵力去守衛這個要塞，他要竭盡全力回師保住北平老巢。而且不論是明送還是暗給，他都換取了兀良哈部的軍事支持，在靖難之役後的征程中，身後的兀良哈部不僅不偷襲朱棣的後方，反而頻繁出擊，幫助朱棣牽制遼東方向的官軍，這不禁讓人懷疑，朱棣暗地裡也許真的與兀良哈部有過某種交易。

即使在拿下華夏天下之後，朱棣終其一生，在軍事力量佔據絕對優勢的情況下，也從來沒有想過要拿回大寧，重建這個長城之外的軍事要塞。

後世對於他給明朝軍事防禦帶來的問題的指責，實質上是站在華夏視角上的考慮。更為符合歷史真相的是，朱棣雖然名義上是大明天子、永樂皇帝，但他骨子裡是一個有着強烈草原基因的「蒙古人」，一個披着華夏王朝龍袍的「大汗」。

朱棣戎馬倥傯一生所追求的目標，並不是成為華夏王朝的一代明君，而是要成為元朝概念的天下共主。

當我們從這個角度看這位永樂皇帝時，我們會把朱棣

的各種行為動機看得更為清楚，也會把明朝前期草原與華夏的關係看得更清楚。

元朝已經實現了華夏與草原乃至更廣闊區域的大一統局面。因此站在中華文明圈的視角上看，元朝崩潰之後，中華文明圈實際上進入了一段相當長的南北分裂、南北對峙時期，粗略地説，南方的華夏被明朝牢牢控制在手中，而北方草原則處於退卻回老家的蒙古人的控制之下。與相對統一完整的明朝不同，草原並非鐵板一塊，而是分化出了若干彼此爭鋒的草原政權。這便是元朝崩潰後的歷史場景。

朱元璋是明朝的開國皇帝，但我們不能忽略的是，這位從困苦中打拚出來的人物是在元朝成長起來的。因此，爭奪天下的朱元璋考慮的是爭奪元朝的「大天下」，而不僅僅是爭奪華夏「小天下」，他試圖讓自己成為整個大一統王朝的繼承人，説得更明白一些，他的目標是既要繼承華夏，也要繼承草原甚至更多區域。因此，在 1368 年明軍攻克了元大都後，朱元璋的大軍並沒有止步於長城地帶，而是多次試圖深入草原，希望徹底消滅元朝殘餘政權，「統一天下」。

1372 年，明朝的大軍在徐達、馮勝、李文忠等將領的指揮下，分三路出擊，攻向草原，他們的對手正是擴廓帖木兒率領的蒙古騎兵。其中徐達為征虜大將軍，帶領中軍從山西雁門關出發，向西北方向行軍，打算攻佔具有重大象徵意義的草原都市——哈拉和林。在草原部落心目中，誰佔據

了哈拉和林，誰就有資格統治整個草原。

這是一次失敗的遠征，徐達的中軍遭到蒙古騎兵慣用的伏擊戰術打擊，傷亡慘重。東路李文忠的軍隊也無功而返，只有西路的馮勝打了勝仗，控制了河西走廊一帶。

這次失利嚴重地挫傷了朱元璋統一天下的野心。朱元璋不得不接受現實，韜光養晦，修築長城和軍事要塞，在長城地帶構築防禦體系，輔之以長城之外的軍事要塞，比如大寧。但朱元璋並沒有放棄消滅北元的目標，其實反過來說，當時的北元也仍然坐在元朝的「列車」上，思想上也同樣沒有放棄「收復華夏」的企圖。

經過一段時間的準備，明朝先後消滅了元朝的「碎片」——割據雲南和東北的地方勢力，終於可以集中力量對付大草原上的北元汗庭了。1387 年，朱元璋派遣藍玉率領大軍再次北伐，第二年終於在捕魚兒海（今貝爾湖）追蹤到了北元大汗脫古思帖木兒及其部眾，一戰俘獲人員、牲畜無數，脫古思帖木兒只率領數十騎逃遁，但不久即被草原上的實力派人物也速迭兒襲擊並殺死。也速迭兒弒君稱汗，不再使用「大元」國號。

也速迭兒並非忽必烈一系的後裔。至此，從 1271 年忽必烈在大都建元開始，到 1388 年脫古思帖木兒被殺，非忽必烈後裔稱汗為止，經過 110 多年的崢嶸歲月，元朝的歷史在草原深處終了，魂歸故土，終點即是起點。

　　但明朝就此控制了草原嗎？正如當年漢朝消滅北匈奴後草原仍然不屬於漢朝那樣，明朝打垮了北元汗庭，但並沒有將草原牢牢控制在自己手中。蒙古的汗位仍然在黃金家族後裔中流轉，草原仍然在蒙古人手中，區別只是在哪一派蒙古人手中。

　　具體而言，退回草原、承襲元朝「正統」的蒙古勢力主要活動於草原的中東部，在 1388 年捕魚兒海之戰特別是脫古思帖木兒被弒後，這部分蒙古人往往被稱為韃靼。但是我們必須注意的是，即使也速迭兒是篡位而立的，他在名義上也是全體蒙古人的大汗，在蒙古人的心目中，大汗仍然只能有一個，這個蒙古帝國形成的草原共識或者說傳統仍然流行着，正所謂「天無二日，國無二汗」。

　　由於汗庭遭到重創，黃金家族在草原上的權威大減，在草原西部崛起了不服東部汗庭管理的另一蒙古強權──瓦剌。瓦剌在成吉思汗時代就是蒙古帝國的一員，活動在草原西部。明朝與北退的蒙古勢力大戰幾十年，而瓦剌因為地理關係基本上置身事外，並在草原上擴張自己的勢力，終於成長為可以與東部韃靼分庭抗禮的草原強權。瓦剌的上層人士並非黃金家族成員，因此理論上不能成為大汗，但他們已經可以影響蒙古大汗的立廢。

　　在草原的最東邊，則是前面提到的兀良哈三衛的蒙古勢力。相比韃靼和瓦剌，兀良哈實力較弱，基本上在韃靼、

瓦剌和明朝三大勢力間不斷轉換靠山，並沒有爭雄草原乃至天下的能力。

中華文明圈的南北對峙依然存在，蒙古對於明朝的威脅仍然是巨大的，朱元璋並沒有消弭大分裂局面，而把這個問題留給了他的兒子——永樂皇帝朱棣。

在邊塞軍旅中成長起來的朱棣驚險地在靖難之役中獲勝，成為大明皇帝後，就要面對如何治理龐大政權的問題了。明朝的首要問題不是別的，正是與蒙古的關係。朱棣不屑於採用單一華夏政權的防禦模式，他的視野更為寬廣，他要恢復元朝時代的天下。

所以，朱棣不顧大臣們的反對，堅持把明朝的都城從南京遷到北京，也就是昔日的元上都或汗八里。北京是朱棣的老巢，所以遷都北京肯定有扶持北方嫡系力量、打壓南方明朝權臣的考慮。但是朱棣必然清楚，北京是一個非常靠近草原的都市，它很容易受到草原勢力的攻擊，防禦難度很大。在這樣的地理背景下，朱棣依然選擇了遷都，正體現了他對於未來華夏與草原關係的整體考慮。元朝建立元大都，是為了更方便同時統治草原與華夏，朱棣的思路也是如此。

朱棣有條件和能力來實施自己的宏偉戰略。朱棣周圍的草原色彩非常強烈。明朝在前期並非是一個單一華夏政權，說它是一個以華夏為主體的混合政權可能更為準確。首先，兀良哈各部是明朝的盟友甚至藩屬，這就等於在草原

上嵌入了一根釘子，擁有了熟悉草原的一部分蒙古人的支持，這讓朱棣有了爭雄漠北的底氣。其次，元朝敗逃漠北的時候，在華夏有大量的蒙古軍隊歸降明朝，還有大量的蒙古民眾、西域民眾留在了華夏。經過長達百年的大融合，華夏不再僅僅是漢族人的家園，而是多族群共同的家園。這些居住在華夏、有着草原文化背景的軍民可以給明朝攻防蒙古提供巨大的幫助。

從永樂八年（1410 年）到永樂二十二年（1424 年），朱棣先後五次大規模北伐，目標主要是韃靼，其次是瓦剌。具體説來，永樂八年北征韃靼，永樂十二年（1414 年）北征瓦剌，永樂二十年（1422 年）北征韃靼，永樂二十一年（1423 年）北征韃靼，永樂二十二年北征韃靼。其中只有前三次有過較大規模的會戰，而且第三次並未追擊上韃靼的軍隊，而是在回師途中教訓了一度投靠韃靼的兀良哈部。

從效果上看，朱棣五次北伐分別打擊了草原上的韃靼、瓦剌、兀良哈部，體現了朱棣在草原上搞力量平衡的思路：支持和拉攏弱的一方，打擊強的一方。其中由於韃靼往往是最強大的草原政權，韃靼大汗又是草原共主，因此五次北伐中有四次的目標都是韃靼勢力。

韃靼被明朝列為頭號打擊目標，不僅因為其實力最強，而且因為韃靼對明朝的態度強硬。至少在明朝前期，韃靼仍然自認為是元朝正統，韃靼其實是明朝對於東部蒙古的

稱呼，東部蒙古自己並不如此自稱，還認為自己是大元或者
大蒙古國，國號不廢。他們內心把明朝視為元朝的叛亂勢
力，因此與明朝作戰有平定叛亂的意味，與明朝妥協甚至接
受明朝的冊封，對於東部蒙古來說，是放棄元朝的尊嚴，其
面子上無法接受。

其實明朝建立之初，並沒有太多的「非分之想」，明太
祖朱元璋在給韃靼大汗愛猷識里達臘（放棄大都的元朝大
汗妥歡帖睦爾之子）撰寫祭文時表示：「君主沙漠，朕主中
國。」朱棣在當上皇帝之初，在給韃靼大汗本雅失里的信中
也表示：「朕主中國，可汗王朔漠，彼此可相安無事。」這些
話語都表明，當時的明朝是把韃靼看成與己方平起平坐的政
權的，其暗含的意思是，韃靼應該承認明朝政權的合法性，
不能把明朝當成叛亂政權。當然了，明朝皇帝承認平起平坐
的現實，不代表就此接受這樣的現實，朱棣就不打算長期接
受韃靼與明朝平起平坐。由於明朝是從元朝內部誕生的，因
此蒙古人仍以元朝或大蒙古國自居，令胸懷天下的朱棣很不
爽，所以才會幾次北伐，重點打擊韃靼勢力，試圖消除來自
草原上的軍事威脅，進而統一天下，讓天下人視自己為正統。

朱棣是否實現了自己的願望呢？

在1410年的第一次北伐中，明軍就先後打擊了韃靼內
部失和的大汗本雅失里和太師阿魯台，而此前韃靼剛剛為瓦
剌所敗。腹背受敵的韃靼不得不低頭，掌握實權的阿魯台被

迫向明朝遣使貢馬，在外交上放棄了大元的「驕傲」。朱棣則給予韃靼豐厚的回賜，並封阿魯台為和寧王。而瓦剌貴族本來就不是黃金家族，所以在與韃靼爭雄草原的時候，更願意與明朝修好乃至結成同盟。在朱棣第一次北伐的前一年，瓦剌首領馬哈木等就已經派遣使團向明朝貢馬請封，明朝分別封瓦剌首領馬哈木、太平、把禿孛羅為順寧王、賢義王、安樂王。

所以，至少在外交層面上，朱棣的明朝對韃靼、瓦剌建立起了朝貢制度，實現了以天朝上國的姿態面對草原各部的優勢。經過幾次北伐之後，朱棣已經不把自己看作單一華夏政權的君主了，他也是蒙古各部名義上的共主，明朝與瓦剌、韃靼不是平起平坐的關係，而是宗主國與藩屬國的關係。永樂二十一年，他公開說：「華夷本一家，朕奉天命為天子，天之所覆，地之所載，皆朕赤子，豈有彼此。」

這口氣，已經和他剛成為皇帝時大不相同了。可謂此一時，彼一時也。

反之，草原上的韃靼和瓦剌又是如何看待明朝的呢？

永樂八年，明朝打敗韃靼的本雅失里和阿魯台後，阿魯台派遣貢馬講和的使臣對朱棣說，瓦剌並不是誠心歸附明朝的，如果瓦剌真的誠心歸附，就會獻出傳國之寶來。而瓦剌的使臣也不是省油的燈，在第二年朝貢時說，韃靼的本雅失里和阿魯台敗走是老天要滅亡他們，不過他們桀驁不馴，

如果讓他們再興起為害邊境，那麼這些西北方向的國家就不敢向明朝朝貢了，所以請明朝早點兒消滅韃靼。

從雙方使者對明朝的話語中，後人可以清晰地看出，韃靼和瓦剌都想利用明朝的力量削弱對方，以便自己坐收漁翁之利，統一草原。所以，兩大草原政權明智地選擇向明朝服軟，接受了明朝的朝貢制度，是希望在政治上孤立草原上的對手，在經濟上也謀取一些利益。

而且後人研究發現，韃靼或者説東部蒙古的君主儘管屈尊接受了明朝封號，但對內依然長期以元朝大汗自居，在名義上作為整個草原的最高首領而存在，黃金家族在草原上仍然具有崇高的威望。

總之，從外交上看，明成祖朱棣基本上實現了成為天下共主的目標，隱隱間頗有當年元世祖忽必烈併吞草原與華夏的雄主風範。不過在實際的政治中，除了實力較弱的兀良哈三衛依附於明朝之外，韃靼和瓦剌都是草原上的獨立政權，並不受明朝直接控制，在這一點上，朱棣和當年手握廣闊草原和草原部眾的忽必烈差距很大。從實際的效果看，朱棣這個頗具蒙古草原風格的華夏皇帝並沒有真正實現自己的輝煌夢想。

1424 年，朱棣第五次北伐，追擊韃靼的阿魯台未果，班師回朝途中病逝於榆木川，結束了自己金戈鐵馬的傳奇一生。

一代雄主朱棣的離去，帶走了恢復大一統時代的夢想。此後不論是草原上的韃靼、瓦剌，還是華夏的明朝，都缺乏如此有實力和進取心的君主，草的世界與禾的世界暫時退回到了南北分裂的狀態。

元朝承接了契丹、金朝的以草原為主體的混合政權模式的道路，鐵木真與忽必烈祖孫兩代大汗，一個用千戶制重塑了草原的內部結構，一個把軍事力量、生產力量和商業力量糅合在一起，終於令中華文明走向了統一政權時代。

這是一個宏大的時代，在政權組織模式上有着重大的創新，這也是古代世界的一次偉大嘗試。元朝用盡心力，藉助各種科學技術與金融創新，實現了一次較為粗略的「全球化」。這次全球化是海陸並進的，它比西方藉助大航海時代開啟的全球化更早。很多學者甚至說，如果沒有蒙古帝國乃至元朝開啟的這次全球化，就不可能有近代以來西方引導的全球化。

時不我予，徒呼奈何！元朝幾乎達到了古代社會能夠達到的極限，在國家治理上面對巨大的挑戰，政權的不穩定程度遠比一個單一華夏政權、單一草原政權甚至過去疆域較小的混合政權要高。最終，氣吞萬里的元朝系統崩潰，經過破碎、重組，草的世界與禾的世界再度分裂。永樂皇帝朱棣幾經奮鬥，仍然沒能重現榮光，那個時代始於成吉思汗，終於永樂大帝。

　　元朝的經驗教訓似乎暗示着，草的世界與禾的世界的完全大融合，單靠古代世界的科技、物力、人力，恐怕是非常勉強的，是難以長治久安的。中華文明圈接下來要實現再次大一統且長久運轉，需要一些新的元素。

第五章

天下一家

——清朝統一政權模式

朝貢、援朝與白銀資本衝擊

　　朱棣永遠地離開了，但生活還在繼續，華夏和草原都意識到無法短期內「吃掉」對方，因此明朝與韃靼、瓦剌之間總要制定一套遊戲規則。雖然納貢和親這種外交套路早在漢朝和匈奴時代就已經玩得很純熟了，不過明朝的朝貢制度還是青出於藍而勝於藍，成為華夏與草原之間最重要的外交制度。

　　明太祖朱元璋積極推動朝貢制度，向天下宣佈，「夷狄奉中國，禮之常經，以小事大，古今一理」，昭告各國來明朝朝貢。明朝把與自己建立朝貢關係的地區分為東南夷、北狄、東北夷、西戎四個部分，共 100 多個國家和地區。這些地區或向明朝表示政治上的表面臣服，或表示認同中華禮儀制度，先後與明朝建立了朝貢關係，並按照明朝規定的貢道、貢期及朝貢規模來朝，貢獻本地區的特產。明朝接受這些國家或地區的臣服或認同後，按照自己制定的一套級別和規定，給予萬國來使豐厚的回賜與封賞。同時，各國使團在京期間，由禮部、會同館、鴻臚寺、行人司等相關部門負責管理和接待。

就這樣，明朝形成了一套完整且嚴格的體制——大明朝貢體制。

從朱元璋到朱棣，再到此後的歷代明朝皇帝，都是朝貢制度的積極推動者。這裡面當然有華夏文化中「中國居內以制夷狄，夷狄居外以奉中國」的儒家思想起作用。但從現實角度考慮，明朝是從元朝內部誕生的，此前元朝已經建立起了獨具特色的大一統的天下觀和國際關係。明朝要堅持自己的合法性，建立自己的正統地位，就必須建立一套屬於自己的天下觀和國際關係，將元朝締造的在整個亞洲的影響力化解掉，提升明朝自己在各國心目中的地位。

而且明朝從始至終都沒能降伏草原上的各路豪強，反而時常被草原政權攻破長城防線，所以元朝死灰復燃的陰影始終縈繞在明朝君臣的心頭，揮之不去。在這樣的心理壓力和現實壓力之下，明朝更需要朝貢制度來保障自己的正統性，更需要朝貢制度來提供安全的國際關係。

明朝的朝貢制度與漢朝、唐朝的一個很大的不同在於，漢朝、唐朝面對草原的納貢和親行為，很多時候是被迫的，是在草原軍事力量的要挾下進行的。而明朝的朝貢制度要體面很多，沒有和親這種在華夏看來丟面子的選項，對各國的封賞多寡也是根據自己規定的一套三六九等制度執行，並不太在意對方的態度。這個變化當然是草原與華夏的力量對比造成的。明朝以統一的華夏政權的面貌來面對分立

的草原各政權，當時的草原雖然不是散沙一片，至少也是兩雄爭霸甚至多雄並起，草原政權之間的內耗讓明朝在雙方關係中處於優勢地位，因此可以體面地把各個草原政權納入朝貢制度中。

經過了元朝的大融合時代，草原與華夏之間變得更密切，尤其體現在雙方的經濟貿易關係上，草原對於華夏物產的需求更多了。站在韃靼和瓦剌的角度看，要想從明朝那裡得到更多的華夏物產，無非就那麼幾個古老的途徑——軍事敲詐或掠奪、利用朝貢制度交換，以及邊境上的互市貿易。

然而明朝並不願意增加朝貢制度的賞賜或擴大互市貿易的規模，前者會給明朝的財政帶來更多的支出，後者會增加邊境的不穩定因素。朱棣之後的明朝皇帝不再具有朱棣一般的天下視野，更多從單一華夏政權的角度來思考對外關係問題，認為國家穩定和安全是第一位的，通過貿易賺錢是次要的，是細枝末節。明朝的風格變得與重視商貿的元朝完全不同了。

如此一來，朝貢制度下的草原與華夏就出現了矛盾。朱棣之後的明朝與蒙古各部之間的關係就因為這個矛盾而不和諧，甚至出現激化。

1449年，即朱棣去世25年後，明朝遭受了一場大劫，劫難的起因就與朝貢使團規模有關。

草原上瓦剌與韃靼的激戰曠日持久，雙方的實力派甚

至分別找了黃金家族後裔做自己的大汗，瓦剌首領脫歡立脫脫不花為大汗，而韃靼太師阿魯台立阿台為汗。最後，脫歡獲得了勝利，攻殺了韃靼的阿台汗和阿魯台，控制了東部蒙古即韃靼的勢力。此後，脫歡的兒子也先繼續南征北戰，終於把從東北地區的大興安嶺到西北地區的阿爾泰山之間的草原統一在自己的勢力下，脫脫不花是整個草原名義上的大汗，軍事力量則掌握在也先的手中。

草原的相對統一，改變了草原與華夏的力量對比，也影響了雙方的朝貢制度。

也先並非黃金家族成員，雖然手握大權，名義上統一了草原，但在草原上仍然受到各個強大部落的制衡。所以，從也先的角度來講，要麼依靠武力強行壓制各個部落，要麼依靠財富，換取各個部落首領對自己的承認和效忠。

要獲得財富，一個重要的途徑就是與明朝之間的朝貢貿易。明朝「薄來厚往」的回賜政策對蒙古朝貢使團的吸引力很大，使團規模越大，獲利就越大，那麼也先就有更多的財富來換取各部的忠誠，維護自己的統治。剛好也先以瓦剌勢力為基礎，統一了蒙古草原，有強大的軍事力量做後盾，這讓也先在朝貢貿易中的胃口越來越大。

根據明朝的記錄，一開始蒙古方面派來的朝貢使團一年來一兩次，朝貢人數不足百人，此後每年的朝貢次數增加到四次，朝貢人數也超過千人。比如，正統十二年（1447

年）11 月，瓦剌使臣皮兒馬黑麻等 2 472 人來朝，一次性貢馬 4 172 匹，獸皮 12 300 張。而同時代的建州女真、南方土司來朝使團規模不過幾百人而已。

巨大的財富讓也先欲罷不能，第二年也先派出朝貢使團時，便虛報人數，以求獲得更多的賞賜。結果明朝官員發現了問題，朝廷命令禮部嚴格按照人數給予賞賜，結果這個使團獲得的賞賜只有奏請的 1/5。使團獲得的財富大大減少，引起了也先的強烈不滿。

另一個讓也先不滿的事情是，明朝一些邊境官員曾經私自許諾也先可以與明朝結親，並賜予其樂團歌女等，當一心歡喜的也先把和親的聘禮送到明朝時，明朝朝廷一臉茫然，斷然拒絕和親提議，此舉讓也先非常憤怒。

朝貢不能獲得的財富就要靠武力來解決，這就是也先的思路，也是從漢朝—匈奴時代就延續下來的草原強權的邏輯——獲取外界財富才能維持草原帝國的整體性。1449 年，也先統帥自己的瓦剌部，並聯手韃靼、兀良哈等部，舉兵南下，大舉進攻明朝。明英宗在宦官王振的攛掇下御駕親征，結果準備倉促，混亂不堪的數十萬大軍在居庸關外的土木堡遭到蒙古軍隊的圍攻，明軍大敗，明英宗竟然被俘虜，史稱「土木之變」。

如此大捷竟然沒有給也先帶來甚麼好處。國不可一日無主，明朝在北京城立刻確立了一位新的皇帝，讓也先手裡

的明英宗變成了沒甚麼價值的太上皇。也先雖然權傾一時，但攻打明朝的初衷只是為了獲取財富，並非要滅亡明朝，因此在北京城下遇挫後，也先的部隊立刻撤離。而其他蒙古各部，比如脫脫不花的軍隊，聽到也先受挫後立刻返回草原，根本不打算與也先同進退。

這樣的局面和當年成吉思汗舉全國之兵南下攻打金朝有所不同，當時蒙古與金朝是不共戴天的仇敵，所以成吉思汗伐金既是為了敲詐和劫掠財富，也是為了攻城略地。

最終，土木之變以華夏與草原的和解而告終，明英宗也被釋放回國，並復辟成功，繼續坐他的江山。也先則自我膨脹，於 1453 年自立為汗。作為非黃金家族而在草原上稱大汗者，也先基本上算是第一人，因此激發了各部甚至包括瓦剌內部貴族的強烈反對，最後他被瓦剌權臣暗殺，一代梟雄悽慘落幕。而趁着瓦剌內亂，韃靼又反攻過來，瓦剌逐漸走向衰弱，這個一度稱霸整個草原的部落要到很久以後才會再度興起，此乃後話。

土木之變雖然令人震驚，但並沒有改變明朝與草原各部的朝貢關係。土木之變發生前的 14 年間，蒙古方面共朝貢約 30 次。土木之變後，明朝景泰年間，7 年中蒙古來朝就有 20 次之多。等到明英宗復辟後，蒙古朝貢次數比土木之變前還要頻繁，同樣來了 30 多次。

土木之變對於明朝的影響，類似於安史之亂對於唐朝

的影響，被視為明朝由盛轉衰的重要節點。其實相較於慘烈的安史之亂給唐朝造成的巨大經濟損失，土木之變本身對於明朝的經濟打擊並不大，土木之變後朝貢制度仍然運轉良好，但土木之變對明朝的心理打擊並不比安史之亂對唐朝的打擊小。土木之變極大地改變了明朝面對蒙古各部時的開放心態。大軍慘敗、皇帝被俘的奇恥大辱讓儒家思想濃厚的明朝君臣變得更加封閉，更加敵視外界。

到了嘉靖皇帝執政期間，這種「自閉症」思維終於全面落實到了對外政策上，並給明朝與其他政權特別是蒙古各部之間的交往帶來巨大的影響。

嘉靖皇帝深受儒家思想影響，非常注重禮法和面子，在被指定為皇位繼承人在前往北京城的路上，他就和大臣們為自己到底該以皇太子的身份還是以皇帝的身份入城產生了分歧。坐上龍椅後，他又因為給自己親爹親媽封號的問題與大臣們糾纏不清。這樣一位皇帝在面對明朝之外的世界時，一臉的高傲。

從前文中我們知道，明朝的朝貢制度是有漏洞的，蒙古各部總是想盡辦法擴大朝貢使團的規模，以獲取更多的賞賜和貿易利益，它們把朝貢制度看成一種經濟方式。而明朝僅僅把朝貢制度看作外交方式而非經濟方式，因此嚴格限制朝貢使團的規模。雙方雞同鴨講，鬥智鬥勇。

而且能夠到明朝朝貢的蒙古各部都是大的草原政權，

無非韃靼、瓦剌、兀良哈這幾家。因此朝貢獲得的利益很
難落到一些小部落的頭上。於是，就像漢朝與匈奴時代常
出現的，靠近邊境的很多小部落在巨大利益的誘惑下，會時
不時地劫掠明朝境內的村鎮，這令明朝十分頭疼。

　　到了嘉靖皇帝時期，任性傲嬌的他乾脆一刀切：在北
方直接絕貢，禁止蒙古各部再派使團來朝貢；在東南沿海
則實施海禁，禁止海內外民眾進行海洋貿易。這種關閉大
門的決然策略一出台，就釀成了大禍，「北虜南倭」攪得明
朝嘉靖年間雞犬不寧。

　　「南倭」是指東南沿海出現的倭寇。早期的倭寇主要是
一些落魄的日本浪人，他們往往組成小股的海盜，襲擊沿海
的村莊，劫掠財物。在明朝出台嚴格的海禁令後，正常的海
洋貿易被官方打擊，很多沿海海商、海民的生計受到影響，
被迫鋌而走險，從海商變成了海盜。雖然朝廷統一把他們
稱為倭寇，但其實中後期的「倭寇」主要是明朝沿海居民。

　　「北虜」就是指草原上的蒙古各部。在嘉靖年間，直接
毗鄰明朝北境，對明朝威脅最大的蒙古部落是俺答汗統治的
土默特部。瓦剌在也先死後不斷衰落下去，而韃靼也並非團
結一致，而是分為幾部，並不斷向西挺進，驅逐瓦剌勢力，
把蒙古草原中部控制在韃靼人手中。土默特部就脫胎於韃
靼集團之中，活躍於蒙古草原的中南部。

　　俺答汗十分重視與明朝的關係，說得直白一些，他迫切

需要來自明朝的財富，尤其是絲綢、布匹這些草原無法生產的手工品。俺答汗多次向明朝請求朝貢和互市，被渾身「氣節」的嘉靖皇帝一概拒絕。俺答汗是一個很有耐心的蒙古首領，雖然屢次被拒絕，但並沒有和明朝大動干戈。他的主攻目標還是草原上的其他各部，比如東面的察哈爾部、西部的瓦剌以及西域的一些政權，面對明朝的時候，他採取儘量息事寧人的態度。這是草原政權的一種理性的策略，在草原上還有強大敵手的情況下，不去橫挑華夏王朝。

可惜的是，一次外交事件改變了歷史走向。

嘉靖二十年（1541年），俺答汗派出使者石天爵到明朝邊境，希望恢復中斷了幾十年的朝貢制度，並轉達了俺答汗的話，稱蒙古方面很渴望中國的絲綢織品，但是要想獲得這些，只有搶掠和朝貢互市兩個途徑。搶掠雖然能夠獲得人口和牲畜，但是獲得的絲綢織品很少，而且自己也有傷亡，所以不如朝貢互市好。

在被明朝拒絕後，第二年石天爵又來請求朝貢。沒想到明朝邊境上的巡撫都御史龍大有為了邀功請賞，竟然誘捕並殺害了石天爵一行人，把其首級上交朝廷，並向上彙報說他們是入侵者。昏庸的嘉靖皇帝竟然信以為真，提升龍大有為兵部侍郎。

使臣被殺，克制了很多年的俺答汗終於被激怒了，從此之后土默特部頻頻深入明朝劫掠，最嚴重的一次發生在

1550 年，俺答汗率軍攻打大同，明軍大敗，守將只好賄賂俺答汗，於是蒙古軍隊繞過大同向東，從古北口殺入明朝境內，長驅直入，殺到了北京城附近。明朝調集了幾十萬大軍勤王，但是將領們都怕戰敗後被當成替罪羊，所以人人自保不願出擊，任憑蒙古軍隊劫掠周邊。這一年是庚戌年，所以史稱這一事件為「庚戌之變」。

庚戌之變暴露出明朝中期的虛弱，俺答汗的土默特部雖然是當時蒙古草原上最強大的一方力量，但也只是一方力量而已，他甚至不具備瓦剌梟雄也先在鼎盛時期的實力。即便如此，俺答汗依然有能力多次突破明朝花費巨資營造的北方防線，將明朝的北部攪得天翻地覆，直接威脅明朝的首都。對比朱棣時期明朝的強盛，此時明朝的軟弱真是令人唏噓。

在蒙古軍隊的威脅下，嘉靖皇帝終於暫時收起了高傲之心，同意了俺答汗的朝貢互市的要求，於是蒙古軍隊終於退回了草原。第二年，明朝在大同開設馬市，與蒙古進行互市貿易。終嘉靖一朝，明朝和蒙古的朝貢和互市幾乎是零，在庚戌之變後，雙方的關係終於從寒冰中開始回暖。只是嘉靖皇帝對於蒙古仍然是咬牙切齒，所以晚年書寫到「夷狄」兩個字的時候，一定要用非常小的字，表示「尊中國卑外夷」，心中憤恨始終難平。遭受奇恥大辱的嘉靖在追求長生不死術中黯淡走完了自己的晚年。

　　正所謂小不忍則亂大謀，一個大國之君自尊心太強，未必是好事吧。

　　嘉靖皇帝之後的明朝隆慶皇帝在位時間只有短短的 6 年，卻做成了兩件大事，分別是面對「北虜」的隆慶和議和面對「南倭」的隆慶開海。藉助於俺答汗的一個孫子因為家庭糾紛逃到明朝的契機，雙方通過交換人員建立了溝通，並達成了封貢互市，明朝封俺答汗為順義王，並在隆慶五年（1571 年）開放邊境市場，雙方的貿易開啟了一段繁榮的時期。隆慶開海則是打破明朝長期執行的海禁令，允許民眾進行海洋貿易，此舉很快就讓頭疼的倭寇問題得到了解決，有正經生意可以做，誰還會去當海盜呢？

　　隆慶五年，邊境上的馬市剛開放的第一年，明朝宣鎮、大同、山西三鎮共交易馬匹約 7 000 匹。到了萬曆元年（1573 年），也就是兩年後，馬匹交易數量接近 2 萬匹。又過了一年，馬匹交易數量達到了 2.7 萬匹。再往後到萬曆十九年（1591 年），僅宣鎮一地馬匹交易數量就達到了 3.6 萬匹！明朝用於支付交易的馬價銀自然也是成倍地增長。蒙古各部出售馬匹等畜牧業產品，主要用於交換華夏的絲綢布匹。有人統計，萬曆十年（1582 年）左右，邊境上每年約有百萬匹的梭布（棉布的一種）易手，而當時靠近明朝邊境的蒙古土默特部、鄂爾多斯部和喀喇沁部的總人口才 30 萬左右。

　　伴隨着雙方貿易量的飆升，曾經讓明朝痛苦萬分的北虜問題居然風平浪靜了。所以從以俺答汗為代表的蒙古各部首領的行為上看，他們並沒有攻佔明朝的意圖，他們的目標始終是獲得財富。而從獲得財富的效果看，互市強於朝貢，朝貢強於劫掠。

　　那麼，俺答汗和蒙古各部為甚麼需要那麼多的華夏財富呢？雖然說誰都不會嫌自己錢多，但俺答汗時期的蒙古各部與明朝的貿易規模遠超過之前草原與華夏的貿易規模。此時的蒙古草原是否有着與過去不一樣的景象呢？

　　那個被明朝邊將砍了腦袋的倒霉蛋石天爵生前轉達俺答汗的旨意，透露出蒙古各部心心念念的華夏產品是「紗段」。正如昔日在草原上實現了定居生活的回鶻人那樣，此時的蒙古各部尤其是靠近明朝的幾個部中，有相當多的部眾已經開始過定居生活，遊牧生產方式正在轉向局部地區的遊牧業與局部地區的定居農業並存。在生產方式和生活方式的變革中，蒙古人和過去的回鶻人一樣，對於華夏產品尤其是紡織品有着強烈的需求。

　　視野放開，我們會發現在那個時期，整個亞洲內陸地區都發生了類似的變革，大量的商業城鎮開始出現，比如中亞的帖木兒汗國境內，撒馬爾罕和布哈拉的手工業和商業變得繁榮。在其他一些城鎮比如塔什幹、赫拉特等，貿易變得越來越興盛。草原地帶的遊牧經濟仍然存在，只是定居

生活的城鎮變得越來越大，商業和手工業規模越來越大。

俺答汗自己的控制區內也出現了較大的定居城鎮，比如他安排來自內地的農民和手工業者定居在板升，也就是今呼和浩特。在土默特部，估計有多達 10 萬的漢族人居住在板升。俺答汗還在板升以及周邊城鎮大興土木，建造佛教廟宇，比如保存至今的內蒙古美岱召和大召寺等，藉助宗教的力量提升自己在蒙古草原各部中的地位，並阻擊來自西亞、中亞的信奉伊斯蘭教的勢力。只有獲得足夠豐厚的、持續的財力，俺答汗才有能力維持自己的地盤、城鎮、廟宇和軍隊。

所以，通過與明朝的貿易獲得華夏的手工業品，比如絲綢、瓷器甚至茶葉，對於俺答汗的土默特部非常重要。因為它一方面可以滿足本部蒙漢各族人民的需求，維持內部的安定和富足；另一方面可以通過遠途貿易把多餘的貨物賣到中亞甚至更遠，發家致富，從而爭雄草原。

隆慶和議對於明朝和蒙古各部來說，是雙贏的結果，也是符合當時世界大趨勢的舉動。

有個問題值得關注，為甚麼明朝時期，在亞洲內陸地區，包括蒙古草原南部以及中亞、西亞會湧現出大批貿易城鎮？

在那個時代，曾經統治了大部分亞洲的蒙古帝國乃至蒙古四大汗國已經解體，代之以眾多的汗國，政治上似乎不

利於遠途貿易的開展。但是，在明朝中期，西歐國家開啟了大航海時代，發現了美洲大陸，美洲大量的金銀被掠奪、被開採並流向全世界，當然也流向了亞洲各國。黃金、白銀作為貨幣，給亞洲大陸帶來了經濟上的衝擊，這是一次意義深遠的「貨幣革命」。在貨幣經濟的衝擊下，各地的手工業受到資金的刺激而蓬勃發展，人們為了追逐財富而頻繁開展遠途貿易。

貨幣革命下，白銀大量湧入草原遊牧地區，促進了昔日草原的城鎮化現象。雖然過去草原上也會出現城鎮，比如回鶻人、契丹人和蒙古人都曾經在草原上建都，但過去城鎮數量很少，而在白銀資本的衝擊下，草原遊牧地區的城鎮大量湧現，尤其是在接近農耕區的地方，根本性地改變了草原的面貌。

白銀不僅衝擊了草的世界，也衝擊了禾的世界。貨幣革命下，白銀大量湧入華夏，給明朝帶來了翻天覆地的變化，我們甚至可以說，白銀資本要為明朝的滅亡負很大的責任。

萬曆二十年（1592 年）4 月 13 日，日本的實際統治者豐臣秀吉突然發動大軍跨海進攻朝鮮。毫無防備的朝鮮面對剛剛平定了日本戰國亂世的日軍精銳之師毫無還手之力，連連敗走，半個月內都城漢城（今首爾）陷落，兩個月後，北方重鎮平壤也落入日軍之手。面對作為朝貢國的朝

鮮的求救，明朝政府做出了抗日援朝的決定，大軍開赴朝鮮半島。

明朝、朝鮮與日本的這場戰爭前後持續了7年之久，最後以豐臣秀吉病死、日軍全部撤回本土而結束。由於戰爭開始於壬辰年，史稱這一事件為「壬辰倭亂」。

豐臣秀吉為何執意要進攻朝鮮，甚至計劃以朝鮮為跳板，進攻東亞大國明朝？

歷史事件往往會因為很多偶然因素展開，拋開豐臣秀吉的個人思維不談，我們可以看到，在壬辰倭亂開始前，整個世界包括東亞在內，正在經歷深刻的變革，這種變革就是全球化。

恰好在壬辰倭亂100年之前的1492年，哥倫布橫跨大西洋發現了美洲大陸。美洲的金銀以及玉米、番薯、花生、辣椒等農作物席捲全球。葡萄牙、西班牙以及之後的荷蘭、英國、法國都積極開展遠洋貿易，並為了爭奪殖民據點和貿易線路而大打出手，軍事技術尤其是火器得到長足進步。

這是一個經濟走向全球化的時代，這也是一個軍事走向全球化的時代。從歐洲漂洋過海而來的金銀和火器迫使當時的亞洲各個國家要做出決定：是順應全球化打開國門，還是拒絕全球化關上國門。

戰國時代的日本是順應全球化的例子，各地大名（即領主）積極地與荷蘭人、葡萄牙人聯絡，通過海外貿易獲得爭

雄日本的資金、技術和武器。到豐臣秀吉統一整個日本的時候，毫不誇張地說，當時的日本軍隊配備了大量全世界最先進的火器。無獨有偶，當時亞洲大陸南部的緬甸、越南的軍事實力也因為引進火器而迅速提升，這對大明王朝一家獨大的亞洲東部體系構成了嚴峻的挑戰。

相對而言，一直擅長弓箭和騎術的蒙古各部因為距離海岸線很遠，本身的傳統軍事力量又比較強大，因此在軍事全球化方面落後了。但是正如我們前面提及的，身處內陸的蒙古各部仍然感受到了強烈的經濟全球化的氣息，也被捲入了長距離的貿易網絡中，所以土默特部為代表的蒙古各部才會對華夏物產有着更大的需求量，這表現為當明朝的邊境開放時，大家就和氣生財，當明朝的邊境關閉時，各部就頻頻叩關。這種現象雖然和自古以來遊牧族群對華夏產品的需求有關係，但也因全球化時代的到來而變得更為突出。

軍事全球化僅僅是經濟全球化的一個子集而已，在美洲金銀的刺激下，擁有海岸線的亞洲國家都品嘗到了遠洋貿易的甜頭，渴望擴大海洋貿易規模。

但是，明朝這個亞洲東部名義上的「天下共主」，這個亞洲東部最大的「生產基地」和「消費市場」，卻一直堅持朝貢體系，固執地把國與國之間的貿易限定在朝貢體系之下。在朝貢體系中，周邊其他國家必須以臣子的身份與明朝政府交往，這種面子問題其實倒不是很大的障礙，就連蒙古各

部都願意放棄面子換銀子。最大的麻煩是朝貢體系帶來的商品交易量太少了，根本不能滿足國與國之間的正常貿易需求。

對於日本來說更加麻煩的是，因為兩批朝貢使團在寧波鬧事，明朝於1547年革除了日本的朝貢資格。於是，明朝與日本之間的貿易基本上由走私和劫掠的海盜控制。日本官方斷絕了與明朝的貿易往來，結果撈不到任何海外貿易的好處不說，反而要面對海盜引發的麻煩。

所以，在豐臣秀吉統一日本後，他的對外思路很可能是，用強大的軍事力量打破明朝的朝貢體系壁壘，獲得亞洲級別的廣闊生產基地和消費市場，讓日本走上經濟全球化的舞台。

這是豐臣秀吉時期的日本的選擇。面對歷史大趨勢的潮頭，每個政權都要做出選擇，明朝要做出選擇，日本要做出選擇，蒙古各部要做出選擇，甚至還處於東北地區的弱小的女真各部也要做出選擇。

明朝對於全球化的態度是被動的、消極的，走一步算一步，而非主動利用歷史趨勢。

16世紀初，葡萄牙人率先繞過好望角，抵達印度，建立了果阿等殖民據點，進行香料貿易。然後，葡萄牙殖民者揮師東進，攻佔了東南亞具有重要戰略意義的馬六甲，在鋪設自己的香料之路的同時，也打破了明朝在東南亞地區維

護的朝貢體系。此前鄭和七下西洋，幾乎每次都要在馬六甲停靠補給，馬六甲也曾藉助明朝的威懾力回絕了北方暹羅對它的覬覦之心。然而在葡萄牙人攻陷馬六甲後，當時的明朝除了蒼白地要求葡萄牙人歸還馬六甲外，毫無辦法。經歷了漫長的作繭自縛般的海禁時期，明朝在遠洋完全喪失了威懾力。

16世紀中葉以後，另一歐洲強國西班牙在菲律賓登陸，把馬尼拉作為其在東方的據點，明朝依然無能為力，任由西班牙人開展遠洋貿易。明朝官方既沒有對西洋人的到來提高警惕、採取措施，也沒有努力開展遠洋貿易充實自己的實力，明朝的皇帝和官員們在面對海洋上的變局時，基本上奉行被動的鴕鳥政策。這就是明朝面對全球化的態度和選擇。

可以說，在歐洲殖民者進入東南亞的那一刻，明朝的朝貢體系已經名存實亡了。

「樹欲靜而風不止」，儘管明朝對於全球化的衝擊不聞不問，仍然會被歷史大潮裹挾，不管明朝君臣願意不願意。這一點充分體現在白銀對於明朝內部的強烈衝擊上。

此前談到，元朝是一個依靠白銀和鹽引運轉經濟的王朝。明朝建立後，放牛娃出身的朱元璋並不懂商業，甚至出於小農意識敵視商人和商業，於是禁止以白銀作為貨幣，竟然試圖以實物支付官員的俸祿。從經濟和金融的角度講，

朱元璋完全是在開歷史的倒車，從元朝生機勃勃的經濟體制急速後退，其結果是大大阻礙了明朝經濟的發展。形勢比人強，朱元璋之後的明朝還是一點點地接受了白銀作為貨幣，比如正統元年（1436年）明英宗宣佈「弛用銀之禁，朝野率皆用銀」，後來「一條鞭法」等貨幣政策得到推行，最終明朝建立了以白銀為本位的貨幣體系。

民眾上繳的稅賦以白銀的形式結算，從經濟的角度說，這是一種進步，提高了政府的財政效率，減少了實物徵稅帶來的巨大浪費。同時，這也能夠減弱人們對於耕地的依附關係，使民眾更為自由地選擇生產生活方式，人口流通和商品生產都得到了增強，於是從明朝中期開始，商業貿易逐漸繁榮起來，社會比起朱元璋時代富有多了。

但是話說回來，沐浴在白銀時代的明朝雖然也嘗到了白銀貨幣化和對外貿易的甜頭，但是在經濟制度和財政收入上，根本無法與近代正在飛速崛起的西方列強相比。當時荷蘭、英國的政府保護民間商人的合法生意，最為重要的是，商人乃至其他社會階層的私有產權得到尊重，政府不能隨意剝奪民眾的資產、財富。在產權制度的保護下，西方各國的民眾創造財富的能力和熱情持續高漲，國家的稅收也水漲船高。

反觀明朝，政府從來就不曾尊重商人的產權，反而警惕和打壓富商巨賈，從朱元璋時期對江南巨富沈萬三的財產

掠奪開始，明朝商人的資產是毫無安全保障的，當然全社會其他階層的財富也同樣沒有安全保障。於是，發跡的商人一門心思對科舉進行「投資」，讓自己人擔任官員，希望用這種方式來保護自己的產權和商業利益。就這樣，明朝龐大的官僚集團成為分割利益的群體，他們所分割的利益的一部分，原本應該成為國家財政的稅收收入。也就是說，明朝的官僚集團層層截留了大量的財富，削弱了皇帝所代表的國家最高階層所能使用的「政府財政經費」。

明朝後期，由於全球化浪潮，海外貿易本應成為明朝賺大錢的項目，畢竟明朝國內有着強大的手工業生產能力，全世界都需要來自中國的陶瓷、絲綢、茶葉以及藥品。沿海的武裝海商集團的確崛起了，但是這些海商並沒有發展成類似西方的國營或私營公司，無法給國家繳納大量的稅收。相反，明朝的海商通過與沿海地方官員勾結，實現權力和財富的結盟，瓜分了海外貿易獲得的利益，比如明末赫赫有名的鄭芝龍、鄭成功海商集團以及此前的許多集團。明朝政府在海外貿易中獲得的稅收不要說無法與商業至上的元朝相比，甚至在海外貿易佔國家財政收入的比例上還不如更早的宋朝。而且那些海商集團都亦商亦盜，集海商和海盜的角色於一身，給明朝的海疆帶來巨大的動盪，明朝為了保障沿海的安全反而要耗費巨資。

最終，明朝龐大的政府財政支出仍然依靠相對容易徵

收的土地稅，稅收的大頭落在了普通農民身上。從對外的角度來說，明朝與蒙古各部對抗乃至抗日援朝的錢，都是從億萬個窮苦的農民的口袋裡搜刮出來的。明朝能夠與外界抗衡，藉助的是自己的人口優勢，以人口帶來的人力優勢和財政總量與蒙古各部等敵手對峙。明朝本身的財政能力最多只能算是「大而不強」，靠數量而不是靠質量取勝。

總之，在全球已經進入軍事全球化和白銀資本全球化的時代，明朝本質上卻是一個虛弱的、封閉的大帝國。在它面對來自內部的叛亂時，還勉強可以靠自己巨大的經濟體量維持社稷安全，比如在著名的「萬曆三大征」的三次大規模戰爭中，明朝相對容易地平息了寧夏叛亂和播州叛亂。

但是，當明朝面對來自國境之外的挑戰時，就明顯力不從心了。比如沒有列入「萬曆三大征」但是也基本發生在萬曆年間的明緬戰爭，明朝與西南強敵緬甸東吁王朝纏鬥了半個世紀，卻最終落敗。而壬辰倭亂的結束也不是因為明朝與朝鮮在戰場上獲勝了，而是因為豐臣秀吉死後，各路日軍急於回國爭奪權力而退兵，明朝只能算是不勝而勝。

往深處說，由於周邊國家迫切需要華夏龐大的生產能力製造的產品，明朝不主動地實現貿易和經濟上的對外融合，就不得不面對周邊強烈的政治融合的挑戰，表現為不論海疆還是陸疆都承受着越來越大的壓力。

閉關鎖國當然有自己的合理成分，「我不會玩，我不和

你們玩不行嗎？」

　　可問題是，明朝財政稅收的重擔幾乎全都壓在了底層的農民身上，他們又無法從對外貿易中獲得收入，於是生活水平只能徘徊在生死線附近。這樣的國家政策對於廣大農民來說，難道不是罪惡的嗎？

　　明朝選擇了閉關鎖國的鴕鳥政策，自然就要面對頻頻出現的外部挑戰。白銀全球化浪潮本來是明朝走向富強的機遇，卻被明朝白白浪費了。數次征戰耗盡了明朝本就薄弱的財政家底，捉襟見肘、寅吃卯糧成為明朝末年的常態。最終要了明朝性命的挑戰，來自東北方向的白山黑水之間。

皇太極：「我是誰？」

1634 年，後金大汗皇太極征服了蒙古察哈爾部，有「蒙古末代大汗」之稱的察哈爾部林丹汗病死於青海，其子額哲投降後金，將元朝歷代據有的傳國玉璽獻給了皇太極，該玉璽據稱是當年元順帝妥歡帖木兒逃往塞外時帶走並流傳於北元朝廷的。

得到傳國玉璽的皇太極下令，本國禁止再使用「女真」「諸申」這種族稱，改稱「滿族」。1636 年，後金在盛京（今瀋陽）召開忽里勒台大會，漠南蒙古 16 部 49 個部落推選皇太極為蒙古大汗，奉上「博格達徹辰汗」（天聰汗）的尊號。同時，皇太極命人修築天壇，舉行祭天大典，滿族人、漠南蒙古人和遼東漢族人的代表根據古代中國天命原理，共同推舉皇太極為大家的皇帝，定新國號為「大清」。

這樣，皇太極既是滿族人的大汗，又繼承了元朝衣鉢，成為蒙古人的大汗，而且還擁有漢族人的皇帝名號，三大至尊頭銜集於一身。

從萬曆十一年（1583 年）年僅 25 歲的女真人努爾哈赤用上兩代遺留的 13 副鎧甲起兵算起，到皇太極改國號為大清，不過短短 50 年的時間，整個亞洲東部迅速崛起了一股新的勢力，從北方草原的蒙古勢力與南方華夏的明朝勢力之側殺將出來，一舉改變了亞洲東部的政治格局。

　　後金─清的勃興是怎樣發生的？它的出現對於中華文明的融合進程又產生了怎樣的影響？

　　後金─清的故事要從建州女真的努爾哈赤說起。建州女真是廣泛分佈在東北地區的女真人的重要一支，而努爾哈赤的家族則是建州女真人中的一支。努爾哈赤的奮鬥史，正好可以與比他早 500 年的蒙古帝國的創立者鐵木真做對比，我們可以從中發現非常多的相似之處。

　　比如我們前文提到，鐵木真從沒落貴族的低微起點出發，並沒有一股強大的草原部落做依託，只能團結一切可以團結的力量，從兄弟、朋友到親密的安答、那可兒。所以當鐵木真衝破一切人生的局限，終於一統草原時，他可以對草原部落鬆散聯盟的古老體制進行根本性的變革，尤其是在軍事上以千戶制打破了各部落擁兵自重的傳統，對草原進行了一次根本性的變革。

　　如此逆天改命的人生軌跡，我們在努爾哈赤身上也可以看到。

　　努爾哈赤起兵之初，身邊的可用之兵估計僅有幾十人，說他是一個部落首領都很勉強。幸好他曾在明朝遼東總兵李成梁手下做過事，既得到了軍事能力的歷練，也得到了明朝遼東機構的一些人脈資源，還得到了貿易資格──敕書。但這些零碎的事業基礎，在當時的東北地區，很多女真人頭領和其他族群比如蒙古人頭領都具備，甚至很多人的基礎

比努爾哈赤更好。

時勢造英雄，努爾哈赤崛起前期，也就是16世紀中葉到後葉，東北地區已不再是零星分佈着一些漁獵者的蠻荒之地，而是已經深刻地被周邊政治、經濟、文化影響，並被捲入了複雜的東亞局勢，甚至間接地受全球化浪潮的影響。

如我們前面所言，明朝後期，以明朝為中心的朝貢體系已經遭受了嚴峻的挑戰，並演化為豐臣秀吉揮師入侵朝鮮半島，強撼東亞朝貢體系，明朝為了維護自己的地位和體系而抗日援朝的大規模戰爭。

東北地區處於朝鮮半島、明朝和東部蒙古各部之側，與各方勢力都有接觸，必然受到了複雜國際局勢的影響。當時東北地區的農業已經得到一定的發展，有相當多的農業人口，同時這一地區傳統的狩獵、畜牧、漁業也一併開展着。

另一個需要強調的現象是，當時的東北地區已經較深地捲入了廣泛的貿易體系之中。明朝的遼東軍隊曾經在征戰中誤殺了努爾哈赤的祖父和父親，為了安撫他，明朝給了他「敕書三十道，馬三十四，封龍虎將軍，復給都督敕書」。三十道敕書，實際上是給予了努爾哈赤與明朝做朝貢貿易的資格和額度。敕書可以證明來明朝朝貢的人的官職、等級，進而決定了他們接受明朝賞賜的級別和數量，對於朝貢者來說，敕書具有很大的經濟價值。

在一定程度上，正是敕書這樣的朝貢制度，給女真人的

社會帶來了變革。敕書成為女真各部落權勢與財富的標誌，敕書越多，權勢越大，財富越多。於是，各個部落圍繞敕書展開了激烈的爭奪，權勢與財富越來越集中在一部分女真人頭領手中，這些部落豪強再加強對其他女真部落的控制，使得女真部落越來越走向統一。

日本學者有句名言：「豐臣秀吉播下的種子，卻為努爾哈赤所收穫。」大明王朝抗日援朝，慘烈的戰爭削弱了明朝的國力，尤其是對於東北地區的羈縻有所放鬆，給了努爾哈赤天大的機會。他自起兵之後不斷兼併周邊，在明朝遼東機構的漠視甚至縱容下，日益壯大。

就在明朝和朝鮮聯軍與日本軍隊激戰之時，當時已經完成了建州女真內部統一的努爾哈赤曾經向明朝請纓，希望入朝參戰，結果朝鮮方面表示反對，生怕努爾哈赤假借援朝之名吞併朝鮮的國土。這說明當時的努爾哈赤已經成長為一股不可忽視的力量。

等到明朝終於結束了朝鮮半島的戰事，回頭一看，努爾哈赤的女真勢力已經十分強大，明朝遼東機構已經無力用過去「誰做大就打壓誰」的策略來壓制努爾哈赤了。1608 年，明朝的遼東官員與努爾哈赤集會，宰白馬祭天，設盟誓，定邊界，約定雙方各守邊境，不得越境。如此盟誓，清楚地表明努爾哈赤的勢力已經不再是順服於明朝朝貢制度之下的藩屬，而是與明朝劃疆而治的一方政權。

　　初步統一女真各部的努爾哈赤如同自己的前輩鐵木真那樣，對自己麾下的軍事力量進行了根本性的變革，與當年蒙古帝國的千戶制對應的是努爾哈赤推行的八旗制度，這同樣是一種打破了部落聯盟結構的軍事建制，當然也包含了政治與經濟建制在其中。

　　在起兵的初期，努爾哈赤的權力受到集團內部很多人的制衡，比如自己的弟弟舒爾哈齊以及自己的大兒子褚英。隨着建州女真越來越強盛，努爾哈赤變得更加不能容忍和其他人共享權力。1611 年，努爾哈赤幹掉了舒爾哈齊。此情此景，如同當年鐵木真試圖殺死自己的弟弟哈撒爾的翻版，所不同的是，哈撒爾有老母親訶額侖力爭而保住了性命，舒爾哈齊卻慘死。

　　歷史上同樣的劇情再次上演，正是由於統一蒙古的鐵木真與基本統一女真的努爾哈赤對於部落聯盟體制的相似改造而引發，兩位雄主必須把那些試圖維持自己部落獨立性的各部首領甚至家族成員排除在最高權力之外，如果自己的親弟弟反而是阻礙這種改造的首要麻煩，那麼不除不行。

　　那麼，努爾哈赤的八旗制度是甚麼模樣呢？

　　1601 年，努爾哈赤把他的部眾每 300 人編成一個單位，稱作牛錄，最初只有四個牛錄，分別以紅、黃、藍、白顏色的旗作為標識。來歸的人越來越多，牛錄的數目也增加，分別被納入四個旗下。到了 1615 年，在原有的四旗之

外，增設了鑲紅、鑲黃、鑲藍、鑲白四旗，紅旗鑲以白邊，黃、白、藍三旗均鑲以紅邊，共為八旗。每旗下統五個扎攔（後改稱參領），每個扎攔下統五個牛錄。此後牛錄、扎攔數目繼續增加，但八旗的數目保持不變。

每旗各設置旗主，旗主與汗有親密的血緣關係。比如天命年間，除了努爾哈赤以汗的身份兼領兩黃旗外，其次子代善領兩紅旗，侄子阿敏領鑲藍旗，五子莽古爾泰領正藍旗，八子皇太極領正白旗，孫子杜度領鑲白旗。需要多說一句的是，由於在內部權力鬥爭中陷入孤立，努爾哈赤的大兒子褚英不僅失去了儲君的地位，而且在1615年被努爾哈赤處死。比起鐵木真的長子術赤，褚英算是倒霉透頂。而連自己親弟弟和大兒子都幹掉的努爾哈赤，也就完全擺平了其他人對自己的權力制衡，可以一言九鼎了。

應該説，八旗制度從一開始，就站在了與成吉思汗的千戶制同樣的高度上，不是以部落聯盟或聯軍的形式存在，而是形成了統一指揮的軍事力量。

與蒙古汗國早期黃金家族的政治結構類似，各旗旗主都是後金國的貝勒，貝勒原是各部落首領的通稱，努爾哈赤建國後，才成為比汗低的一個爵位。八旗的旗主除了在本旗內擁有相當大的自主權外，對於汗國政治也有相當的決策權。努爾哈赤曾明定八旗共理國政的體制：繼承汗位的人，應當出自各旗旗主的推舉，必須是有才幹、有品德、能

夠虛心納諫的人，若是即位之後剛愎自用、有負眾望，各旗旗主可以罷免他，另舉合適人選。

這種選舉大汗的方式，與蒙古忽里勒台推舉大汗的形式基本相同，可見蒙古黃金家族留下的草原傳統對於後金有着很深的影響。當然我們也必須清楚，至少在鐵木真和努爾哈赤還活着的時候，他們的權力是不怎麼受到內部議政制約的。

八旗不僅是軍事單位，還有經濟功能。努爾哈赤時期的每個牛錄中，除了包括 300 名士兵外，還包括他們的家眷。平時，各牛錄的屬人在本牛錄世襲的長官督導下，從事農業、手工業等各項生產。遇到戰事來臨，各牛錄提供一定數目的士兵出去打仗。士兵所需的一切糧草錢財，都由長官從本牛錄的成員中徵集，士兵齊集在各自的旗下，每個旗就構成了一個戰鬥團隊。這樣，努爾哈赤將自己的政權組成了一個戰鬥的機構。

不過，正如統一蒙古高原的鐵木真骨子裡仍然是一位遊牧民的君主，為遊牧民的利益而四處劫掠，努爾哈赤也更像是一個女真人的君主，為女真人的利益而四處擴張，而不是向着所有族群的天下共主轉化，那還不在他的字典裡。

努爾哈赤的征戰，以及與龐大的明朝的戰與和的選擇，更多是站在女真人集團角度的利益考慮。當自己羽翼未豐之時，他考慮的是如何把更多的敕書搶到自己手中，通過與

明朝的貿易獲得更多的經濟利益。在他逐漸強大起來後，他就希望能夠與明朝坐在談判桌上，謀取更多的經濟利益了。

努爾哈赤的設想是，明朝的「邊外」由他來統一，然後與「裡邊」的明朝平等地做生意。這種政治和經濟上的獨立要求，正是一些強大的蒙古部（比如土默特部）與明朝的關係，努爾哈赤也希望獲得這樣的待遇，建立一個更符合自己利益的外交體系。

然而，明朝並不認為應該給予努爾哈赤的女真人以蒙古各部的同樣待遇。1616 年，努爾哈赤在赫圖阿拉稱汗，建立「大金」，史稱後金。明朝作為回應，切斷了與女真人的貿易往來，這無異於一種經濟封鎖。同時明朝還支持葉赫部和周邊蒙古各部，試圖壓制後金勢力。1618 年，努爾哈赤憤然頒佈了「七大恨」，正式對明朝宣戰，進攻撫順，揭開了後金—清與明朝之間幾十年戰爭的序幕。

努爾哈赤對明朝的征戰，也與成吉思汗對金朝的征戰有着類似的模式，以經濟掠奪為主要目的，以戰養戰。畢竟戰爭期間，後金與明朝的正常貿易終止，而後金這種混合經濟模式的政權又不能缺少外部財富的輸入，否則努爾哈赤就難以維持八旗內部的團結一致，其地位也就岌岌可危了。

與成吉思汗不同的是，從遼東起家的努爾哈赤還具有更久遠的契丹君主耶律阿保機的一些風格。努爾哈赤吞併了遼東的一些城池和土地後，顯然就不能夠再縱兵劫掠這

些地方了，而只能考慮經營問題。那麼，這些地方的稅收該
歸誰所有呢？

　　親手創造了八旗制度的努爾哈赤此時站在了政權最高
統治者的高度上，把從明朝手中得到的地區和民眾（以漢族
人為主）作為整個政權的資源，而不是分配給八旗來支配。
他任用漢族官員來管理這些地區，這些漢族官員直接聽命
於努爾哈赤而不是八旗的領主們。

　　這一幕幾乎就是耶律阿保機設立頭下軍州以充實自己
實力的翻版。努爾哈赤幾乎不可能通過閱讀史書來了解契
丹君主的做法，但相隔 700 年的時光，兩人的做法如出一
轍，唯一的解釋是，兩人的政權基本情況是類似的。

　　早期的契丹政權和早期的後金政權都屬於混合政權，
既包含了農耕區，又包含了非農耕區。兩個君主也都要面對
內部強力派的挑戰，強力派既包括政權聯盟的其他部落的
首領，也包括自己部落中的軍政大員，有些甚至是自己的親
屬。耶律阿保機不僅利用自己的本族力量，而且培養了頭
下軍州這樣的「編外」力量，從而擊敗了八部首領的挑戰，
也壓制了本族兄弟的反對之聲。努爾哈赤則通過鐵血的女
真八旗擊敗了東北地區各方勢力，然後他又努力培植自己
的漢族勢力以壓制八旗的領主。

　　在努爾哈赤時代，歸附過來的漢族人和蒙古人的武裝，
往往編入女真八旗，以充實八旗的力量，早期八旗這種融合

各個族群的特徵，恰好反映了努爾哈赤起兵時期東北地區的民眾情況，是一種大雜居、小聚居的形態，開展農業的漢族人、從事畜牧業的蒙古人和從事漁獵的女真人都在這片土地上肩並肩地討生活。

但在 1626 年皇太極繼承汗位後，後金迎來了脫胎換骨的變化，這種變化類似於成吉思汗的蒙古帝國向忽必烈的元朝的轉變。作為後金的第二位大汗，皇太極為了壓制那些實力派的八旗貝勒，更加注重漢族人的力量，漢軍八旗和蒙古八旗相繼組織起來，這些軍事力量直屬於最高統治者，也就是皇太極本人。

更為重要的轉變是皇太極對於「天下」以及後金政權發展方向的構想。起點更高、視野更為開闊的皇太極並不滿足於做一個塞外的大汗，他有着更大的雄心。即位之初，皇太極就頒佈命令，赦免逃亡的漢民、漢官，宣佈「滿漢之人，均屬一體」。

考慮到努爾哈赤、皇太極以及一干貝勒與蒙古各部首領之間有着密切的聯姻關係，皇太極提出滿漢一體，顯然是準備做所有人的「天下共主」了。皇太極也的確向着這個目標策馬狂奔而去。

為達目的，皇太極甚至不惜推翻老爹努爾哈赤的許多做法。比如努爾哈赤設立國號「大金」，是為了藉助於歷史上曾經存在的女真人建立金朝的威名，努爾哈赤自己在討

明檄文中自稱「我本金朝之裔」，以此來與明朝、蒙古和朝鮮並立，使自己的政權具有合法性。

但其實就算努爾哈赤時期的女真人與建立了金朝的女真人在族群上比較接近，兩者在血緣上應該也沒有先後次序的關係。前文已經講過，金朝為了統治中原，從東北傾巢出動，最終匯入中原人口的汪洋大海中，沒有返回老家。而努爾哈赤的女真人先祖應該屬於沒有南下的東北漁獵民眾，金朝的建立和他們沒甚麼關係。

但是在面對最大的敵手明朝時，不論是戰是和，強調本國是金朝後裔的做法，都會給華夏王朝和漢族人帶來不好的歷史聯想，畢竟華夏的史書清清楚楚地記載，當年金朝南下消滅了華夏政權北宋。

皇太極繼承汗位後，公開否認本國與金朝有直接聯繫。比如在1631年，他在給明朝將領祖大壽的書信中寫道：大明皇帝並不是宋朝皇帝的後裔，我也不是金朝大汗的後裔。不得不說，皇太極的觀點還是挺符合歷史事實的。當然，皇太極這樣宣稱的真正目的，還是謀取廣闊的天下。後金已經越來越強大，不需要藉助於過去的完顏部的金朝來標榜自己的政權正統性，而應該劍指更宏偉的目標——重現草的世界與禾的世界合二為一的輝煌。

於是就發生了前面講的一幕，皇太極改女真的稱呼為滿族，改金朝的國號為大清，皇太極試圖以此來淡化與華夏

文明的對立。皇太極稱帝之時，長城以南的華夏還在明朝的手中，漠北蒙古、西域各部以及青藏高原都還不受大清管轄，但皇太極顯然志存高遠。南面的明朝崇禎皇帝僅僅只是華夏的統治者，而皇太極則要做天下的統治者。

皇太極頭腦中的「天下」，和試圖維持朝貢制度的明朝的「天下」並不一樣，它既包括從周朝開始歷代華夏王朝所傳承的文化傳統，也融合了元朝的「大天下」的創造。

在元朝之前，華夏王朝的國號基本上都來自周朝的封國名，人們對於「天下」的想像來自遙遠的周朝，是周朝利用青銅禮制所維繫的一種政治、文化觀念，「普天之下，莫非王土，率土之濱，莫非王臣」。而忽必烈建立元朝的時候，並沒有沿用周朝的這套文化體系，而是自命為「大元」，實際上就是向整個世界宣稱，元朝已經不僅僅是周朝的「天下」的繼承者，而是開闢了一個更為廣闊的新天下。畢竟元朝疆域遠勝於華夏王朝，包含了草原文明、西域文明、華夏文明、高原文明乃至海洋文明等，已經突破了華夏王朝的疆土和文明範圍。

明朝其實也是繼承了元朝的天下概念，並沒有採用周朝的封國名作為國號，而是選擇了有着宗教色彩的明教的「明」字為國號。可惜不論是朱元璋還是朱棣，都沒能將元朝的天下完全收入囊中，最終明朝只是控制了昔日華夏王朝的疆域範圍，朱家人只不過是華夏的天子，而不是天下人的天子。

不過明朝皇帝對於元朝的天下觀還是有認識的，朱棣就曾經利用西域各國「誰擁有汗八里，誰就是天下的大汗」的觀念，與這些國家積極開展外交，獲得了很好的國際認同。甚至朱棣最終遷都汗八里，也就是北京城，也有些許這樣的考慮，他希望自己能夠成為真正的天子，或者至少讓周圍各國認為自己有資格做真正的天子。

稱帝祭天的皇太極也是這麼定位自己的角色的，雖然此時汗八里還不在他手中，但夢想總是要有的，萬一實現了呢？

通過皇太極的精心構建，各個族群都被有效地納入了八旗制度乃至清朝的體系之中，並肩作戰，從而克服了王朝主導族群女真人人數過少的缺陷，清朝一統天下有了堅實的族群基礎和強大的戰鬥力。

自身進取，廣納蒙古各部加入自己的陣營；機緣巧合，明朝內部以李自成為首的起義軍攻陷明朝的都城北京。1644 年，清朝獲得了千載難逢的入主華夏的機會，從越過山海關開始，到 1662 年殺死南明政權的永曆帝，經過接近 20 年的浴火征戰，清朝基本上消滅了大陸上的明朝勢力，將廣袤草原和寬闊華夏都收入自己的版圖之中，重現了數百年前元朝的盛況。一個新的大一統政權矗立在東亞大地上。

清朝會是元朝的翻版嗎？

草原的最後輓歌

正如古希臘哲學家所言：「人不能兩次踏入同一條河流。」雖然都是橫跨草的世界與禾的世界的大一統政權，清朝與元朝仍然有着重大的不同，比如它所面臨的外部環境。

對於元朝來說，它需要處理的外部關係主要是和其他蒙古汗國的關係，蒙古系統之外的國家要麼太遙遠，要麼太弱小，都對元朝構不成威脅。然而清朝自其誕生之日起，就是全球化浪潮中的一個參與者，它必須面對更為複雜的外部關係，比如，從遙遠的西北步步緊逼而來的沙俄、從東南海洋上揚帆挺進的西歐列強。在應對外部挑戰的過程中，清朝建立了與明朝、元朝都不一樣的政權體系。

越過歐洲與亞洲的交界烏拉爾山，沙俄向西伯利亞的挺進是史詩級別的，從 16 世紀末到 17 世紀上半葉的半個世紀中，沙俄的哥薩克先遣隊就從烏拉爾山橫掃至東北亞的太平洋沿岸，他們的主要目標是獲取毛皮和其他財物，尤其是名貴的黑貂皮。動物毛皮在古代是禦寒的最佳材料，更何況明清時期正是北半球的「小冰河時代」，氣溫比現在要低，因此人們對於毛皮的需求更為迫切。沙俄在進入近代之初，工業化程度很低，與西歐各國沒法比，因此毛皮、木材是它能夠用於貿易的少數幾種「特產」。

1643 年，哥薩克人進入了黑龍江流域，這一年正是清

軍入關的前一年。哥薩克人在黑龍江流域一帶修建了尼布楚和雅克薩兩個要塞，前者位於黑龍江上游的支流格爾必齊河畔，後者位於黑龍江幹流上游左岸。

東北地區是清朝的龍興之地，清朝不能容忍自己腹背受敵，於是出兵摧毀了這兩個要塞。但是在清軍撤退後，哥薩克人又返回再次修建要塞，控制了黑龍江流域。由於清朝的康熙大帝當時正忙於消滅南方反清的力量，無暇北顧，因此直到1682年，也就是平定了吳三桂、尚可喜、耿精忠的三藩之亂的第二年，康熙大帝才着手處理背後的威脅。雖然兵力佔優，但是清軍與以西方火器武裝起來的哥薩克人的作戰並不順利，清軍包圍了雅克薩卻始終無法攻克。

經過數年的拉鋸戰，清朝和沙俄坐下來談判，終於在1689年達成了《尼布楚條約》。條約規定，從黑龍江的支流格爾必齊河到外興安嶺一線以南的土地都屬於中國，包括庫頁島在內，這條界線以北屬於沙俄；沙俄拆毀雅克薩要塞，全部撤回本國境內；兩國開展邊境貿易……

《尼布楚條約》具有非常重大的歷史意義，因為它是根據近代國際法的思想和原則簽訂的，談判雙方是平等的兩國關係，而且第一次在「中國」的北部劃出了一條清晰的國境線！

目前發現，「中國」這個詞彙最早出現在西周早期的青銅器——何尊的銘文上出現的一句「宅茲中國」。不過，西

周銘文所説的「中國」，不過是當時的洛邑（今河南洛陽）附近的一小塊區域。此後 2 000 多年的歷史中，雖然「中國」這個詞彙經常出現，但更多是一種文化上的概念，而不是代表了一個主權國家。

直到《尼布楚條約》簽訂，「中國」才在真正意義上代表了一個主權國家，雖然當時整個國家的國號是「大清」，但條約明確以「中國」這一詞彙代指國家。清朝認定自己是一個主權國家，同時也給予對方（俄國）主權國家的禮遇，這種國與國之間簽訂條約的方式，對於中華文明來説算是一個新鮮事物了。此前漢朝與匈奴也好、突厥與隋唐也好、契丹與宋朝也罷，雖然有和談與條約，但都不算是對等的主權國家之間的外交形式。

條約落筆，「天下」變革。此前明朝的朝貢體系是不允許其他政權與自己平起平坐的，甚至在更久遠的時代，華夏文明就有「普天之下，莫非王土，率土之濱，莫非王臣」的思想，自己的君主是天下人的君主，不能有人與之平級，自己的政權也是天下之中央，不能有其他政權與之匹敵。

清朝並不這麼認為，至少康熙時代的清朝並不這麼認為。《尼布楚條約》的簽訂，固然是雙方實力的展現，但也和中華文明正在受到強烈的外來衝擊有關。

就拿清朝參與談判的人員來説，就包含了基督教的耶穌會士，其中一位是來自法國的讓‧弗朗索瓦‧熱比雍，中

草與禾：中華文明4000年融合史

文名字叫張誠，另一位是來自葡萄牙的托馬斯‧佩雷拉，中文名字叫徐日升。兩人都掌握了當時的國際法知識，並以他們的法律知識影響了康熙皇帝，進而影響了清朝在談判中的表現。當時的談判中，清朝和俄國都按對等的方式進行，條約的訂立包括條約的寫制、簽署、蓋印和互換，都遵守了當時的國際慣例。以至一些細節，諸如條約的正式文本使用拉丁文，用拉丁語作外交語言，對雙方正式代表以閣下稱呼，都合乎規矩。

對於清朝來說，它肯定會吸收明朝留下的朝貢體系的一些做法，尤其是在面對一些實力不強的亞洲國家和地區時。但清朝對整個世界的看法與明朝是不同的，因此必然會出現一些朝貢體系之外的做法，我們可以這樣說，在清朝的早期，曾經風行亞洲東部的朝貢體系就已經開始向近代的條約體系轉變了。

《尼布楚條約》不僅對於中華文明來說是一次突破，而且對條約的另一方——沙俄也產生了很大的影響。

由於簽訂了有效力的條約，沙俄對於北亞大片土地擁有了主權，包括當地民眾也成為沙俄的民眾。更直接的利益是貿易方面的約定，兩國不僅決定通商，而且準備選擇合適的地點作為貿易市場。於是條約簽訂後，清朝先是允許沙俄派遣商隊定期來中國做貿易，後來更是選定了邊境上的恰克圖（位於今俄羅斯與蒙古國交界）作為互市地點。恰

346

克圖市場在 1728 年首次開市，從此開啟了長達兩個世紀之久的中俄恰克圖貿易。中國出口的最重要商品就是茶葉，俄國也通過這條重要的「萬里茶道」獲得了源源不斷的茶葉物資，整個俄國變得飲茶成風。俄國出口中國的商品主要是毛皮和其他皮革類製品，當時沙俄也的確沒有其他能夠用來交換茶葉的合適商品了。

當全球日益變成一個整體的時候，一個重要事件往往會引發一連串的連鎖反應。《尼布楚條約》的簽訂正是這樣的重要事件，它絕不僅僅影響了沙俄和清朝，還直接影響了清朝當時的勁敵──準噶爾部。

1690 年夏，大清的康熙皇帝與準噶爾部的噶爾丹大汗各率大軍，「會獵」於茂盛的烏蘭布統草原上（今內蒙古自治區克什克騰旗境內），展開了一場決定歷史走向的草原大戰。

雙方都有着極深的草原族群的背景，康熙的奶奶孝莊文皇后就是蒙古科爾沁部人氏，也就是野史中津津樂道的皇太極的妃子大玉兒，相傳其與實力人物、小叔子多爾袞有着說不清的糾葛。而噶爾丹則是蒙古系準噶爾部的首領。

這裡要介紹一下準噶爾部的源流。前文談到自從也先稱汗然後敗亡後，瓦剌部盛極而衰，暫時退出了爭雄草原的隊列。經過 100 多年的蟄伏之後，瓦剌部眾再度興盛，並分為 4 個主要的部族：準噶爾部、和碩特部、杜爾伯特部、

土爾扈特部。四部同氣連枝，往往結成聯盟對外作戰。其中準噶爾部漸漸成為四部中的最強大勢力，等到噶爾丹成為準噶爾部的首領後，他擊敗競爭對手把四部聯盟統一在自己的準噶爾旗幟下，並接受了當時的達賴喇嘛授予的「博碩克圖汗」的稱號，成為大汗。

稱雄西域的噶爾丹夢想統一蒙古各部，再現過去蒙古帝國的輝煌，而他在統一整個草原的道路上的絆腳石，既有蒙古系的雄踞漠北的喀爾喀部，又有已經吞併東部蒙古地區和華夏的強大的清朝。喀爾喀部在噶爾丹的攻擊下土崩瓦解後，準噶爾與清朝、噶爾丹與康熙在草原上正面交鋒了。

與過去草原上大會戰時騎兵軍團之間的馬弓激戰不同的是，烏蘭布統之戰是一次摻雜了大量熱兵器的戰役。根據當時傳教士的記載，兩軍以大炮、火槍互轟，激戰了一整天，最後以雙方將士肉搏一決雌雄，可見戰況之激烈。最終噶爾丹敗逃，準噶爾部的勢力逐漸衰落，整個蒙古高原乃至西域地區最後成為清朝的勢力範圍，從此，再也沒有任何蒙古部落能夠挑戰清朝在草的世界的統治權。

噶爾丹與康熙為了爭奪草原乃至天下的戰爭，令人不免回憶起400年前阿里不哥與忽必烈的大汗爭奪戰。噶爾丹與阿里不哥的政權，代表了具有濃重草原傳統的單一草原模式的一方，而康熙與忽必烈的政權，則代表了兼具草原與華夏的混合模式的一方。戰爭的結果也如出一轍，擁有

更多人口、更大經濟力量且具有草原軍事力量的混合模式戰勝了單一草原模式。

400年過去了，兩場戰爭不一樣的地方在於，忽必烈雖然擊敗了阿里不哥，但草原雄風仍在，元朝時蒙古草原上的各部仍然積極參與大汗／皇帝的爭奪戰，它們的向背直接可以影響元大都裡誰會坐上至尊寶座。比如接替元世祖忽必烈做大汗的元成宗鐵穆耳於1307年駕崩後，元大都內元成宗的皇后支持阿難答繼承大汗之位，而在草原上擁有重兵的海山揮師南下，以武力壓制了包括阿難答在內的所有挑戰者，登上了元朝的寶座。

而明朝從始至終都受到草原上的蒙古各部的威脅，先是元朝殘部，然後是瓦剌，再然後是土默特部、察哈爾部……直到清朝控制草原之前，草原鐵騎仍是難以抵禦的天縱雄兵，草原政權仍能給周邊施加巨大的影響力，後金政權為了獲得蒙古鐵騎的軍事力量也要與蒙古各部廣泛聯姻。

然而在噶爾丹敗亡之後，清朝對準噶爾部的最後一戰爆發於1757年，兩年後，清軍完全控制了天山南北。草的世界只剩下英雄末路的淒涼輓歌，自匈奴以來2 000年的草原帝國時代落下了帷幕。

影響中華文明2 000年的草的世界與禾的世界的戰與和結束了，代表中華文明的清朝與北方的沙俄之間以清晰的國界線，把草的世界做了「遺產分割」。

　　北方的沙俄正是左右了準噶爾部命運的推手之一。我們前面談到，清朝與沙俄在雅克薩曾正面交鋒。其實從地理位置來說，準噶爾部在清朝的西方，與一路東進的沙俄更早接觸。沙俄在準噶爾部北方修建的要塞，從時間上來講比尼布楚、雅克薩等要塞要更早。活動在北亞、中亞的一些小部落曾經是準噶爾部的附屬，向準噶爾部上繳實物稅。但是沙俄滲透過來後，與準噶爾部爭奪對這些小部落的稅收權。

　　一方面當時噶爾丹還忙於擺平內部紛爭，另一方面也是見識到擁有熱兵器的沙俄的強大實力，所以噶爾丹並未與沙俄有較大的衝突。而對於當時的沙俄來說，其所期盼的東方物產，尤其是華夏物產，比如茶葉，還需要經準噶爾部的地界輸送過來，因此也不想與準噶爾部徹底鬧翻，雙方更多的是通過協商解決爭端。

　　事態的轉折發生在《尼布楚條約》出台前後。面對沙俄在自己「後院」的步步緊逼，清朝的康熙皇帝並非不想把沙俄勢力趕得遠遠的。但是一方面，清軍未必真正有能力攻克雅克薩，更不用說拔掉尼布楚要塞；另一方面，康熙清楚地知道自己當時最大的敵人不是遠道而來的沙俄，而是草原西部的準噶爾部。

　　權衡利弊之後，清朝明智地與沙俄達成了《尼布楚條約》，解決後患的同時，還給了沙俄做貿易的機會，而貿易

正是沙俄所需的。毫無疑問，在從清朝經過恰克圖到沙俄的萬里茶道開闢出來後，原本經過準噶爾部的貿易線路的價值就大大下降了。更為關鍵的是，茶葉的產地在清朝的版圖內，而不在準噶爾部境內。沙俄與清朝做生意而不與準噶爾部做生意，這等於是買貨直接找到了生產商，沒有中間商賺差價。

沙俄方面很高興，這個條約使自己獲得了夢寐以求的東西，即「與中國人進行正式的和永久的貿易」。在世界進入大航海時代，西歐各國通過海洋貿易發了大財的情況下，沙俄因為地理位置太靠北而無法進行大規模海洋貿易，因此能夠在陸地上打通與中國的貿易線路，顯得十分寶貴。

《尼布楚條約》給準噶爾部的外交以重重一擊。條約簽署後，噶爾丹的使者就被禁止前往沙俄首都莫斯科，只被准許他們進入北亞的伊爾庫茨克進行交涉。噶爾丹向沙俄建議共同進攻蒙古其他部落的建議也被沙俄全部拒絕。面對來自清朝的越來越大的壓力，噶爾丹急了，他派出的使者甚至向沙俄提出割地結盟的條件：「阿爾巴津（即雅克薩）建寨的地區原本是蒙古的，不是博格德汗（即康熙皇帝）的，統轄蒙古人和這個地區的是他——博碩克圖汗（即噶爾丹本人），倘若沙皇陛下有意在這裡重建城堡，博碩克圖汗願將這片土地讓給陛下。」

即使是這樣的優厚條件，也沒能打動沙皇。畢竟沙俄

修建雅克薩的目的是獲取物產和貿易利益，現在條約達成，目的基本達到，為了雅克薩與清朝再鬧翻，斷絕了茶葉貿易，就得不償失了。

沙俄作壁上觀，噶爾丹就不得不與康熙一對一單挑了。1696年4月，康熙從戰俘口中得到消息：捲土重來的噶爾丹軍隊由2萬本部士兵和沙俄的6萬士兵組成，雙方已經達成協定，沙俄將派1 000名火槍手以及一些大炮助陣噶爾丹。這個消息讓清朝許多大臣非常恐慌，勸康熙不要進兵。但康熙識破了這個假消息，繼續進兵，並在昭莫多（今蒙古國肯特山南）之戰中徹底擊潰了噶爾丹主力。

廣闊的草原歸屬了清朝，清朝要面臨過去王朝的相同課題：如何治理桀驁不馴的草原？

清朝給出的答案與過去的王朝完全不同。

早在皇太極時代，清朝就設置了理藩院這樣的機構，負責管理蒙古各部。清朝理藩院所管理的「藩」與明朝朝貢體系中定義的外藩是不同的。在明朝的概念中，外藩並不屬於中國，而是中國之外的政權。但是在清朝的概念中，理藩院管理的「藩」屬於自己政權體系的一部分，它們和諸如朝鮮那樣的屬國是不同的。隨着清朝疆域的擴大，理藩院處理的藩部也包含了蒙古、西藏、青海、回部（清朝對新疆天山南路的通稱），而那些屬國的事務則由另外的部門，比如禮部來處理。這說明，清朝認為這些藩部是自己的內部，

而那些屬國是自己的外部。清朝的這種思維和過去各個王朝用羈縻、封賞、和親的間接方式控制草原勢力的做法，有着根本的區別。

具體到管理上，清朝在蒙古、西藏、回部各藩部設置將軍、大臣管理制度。比如：清朝在漠北蒙古設立了烏里雅蘇台將軍管理軍事事務，設立了庫倫辦事大臣管理行政事務；在漠西蒙古也就是準噶爾故地，設立了伊犁將軍和烏魯木齊都統。這些官員都直屬於清朝中央政府，對藩部事務擁有絕對的軍政管理權限，廣大的藩部成為中央政府統治下的國家的組成部分，而不再是過去那種相對鬆散獨立的、名義上歸附實則獨立的草原部落。

所以有學者說，直到清朝，這些藩部才真正實現了「內化」或者「中國化」。這種說法是從華夏王朝的角度考慮的，以華夏為「內」和「中國」。如果從文明融合的角度來說，清朝實現了草的世界與禾的世界「全國一盤棋」，第一次對草原實現了中央政權的直接管理。

客觀地說，歷朝歷代的統治者智商都夠用，他們都夢想着能夠對草原進行直接管理，實現草與禾的「天下一家」。可是為甚麼只是到了清朝，才實現了這一文明融合的偉大目標？

草原帝國時代的結束，只是因為噶爾丹敗給了康熙嗎？

當然不是，最終消滅草原帝國的決定性力量，來自整個世界的大趨勢。

與元朝類似，清朝的建立者也是北方族群，在建立了橫跨草的世界與禾的世界的大一統政權後，兩個王朝的政治中心與軍事重心都放在了北方，首都叫元大都也好，叫北京城也罷，都遠離最為富庶的江南地區。因此，清朝也面臨着元朝曾經面臨的一些問題，特別是那個最終要了元朝性命的糧食漕運難題。

那麼，清朝是如何解決自身的糧食需求的呢？

清朝與元朝在糧食方面最大的不同在於農作物品種。清朝運氣很好，由於1492年哥倫布發現美洲大陸，促使美洲作物向全世界傳播，玉米、紅薯、馬鈴薯等抗旱的品種在明末清初傳入中國，並被善於農業經營的中國人民迅速地引種到全國各地，即使在北方乾旱地區，也能夠收穫更多的糧食。

外來作物對於中國人口的影響有多大？

有學者曾經研究了明清時期的人口死亡率情況，發現在16世紀以前，農作物青黃不接的時候，人口死亡率就會上升，到了17世紀後葉及以後，即清朝建立之後，這種季節性的死亡率上升現象就消失了，整體人口的年死亡率基本均衡了。換句話說，從17世紀後葉開始，中國社會逐漸從季節性的饑荒中擺脫了出來，在傳統農作物青黃不接的

季節，中國農民找到了新的食物來源。

這新的食物來源，就是廣泛種植在中華大地上的美洲農作物。

對於當時的中國農民來說，玉米等新作物的口感雖然不如自己吃慣了的大米和麵，但畢竟可以在每年糧食短缺的時候提供口糧。過去由於耕地有限，人口增長超出了糧食能夠養活的限度時，饑荒會頻頻發生。現在有了新的食物，很多人就不會被餓死。於是清朝時期，人口數量出現了明顯的增加，從過去各王朝極限的 1 億多人口，增加到康乾盛世的 3 億人口，進而增加到清朝末年的 4 億人口。

到底是美洲農作物激發了清朝人口大增長，還是清朝人口大增長導致了對糧食的需求增加，從而推動了美洲農作物在中華大地上的廣泛種植？這是個讓人煩惱的問題，有點類似於「先有雞，還是先有蛋」，先有了溢出糧倉的糧食，還是先有了嗷嗷待哺的人口呢？

有學者找來了明清時期全國 1 330 個縣的縣誌，研究從 1550 年，即從明朝晚期開始的縣誌中首次提到玉米的記載，以此來勾勒出玉米在古代中國的擴散路徑和時間。結果發現，玉米是經三條線路進入中國的：第一條是沿着陸上絲綢之路從中亞傳入甘肅，時間在 1560 年左右；第二條是從印度進入雲南，時間在 1563 年左右；第三條是經海路從菲律賓進入福建，時間在 1572 年左右。

接下來，學者比較了種植玉米的縣和還沒種植玉米的縣的人口密度差別。在剔除掉自然災害、戰爭等因素的影響後，數據表明，在1776年、1820年、1851年、1890年、1910年等幾個時間點上，已經種植玉米的縣的人口密度明顯高於還沒種植玉米的縣，而且一個縣種植玉米的時間越長，這個縣的人口密度相對來說就越高。

根據這些研究，學者得出結論：是玉米等美洲農作物的種植，帶動了明清時期人口的增長，而不是人口增長後對糧食需求的增加迫使中國開始種植和傳播玉米等農作物。

1776–1910年，玉米大約促進了中國人口增長14%；從16世紀初到20世紀初的400年，中國糧食增加量的一半以上是美洲農作物的功勞。所以，古代中國的人口數量在明朝到達耕地所限的天花板後，美洲農作物的到來捅破了這層天花板，使清朝人口在前朝的基礎上大幅增加。

美洲農作物的種植，除了使中國人口爆炸式增加外，對於文明的融合有甚麼影響？

影響之一在於，美洲農作物在北方地區的廣泛種植，一定程度上緩解了清朝政治中心與經濟中心分離導致的北方糧食短缺局面。手中有糧，心中不慌，清朝自然比元朝的底氣更足。

與元朝類似，清朝還通過各種手段來實現全國的糧食供給平衡。除了利用大運河進行常規的漕運外，清朝時期

的海運也開展得比較好，由於航海技術與船舶技術比元朝時期更為進步，清朝的海運比元朝更為發達，這也帶來了全國經濟帶的又一次轉移。繼京杭大運河的興起導致古代王朝的政權重心從長安、洛陽轉移到大運河沿線後，海運的興起使政權重心再次向東、向海邊轉移。海運促進了沿海經濟帶的興起，天津、上海等城市迅速崛起。

影響之二在於，抗旱農作物的推廣促使農耕區向北推進，擠壓了過去的草原帶。今天如果我們去內蒙古旅行，會發現內蒙古的南部甚至東北部已經廣泛種植了玉米、小麥等農作物。清朝時期內蒙古的農耕區並沒有現在這麼廣，但玉米等抗旱農作物突破了幾千年來形成的農耕區與遊牧區的界線，讓農耕區的北界大大向北挺進，純粹的草原遊牧區也就相對縮小了，此消彼長之間，草原族群的實力相對於農耕族群來說是削弱了。

甚至連清朝的龍興之地東北地區，在美洲農作物的普及過程中也逐漸成為清朝的糧倉之一。從雍正時期開始，清朝就經常通過海運的方式從東北地區向直隸、山東等地調運餘糧，賑濟災民，平抑糧價。比如，乾隆五十年（1785年），東北地區糧食大豐收，天津的海商用 800 多艘船隻載滿了東北的數十萬石糧食，前往直隸、河南、山東等地售賣。

回顧歷史，當元朝末年紅巾軍在大運河沿線舉兵發難時，元朝的大汗只能龜縮於元大都內，一籌莫展，而當清朝

後期太平軍攻佔江南，切斷了大運河的漕運時，清朝卻仍然可以有效地維持全國的局面，組織軍隊反擊太平軍，這得益於北方地區糧食產量的大增。如果我們要探討清朝比元朝壽命更長的原因，那麼清朝在糧食來源方面的多樣化，特別是北方地區糧食產量的增長，是十分重要的因素。

在清朝邁向「天下一家」的文明高度之時，草的世界相對地被擠壓了。除了農耕區的北移之外，還有一種輸入的物品讓草原帝國無可奈何地從馬背上跌落，這就是火槍。

正如前面所言，烏蘭布統之戰已經使用了大量的熱兵器。草原帝國強大的根基是騎兵，而火槍、火炮的普及使農耕族群一改過去 2 000 年中被動捱打的局面，軍事力量上得到了革命性的提升，再藉助本來就擁有的龐大人口和充沛的物資，裝備有熱兵器的步兵面對草原騎兵時已經呈壓倒性優勢。清朝能夠擊敗準噶爾部，既有本身為混合政權的人口、資源優勢，又有裝備火器的清軍相對草原騎兵佔據上風等因素起作用。準噶爾部無法逃脫宿命，其他中亞草原汗國也無法逃脫宿命，整個歐亞草原帶上的遊牧王國紛紛滅亡。

草原帝國失去了賴以生存的軍事優勢，草的世界就只能接受被改造和被融合的命運。天下大勢如此，這就是踏遍萬里的蒙古時代過後，草的世界再也無法重現輝煌的技術原因。

天下的清朝

　　清朝的天下，超越了族群之間的隔閡，跨越了文化之間的差異，這個政權比起此前的那些混合政權，甚至比起曾經出現的元朝大一統政權來說，文明融合的程度更深。

　　草的世界與禾的世界雖然自然環境並沒有太多改變，但是從治理方式上，清朝實現了全國的「大統一、小差異」，鞏固了對藩部的直接統治權，蒙古、回疆、西藏以及自己的龍興之地（東北地區），都與華夏緊密地整合在一起，形成了統一的國家。清朝還在軍事上實現了對藩部的有效指揮和管理，草的世界不再游離於中央政權之外。同時，通過糧食與其他物資生產和調運能力的提升，清朝實現了全國糧食、物資的均衡配置，解決了政治中心與經濟中心分離的難題。

　　那麼，這算是禾的世界最終勝利了嗎？

　　其實，禾的世界也變了。清朝遭遇了世界範圍的天下大勢，不論是被動還是主動地應對世界的潮流，兼具草與禾的「清朝的天下」融入了整個世界，成為「天下的清朝」。

　　清朝面對的天下大勢，從經濟上講是西方列強「揮舞着刀劍做生意」，從政治上講是「民族國家」的興起。

　　清朝是白銀世界的一部分。前面已經談過，清朝之前，不論是作為華夏王朝的明朝，還是土默特部這樣的草原政

權，都受到了白銀資本席捲世界的衝擊。清朝承接了此前的歷史，也承接了白銀資本的衝擊。

清朝與元朝在經濟上的一個重要差別在於，清朝身不由己地被捲入了整個世界的經濟體系裡，必須和別人一起玩；而元朝則是依靠斡脫建立了自己的一套經濟體系，與自己人（蒙古各汗國之間）玩。

甚至在後金還沒建立的時候，東北地區就已經成為廣闊的貿易體系中的一部分。在明朝後期，中國國際貿易最活躍的地區一個是東南沿海，大量的海商、海盜藉助海上絲綢之路縱橫四海，在東亞、東南亞跨海經商，另一個就是不為人注意的東北地區。

16世紀，明朝皇帝每年都會賞賜大臣數以萬計的貂皮和更多的狐狸皮，這些毛皮既有禦寒的功能，也是明朝達官貴人們財富和身份的象徵。那麼這些珍貴的毛皮是從哪裡來的呢？東北地區的女真人是把貂皮賣給明朝和朝鮮的主要人群，一方面他們自己會通過打獵獲取毛皮，另一方面他們會從生活在更北的黑龍江流域、松花江流域的林中部落中換購毛皮，做轉手貿易。直到17世紀後金崛起，與明朝連年征戰，毛皮交易斷絕，明朝皇帝的賞賜才取消了。

有人把明末東南沿海的海商描述成多種身份的集合體，他們既是自己做生意的商人，也是恃強凌弱的海盜，還是與官府、洋人交往密切的中介人。其實對於東北地區的

努爾哈赤及其族人來說,這些身份也都具備:他們不僅自己做生意,而且依靠武力來保證毛皮貨物的來源,還與明朝官府積極打交道。

清朝建立後,早期為了對付鄭成功的海上軍事力量,清朝政府一度實行堅壁清野的海禁政策。在拿下台灣,穩定海洋政局後,清朝其實並不排斥海外貿易,雖然國家層面並不主動行動,但公平地說,也稱不上嚴格的閉關鎖國。

當時英國派出馬嘎爾尼使團出訪清朝,希望進一步擴大貿易範圍,但被清朝拒絕了。其實清朝並沒有真的關上海洋貿易的大門,中國的茶葉、瓷器仍然可以源源不斷地湧入世界市場,美洲白銀經由各國商人帶到中國境內就是確切的證據。清朝只是希望按照自己的方式來管控貿易。

但有時清朝面對世界局勢也只能隨波逐流,因為它已經通過白銀和整個世界經濟緊密地聯繫在一起了。

前面我們曾經談到,元朝作為「商業帝國」,曾經大量使用白銀,白銀不足的時候就使用鹽引作為金融證券來補充。從那時起,白銀就在古代中國經濟中扮演着很重要的角色,特別是在國家財政的層面上。忽必烈為了籠絡各個汗國,每年正月會在元大都舉行朝賀儀式,來參加的黃金家族的汗王或代理人都能獲得忽必烈的「定額賞賜」。白銀成為聯繫蒙古各汗國的紐帶,成為元朝控制其他政權的經濟工具。

　　到了明朝中期，朝廷的著名首輔張居正在萬曆九年（1581年）推廣了一條鞭法，把過去的稅收進行簡化，合併徵收白銀，以增加國家的財政收入。從此之後一直延續到清朝，白銀成為繳納稅賦的貨幣，而銅錢則是老百姓日常使用的小額貨幣，大宗買賣也要用白銀。

　　但是古代中國並未開採出多少銀礦，明清時期國家經濟運轉所需的白銀基本上要靠進口。白銀的主要來源地，一個是日本，另一個是美洲大陸。當大量的白銀湧入清朝時，經過複雜的經濟過程，國家財政會積累很多的白銀；當白銀流入中斷甚至白銀外流時，國家財政就會遇到大麻煩，民眾沒有白銀繳納賦稅，國家銀庫也會日益縮水。

　　比如康乾盛世時期，是一段白銀湧入的美好歲月。根據記載，乾隆三十一年（1766年），朝廷的收入包括地丁銀近3 300萬兩、鹽課570多萬兩、關稅540萬兩等，合計4 800多萬兩；朝廷的支出包括兵餉1 700萬兩、王公和官員的俸銀94萬兩等，合計3 400多萬兩。收入減去支出，僅這一年朝廷就有1 000多萬兩的盈餘。

　　乾隆後期的大學士阿桂曾經有一篇《論增兵籌餉疏》，裡面清楚地記錄，康熙帝的最後一年，國家部庫有800餘萬兩白銀。到了雍正帝年間，逐漸積累到6 000餘萬兩，但是由於西北用兵，支出了大半。到了乾隆初年，只剩下2 400萬兩，此後又不斷積累，在沒有增加賦稅（這個說法我們姑

且存疑吧）的情況下，國庫卻越來越充實，部庫裡積累了
7 000多萬兩白銀。

乾隆皇帝能夠遊山玩水，到處題字，真得感謝當時大量
湧入中國的白銀，給清朝帶來了可觀的財政盈餘。

從文明融合的角度看，繼武力統合了不同文明區域後，
清朝能夠以充沛的白銀作為財政基礎，實現了全國經濟「一
盤棋」，通過稅收穫得白銀形式的賦稅，特別是有效獲取來
自富庶的江南地區的稅收，再通過財政學中所說的轉移支
付手段，給廣袤的藩部地區——蒙古草原、青藏高原、回疆
輸送白銀，從而達到從經濟上控制這些地區的目的。

在國家財政盈餘不斷的時候，清朝從經濟上對廣大疆
域進行了有效整合，從文明融合的力度和廣度看，已經超越
了自己的前輩——元朝。

可惜，水能載舟，亦能覆舟，白銀可以讓清朝飛上天
空，也可以讓清朝跌落地面。

在1775年左右的時候，流入中國的白銀出現了逆轉。
那時，也許由於銀礦枯竭，也許由於時局動盪，來自日本、
越南、緬甸、朝鮮等地的白銀供應全部都停止了。當時清
朝處於乾隆統治的後期，國家的白銀輸入基本上要依靠美
洲白銀的供給。「屋漏偏逢連夜雨」，當時的美洲大陸興起
了擺脫歐洲殖民統治的獨立運動，在18世紀末到19世紀
初的這段時間裡，美國、墨西哥、海地等國相繼獨立，導致

當時美洲白銀產量大幅減少，引發了全球性的通貨緊縮，輸入中國的美洲白銀當然也減少了。

世界經濟的巨變給了清朝財政沉重一擊。當時世界列強已經先後進入金本位的時代，也就是以黃金作為貨幣基礎，特別是當時如日中天的英國，引領着世界金本位的潮流。這些國家拿到白銀後，一個主要用途就是輸送到還堅持銀本位的清朝去，換購自己需要的茶葉、生絲、瓷器等產品。由於白銀產量減少，這些國家手裡沒有了白銀，因此向中國的採購就減少了，流入中國的白銀自然也減少了。

清朝民眾缺少白銀來繳納賦稅，清朝國庫中的白銀收入大幅減少，但是支出並沒有減少，於是清朝陷入了白銀財政的危機，這個場景似曾相識，明朝末期也曾經發生過類似的白銀危機。這成為清朝走向衰落的經濟原因。

積貧積弱的清朝迎面撞上了軍事實力遠超自己的英國、法國等列強，從鴉片戰爭開始，清朝對外作戰的噩夢一個接着一個發生。但是從列強的角度講，這些「揮舞着刀劍做生意」的洋人其實並不想換掉清朝政府，他們需要一個相對穩定的環境來做生意賺錢，而一個能夠管理東方這片土地的清朝政府還是很有價值的。

真正要了清朝性命的是來自西方的思潮——民族國家的理念。

我們在前面已經談到，清朝在康熙時期就已經和沙俄

打過交道，並簽署了條約，這被認為是過去的朝貢體系向近代國家轉變的標誌之一。

隨着清朝與外部世界不斷打交道，特別是清朝後期屢戰屢敗的現實，讓清朝不斷轉變對本國的看法。比如，清朝前期還是秉承了明朝的天朝上國思維，在外交文件中往往使用「天朝」來代表自己，即使到了道光皇帝前期，仍然以「天朝」自居。但是鴉片戰爭之後，外交文件中「天朝」字眼的使用次數開始減少，相應地，「中國」這樣的稱呼使用頻率增加了。在對英國的外交文件中，還開始使用「大清國」這樣的稱呼，說明在現實面前，清朝越來越把自己看成世界萬國中的一員。

學者統計，咸豐年間的外交史料《籌辦夷務始末（咸豐朝）》中，最初五卷中「天朝」出現了 5 次，到了光緒年間的《清季外交史料》中，「天朝」已經幾乎不出現了，出現在史料中的自稱主要是「大清國」或「中國」。

但是，清朝在越來越接受近代國家概念的同時，也受到了當時民族國家概念的影響。當時的世界，列強高舉各自的民族與國家的大旗，以團結本國民眾，形成更強的競爭力，比如德意志民族和德國、法蘭西民族和法國，諸如此類的觀念風靡近代世界。這樣的觀念傳入中國，清朝的麻煩就大了。

因為清朝的最高階層統治者是滿族人，而滿族人在全

國人口中只佔很少的一部分。原本清朝統治者通過「滿蒙一家」「滿漢一家」的宣傳，最大限度地減少了不同族群之間的隔閡與對立。可是在民族與國家的意識增強後，滿族人之外的各個族群，尤其是漢族人覺得，本民族為甚麼要接受滿族人的統治呢？這個國家應該是漢族人的國家，是時候該換掉滿族統治者了。

邊疆族群也抱有類似的想法。隨着列強的勢力從四周向清朝滲透，清朝後期，邊疆地區相繼出現了阿古柏事件、外蒙古獨立運動等。這些事件的出現有一定的偶然性，但從大趨勢來說，正是近代全球民族國家思潮影響的結果。

清朝前期構建的「天下一家」的大好局面正處於風雨飄搖之中。清朝政府垂死掙扎，嘗試着「預備立憲」，通過分享部分權力的方式籠絡已經與自己「離心離德的各族人民」。然而一切都已經來不及了。太平天國和其他一些農民起義雖然沒有掀翻變得虛弱的清朝，但極大地削弱了人數較少的滿族統治者對全國的控制力，不論是錢還是槍，都已經脫離了滿族人的控制。於是，當武昌起義的槍聲響起的時候，曾經縱馬奔騰打下萬里天下的清朝統治者竟然毫無抵抗能力，就在辛亥革命這樣一次「低烈度」的革命中走向末路，和昔日元朝的土崩瓦解一樣輕鬆。

歷經兩千年的文明整合，至清朝終於形成的天下一家的文明形態，在近代西方思潮的衝擊下，就這樣輕易地灰飛

煙滅了嗎？

　　當然沒有。清朝雖然滅亡了，但數千年的文明積澱仍然在發揮自己的價值。文明的融合實屬不易，一旦融合後，就具有強大的凝聚力。

　　推翻清朝的革命者發現，要想維持這個「新生國家」的統一，就不能完全照搬民族國家的概念，單純地打造一個漢族人的國家，那只會讓國家走向四分五裂。晚清民國著名思想家梁啟超就大聲疾呼：「吾中國言民族者，當於小民族主義之外，更提倡大民族主義。」他所說的大民族主義，既包括了西方傳來的近代民族國家的概念，又繼承了中華文明幾千年來形成的超越族群、文化隔閡的「天下一統」的思想，更符合中華文明已經形成的融合局面的現實狀況。

　　英雄所見略同，清末的革命者曾經高呼「驅除韃虜，恢復中華」，這是一種明顯的民族主義的口號，但是很快，當民國新生的時候，口號就轉變為「五族共和」，強調中國境內的五大族群——漢、滿、蒙、回、藏和諧相處，共建國家。再到後來，日本全面侵華，面對國家和民族危亡的狀況，仁人志士又提出「中華民族」的概念。這一系列的轉變過程，正好印證了梁啟超呼籲的「於小民族主義之外，更提倡大民族主義」的主張。

　　從清末到民國短短的幾十年間，雖然國家一直處於動盪之中，但人們就中華文明、中華民族的概念迅速地達成

了共識。這不是因為人們迅速地學習了世界上新的思潮，而恰恰是因為人們固守了幾千年積澱下來的豐富的文明融合的成果。很多概念的名稱看似新鮮，其實其內容實質早已經融入了草原與華夏、叢林與雪域的廣大群眾的頭腦之中，早已經在歷史上實踐了數百年至甚上千年。

清朝被推翻了，但中華文明並沒有崩解，剪不斷、理還亂達數千年之久的不同區域文明之間的衝突與融合，終於化作人們心中共同的國家與民族認知。當古老的中國站在現代世界的大門口時，草與禾已天下一家，攜手邁向天下大同。

從明朝中葉到清末近 500 年間，草的世界與禾的世界持續上演分分合合的劇目，可是舞台的背景發生了巨大的改變，近代全球化的浪潮席捲全世界，白銀、火槍重塑了古老大陸上的政治、軍事格局，美洲農作物改變了農耕區與遊牧區的經濟格局。草的世界無可奈何花落去，清朝得以打造了繼元朝大一統政權之後的又一個大一統政權，而且更上層樓，清朝的天下在文明融合的深度和廣度上超越元朝，並穩定地維持了長達 200 多年。

這 500 年中，在此前數千年文明融合積澱的作用下，在更廣泛的天下大勢的影響下，中華文明迎來了成熟的清朝大一統政權模式，草與禾天下一家。然後，不管身處歷史

中的人們是喜是悲，天下大勢冷漠地推動着清朝走向近代與現代，清朝的天下融入了世界，變成了「天下的清朝」，並導致了王朝的終結。而根植於人們內心的中華文明，繼續前行，並未終結。

歷史貼士

哥倫布與苗族女人的銀飾

中國南方大山裡的苗族女性以佩戴大量銀飾而聞名，人們很自然地會認為，苗族女性可能自古以來就有喜戴銀飾的風俗習慣。但其實，沒有哥倫布發現美洲大陸，就不會有我們今天看到的苗族女性的華麗銀飾。

明清時期，中國江南的商品經濟日益發達，富庶起來的江南人家為了建造更氣派的房屋，或者僅僅為了在冬季更加暖和，需要大量的木材。然而江南經過數百年的發展後，附近乃至周邊地區的森林被過度砍伐，優質木材已經告罄。為了獲得更多、更好的木材，商人們帶着賺到的美洲白銀，深入中國西南的雲貴川山區，這些新的木材產地往往位於長江上游及其支流流域的崇山峻嶺之中，那裡是包括苗族人在內的少數族群的聚居區，購買的木材從苗族人的山嶺通過水路被運送到江南。歷史學家在文獻記載中觀察到，在 18 世紀，木材商人的腳步遍佈全國，有些木材要從原產地漂流千里運達目的地。

木材離開了苗族人的大山，美洲白銀則留在了苗族村寨裡。與經濟發達的江南地區不同，苗族村寨還處於較為自給自足的狀態，商品經濟不發達。他們知道白銀是好東西，在日常生活中卻較少使用白銀。於是，他們把白銀當成了權力、禮儀、藝術的材料，加工成各種各樣的生活用品或藝術品，而不是把白銀當成貨幣來使用。當然了，把大量的白銀穿戴在女性的身上，這本身也是一種儲存財富的方式。

放眼18世紀的全球貿易網，清朝並不是很需要來自洋人的商品，所以洋人要獲得中國商品，往往要用清朝的「官方貨幣」，即白銀來購買，大量的美洲白銀因此流入並沉澱在清朝境內。清朝和外部世界的這種貿易關係，其實也正是苗族村寨與江南的貿易關係的翻版：江南需要苗族村寨的木材，於是拿美洲白銀來交換，這些白銀流入苗寨，流到女性的身上，變成了飾物。就這樣，哥倫布發現美洲所激發出來的白銀洪流，有一部分的最終歸宿竟然是中國西南山區的民族村寨。

這說明，即使在清朝中期，世界已然是一個經濟整體，清朝的每一個角落都不可避免地受到了世界的影響。

後記

春草秋禾織天下

2016 年 7 月 17 日，午後的陽光中，伴着蛙鳴和蜓飛，我走入了內蒙古正藍旗元上都遺址。

我知道，許多學者都有從幾百千米之外的元大都（北京）前往元上都遺址的經歷，甚至有學者執意徒步走完這段從華夏至草原的旅程。

親歷實地所獲得的感知，是閱讀多少本書都無法替代的。當我開始 7 月的這次漠南草原之旅時，本書的寫作已經啟動。所以我對這次珍貴的旅程非常期待，希望能夠給自己帶來更多的文明啟示。

元上都的恢弘氣勢令人震撼，眺望目光所及的山頭，上面似乎有類似敖包的建築，但實際上，那是當年元上都的烽火台殘跡。元上都作為都城，至少包含了三道城牆，從內到外依次是宮城、皇城、外城，再向外還有關廂。時至今日，考古學家依然可以從遺址中識別出城牆、城門、道路、護城河、防洪渠、宮殿、寺廟、店鋪、民居、倉庫等建築基座。

從結構上看，元上都與元大都非常相似。據説元大都和元上都就連城池的中軸線都是重合的，兩都相距幾十萬米，兩條中軸線僅有幾百米的誤差，古人利用簡陋的儀器創造了大地測量上的一個奇跡。

這並不奇怪，兩座都城的設計者都是劉秉忠、郭守敬等人，忽必烈的身邊人才濟濟，英雄不問出處。元上都是東亞的農耕文明與遊牧文明相結合的典範，顯示了草的世界與禾的世界的深度交融。

站在今天的元上都遺址內，遊客依然能夠感受到這座城市曾經的輝煌。外城、內城和皇城的殘留城垣，向人們講述了一座草原上的帝都的繁華舊夢，世界各國的使臣、商人，以及如馬可·波羅一樣的來自遠方的旅行家們，都曾經在元上都的街道走過。在那個時代，元上都和元大都是當時歐亞大陸上的夢幻都市，當之無愧的全世界之中心。

這樣的古代文明高度，是如何從茹毛飲血的遠古一點點積累起來的？

回到中華文明的原點，我們看到 4000 多年前滿天星斗的文化，散落在廣闊的中華大地上。從考古學證據看，平原、草原、高原、森林、綠洲都有人類活動的身影，也都留下了或多或少的文化遺跡。當滿天星斗轉向月明星稀，二里頭文化以及之後的商周文化輻射到了廣闊的區域，一些專家甚至認為，二里頭文化就是「最早的中國」。

　　但是，我們要警惕考古和文獻帶來的「偏差」。在某些區域沒有發現大型的考古遺跡或重要遺物，並不代表那裡當年沒有繁榮的文明。古代人不能在缺乏石頭的原野上建造起石頭城池，比如黃土高原的早期文化就無法建造出埃及金字塔；也不能在缺少銅礦的地區發展出青銅文明，比如遼河流域的紅山文化可能無法製作青銅器，因為缺乏銅礦。

　　商周時期華夏文字形成並發展，記載日益增多，而周邊卻處於無文字的時代。於是，後世的我們可以獲得大量關於商周文明的史料，卻在面對周邊文明的時候，兩眼一抹黑。

　　沒有文字記載，就沒有繁榮的文明嗎？未必。至少我們知道，商周早期的青銅技術肯定是從外面輸入的，西亞先進的青銅技術很可能通過西域河西走廊或者通過「草原之路」傳到中原地區。既然「無青銅，不商朝」，那麼比商朝掌握青銅技術更早的西域文明或者草原文明，也必然是不遜色於中原的，只要我們不對它們吹毛求疵。

　　如果二里頭是最早的中國，那麼擁有先進的青銅技術，以及可能還有馬車技術的草原文明是甚麼？如果它們不是最早的中國，它們又是甚麼？

　　即使在所謂最早的中國的時候，各個區域文明也都是各擅勝場的，都是相互交流的，它們都屬於最早的中國。草的世界與禾的世界同樣精彩，這就是中華文明原點位置的文明圖景。

　　漢朝與匈奴的白登山之戰，揭開了一場延續兩千年的史詩般的文明大片，草原文明與華夏文明作為對等的兩方，平起平坐，時戰時和。兩千年間，草原文明和華夏文明都因為對方的存在而不斷調整自己，協同演進。

　　在這場大片的第一個千年中，經常上演的劇情是，草原上的某個或某幾個族群入主華夏，在成為華夏的一方勢力、攜帶了華夏基因的同時，卻丟失了自己體內的草原文明基因，比如融入華夏的南匈奴。草原族群如同溪流一般，一股股地流入中原，攪亂華夏文明「池塘」的同時，卻把廣闊的草原讓給了其他草原族群。

　　這樣的場景屢屢上演，與其說是草原文明被華夏文明的輝煌燦爛感召而來，被「漢化」為正統，還不如說那個時候，不論是草原上的遊牧族群，還是平原上的農耕族群，都還沒有整合不同文明的足夠經驗，沒有操控跨文明政權的知識和人才儲備。於是，擺在面前的是一道單選題，要麼建立並完善一個單一華夏政權，要麼建立並完善一個單一草原政權。

　　鮮卑選擇了後者，北魏從盛樂、平城出發，走進了洛陽城，改變了自己，也一定程度地影響了華夏文明。而草原上也是「城頭變幻大王旗」，匈奴—鮮卑—柔然—突厥，一路走過來，它們滿足於遙控華夏王朝，讓其成為向自己提供華夏物產的進貢國，並沒有徹底征服華夏王朝，將其土地納入版圖的強烈意願。

　　隋唐在安史之亂前，特別是當突厥內亂之時，也曾主動

出擊，短期內控制了廣大的草原乃至西域，形成了以華夏為主體的混合政權模式。但盛況只是曇花一現，安史之亂不僅讓唐朝迅速萎縮為一個典型的華夏王朝，甚至一度要臣服於在突厥身後崛起的回鶻，而回鶻與突厥類似，對把華夏土地納入版圖不感興趣。

當兩千年的大片進入第二個千年時，瓜熟蒂落，已經熟悉彼此的兩大文明終於不再謹慎與客氣。9世紀，耶律阿保機的契丹從草原起步，踏上了新的文明融合之路。草原文明鬆散的部落聯合體逐漸被打破部落隔閡的統一的軍政體系取代，輪流坐莊的首領遴選制度被世襲王權替代，契丹的疆域內還出現了大片的農田和眾多的城鎮，契丹人真正啟動了以草原為主體的混合政權模式的探索與建設。

文明整合的歷史進程當然沒那麼簡單，契丹付出了皇帝南征而死的巨大代價。但文明融合的按鈕一旦被按下，就如同核彈頭爆炸一樣不可逆轉。

女真人與蒙古人前仆後繼，終於實現了對草的世界和禾的世界的第一次大融合。這不僅僅是軍事征服，還是政治、經濟、文化的整合，也是思維觀念上的整合與創新，元朝甚至以自己的新天下觀更新了商周以來的舊天下觀。統一政權模式開啟並進行了第一次試驗，雖然最後以元朝的碎片化結束。

反觀華夏，在巨大的北方軍事威脅下，華夏文明也在調整，增強自身，輾轉騰挪。它們不斷地消化疆域內的山地族

群，它們開挖漫長的運河來運輸糧食和士兵，它們還面向海洋擁抱海外貿易財富。

此後，崛起於東北地區的清朝繼承了元朝締造的新天下觀，實現了「臨門一腳」，彌合了碎片化的長期割據勢力，再現統一政權模式，並在越來越強勁的全球化的影響下，完成了向統一國家的轉變與建設。

而中華文明又是整個世界的人類文明的一部分，在明清時期，近代全球化帶來了越來越頻繁的交流與互動，中華文明在完成內部區域文明整合的同時，也被世界整合，融入了全球化的洪流之中，不管是主動還是被動、接受還是抵觸，中華文明融入了更高層次的「天下」。

這兩千年，是中華文明中的各種區域文明彼此靠近，走向整合的兩千年，主劇情是草原文明與華夏文明的對角戲。從單一華夏政權與單一草原政權模式演進到以華夏為主體的混合政權與以草原為主體的混合政權模式，再演進到元朝統一政權與清朝統一政權模式，這便是中華文明融合史的主旋律，雖然偶有反覆，但趨勢不變。

回顧這段漫長的文明融合歷史，尤其是用多視角的方式來看待草的世界與禾的世界，我們會更接近歷史的真相。

曾經有一種觀點是，華夏文明是輝煌的燈塔，周邊族群仰慕華夏之文明以及華夏之財富（財富可能比文明更有吸引力），它們紛紛融入華夏文明之中，如同落入漩渦般被捲入華

夏體系，華夏文明不斷擴大自己的影響力，最終形成了大一統的中華文明。或者客氣一點說，華夏自周朝建立起的天下體系具有強大的文明融合優勢，把周圍的「四夷」都納入了這個體系之中。

另一種相反的觀點是，華夏農耕文明是封閉保守、沒有創新和前途的。正是草原遊牧文明孕育的一代代族群衝破長城，入主華夏，它們給暮氣沉沉的華夏文明不斷注入激昂的進取基因，推動了中華文明走向古代文明的高峰。或者委婉一點說，內亞（亞洲內陸）是華夏危險的邊疆，內亞力量不斷侵入，推動了大一統的中華文明的形成。

這兩種文明觀，都犯了相同的錯誤——以單一視角解讀歷史。兩種文明觀對於文明的理解是絕對的，認為某一種區域文明是高等的，另一種區域文明是低等的，最終高等的文明要消滅或合併低等的文明。

當草原文明遭遇華夏文明時，兩者並無高低之分，它們是形成於完全不同的自然環境和歷史環境的區域文明，單一草原政權模式和單一華夏政權模式有着自己獨特的治理方式、生產方式、生活方式以及文化傳統。正如一碗牛奶與一碗米粥無所謂高低之分，草的世界與禾的世界以不同的方式，滋養了不同的族群民眾，其文明無分高下。

草原的進取性和華夏的保守性，是自身文明系統運轉的結果，首先是草原和華夏為了解決自己內部的問題而選取的外交策略。草原帝國需要用財富特別是農耕區的財富來維持

鬆散的遊牧體系的穩定，華夏王朝需要用嚴格的管理制度讓農民安居樂業，維持王朝的穩定。

與人們的一般想法不同的是，不論是單一華夏政權模式，還是單一草原政權模式，其實都不熱衷於侵佔對方的土地。即使是一個四處出擊的草原帝國，也更希望華夏這隻「會下金蛋的鵝」能夠保持安穩，給自己帶來源源不斷的物產貢品，從而給草原帝國帶來長治久安。破碎的華夏王朝不僅是華夏的大麻煩，而且是草原的大麻煩，華夏與草原都得鼓起勇氣解決自身的麻煩。反之亦然。

當文明的融合日益深入，某些政權陰差陽錯地擁有了跨越區域文明的疆域，變成了混合政權時，這絕不只是帶來了帝國／王朝的榮光，也帶來了嚴峻的政權轉型難題和文明融合難題。不論是以華夏為主體的混合政權模式還是以草原為主體的混合政權模式，探索的道路上倒下了一代代雄主。

所以，文明的融合不是一蹴而就的，而是一個漫長的、動態的歷史過程。融合之路步步遞進，也反反覆覆。推動文明融合的幕後力量，並不能簡單地歸因於一方，而是十分複雜的。華夏自身在不斷演進，草原自身也在不斷演進。同時，對於文明融合來說更重要的是，華夏與草原面對彼此時，也在不斷調適自己的戰略。

曾有觀點認為，華夏王朝修築長城的行為強烈地影響了草原，促使草原上的部落競爭更為激烈，最終形成了諸如匈奴帝國這樣的草原強權。這個觀點的可取之處在於，它認識

到了草原與華夏是互動的，一方的決策會給另一方帶來變化。

當然了，這個觀點仍然有華夏中心論的基調。其實早在長城修築之前，草原各方勢力就已經踏上了整合之路，正如當時的華夏也處於整合之中，兩者在走向單一政權模式的過程中，對方的影響並不大。長城的出現是草原影響力增強的結果而非原因，不是長城的出現強烈影響了草原。長城只是一個防禦性工事。

你中有我、我中有你的混合政權模式向前一步，終於抵達統一政權模式。統一天下的重任最終由草原背景的族群而非華夏背景的族群來完成，這是因為統一首先要以疆土的統一為基礎，草原強大的軍事力量是華夏王朝所不具備的、難以抵擋的。當然疆土的統一只是淺層次的統一，甚至在統一之前，經由漫長的混合政權模式的歷練，草原背景的族群就已經對不同區域文明的政權組織、生產方式、文化傳統有了充分的認知和融合嘗試，這是元朝能夠實現統一政權的歷史背景。

有觀點認為，東北地區是中華文明大融合的濫觴之地，這裡有農耕、漁獵和遊牧各種生產方式，因此從東北地區走出的政權才具有統一天下的能力，金朝和清朝都是證明，而元朝是一個意外的案例。這個觀點認識到了混合政權模式對於文明融合的重要價值，金朝和清朝在起家之初就是混合政權，因此它們在吞併其他區域文明後可以很快實現有效治理。

但金朝僅僅佔據了華夏的半壁江山，為了有效統治華夏

甚至不得不戰略性地放棄東北地區；清朝則是在兼併了蒙古各部，即整合了草的世界後，才終於有了和明朝爭雄天下的實力，不論是當時的清朝還是蒙古各部，都繼承了成吉思汗對於草的世界的改革成果。反過來看，契丹和蒙古帝國都曾經從草原出發，兼併整合了東北地區。因此，東北地區的確是容易催生混合政權的區域，但也僅限於此，草的世界的任何區域，都有可能孕育出邁向混合政權甚至統一政權模式的勢力，東北地區並不具有絕對的優勢。

以上就是關於中華文明數千年融合史的一些總結性淺見，從草是草、禾是禾，到禾中有草、草中有禾，再織就天下一色的錦繡河山。那麼，這種趨勢是必然的還是偶然的？中華文明的大一統是一個必然結果嗎？

《三國演義》寫道，「天下大勢，分久必合，合久必分」，這是對歷史的偶然性的一種描述，這種觀點認為大一統只是一種偶然。古希臘名言說，「人不能兩次踏入同一條河流」，又暗示了一種不可逆轉的必然趨勢。

如果我們把中國歷史切到忽必烈征服南宋後的時間節點，那時大航海時代還沒有開啟，美洲農作物、白銀以及歐洲的火器還沒有傳輸到東亞，元朝已經建立起了有效的統一政權模式，所以有學者認為，第一次全球化時代應該是蒙古帝國以及元朝的時代。而在這個統一政權模式之前，中華文明的融合有着強烈的遞進關係，從草原、華夏各自群星閃耀的遠古文化，到整合為單一政權，再演進到混合政權，最後

形成統一政權，即使偶有反覆，但大趨勢幾乎可以認為是必然的結果。

讓歷史展現出這種大趨勢的原因是複雜的，在於人口的增多帶來的頻繁交往，在於各族群知識的積累和相互的文化交流，在於不同區域文明之間日益強烈的經濟聯繫……歷史不能兩次踏入同一條河流，一種重要物產、一種新的發明、一種新的模式的出現，根本性地改變了歷史。因此，草的世界與禾的世界融合為大一統，時機成熟的時候總會發生的，而歷史也用元朝的實例告訴我們，大一統的確是一種必然。

但是，當我們把中國歷史切到朱棣死後的時間節點，元朝建立的統一政權變成了碎片，似乎又印證了合久必分的論調，大一統並不會江山永固，恰恰相反，囊括草的世界與禾的世界的大一統充滿了不穩定性，有時候統一政權模式的不穩定性還要大於單一政權模式和混合政權模式。不穩定性並不代表大一統是糟糕的，只是對政權治理難度的要求提高了。而古代科技的不斷積累，比如大運河等水利設施的完善，以及各個族群的相互學習，比如文官制度的充分運用，這些都讓廣闊疆土的治理難度逐漸降低，這也是歷史的必然趨勢。

更為關鍵的變革來自外部世界的衝擊，明清時期近代全球化浪潮席捲而來，東亞地區也無法獨善其身，草的世界與禾的世界都發生了天翻地覆的劇變，在一定程度上其實降低了大一統政權的形成與治理難度，於是清朝的統一政權模式

比元朝更勝一籌，更為長治久安。

話說回來，外部衝擊固然有偶然性的一面，但即使沒有外部的衝擊，中華文明的大一統依然有很大的概率再現。

只是，夏日金色陽光中的元上都已變成了壯闊的遺址。曾經於此，華夏文明的城池與草原文明的氈房比鄰而居，雕龍角柱和銅金剛鈴同在一座屋檐下；面貌迥異的各方商人熙來攘往，絡繹不絕；肩負使命的各族群官員領命覆命，為了同一個大汗或皇帝服務……那是一幅中華文明融合的生動畫面。元上都屬於中華文明，它南面的夥伴元大都也一樣，那個城市不論是叫汗八里還是叫北京城，都繼承和創造着中華文明的表裡山河。

草原上金蓮花怒放，被紅巾軍付之一炬的元上都遺址裡，塵封了數千年的文明融合往事，那些往事塑造了中華文明的前世今生。荒煙蔓草千百年，當今世界和我們自己，都是文明融合的產物。

我剛剛踏上的這塊舊石磚，説不定也曾被馬可·波羅踏過。

責任編輯　　楊克惠

書籍設計　　彭若東

排　　版　　周　榮

印　　務　　馮政光

書　　名　　草與禾：中華文明 4000 年融合史

叢 書 名　　文史中國

作　　者　　波音

出　　版　　香港中和出版有限公司
　　　　　　Hong Kong Open Page Publishing Co., Ltd.
　　　　　　香港北角英皇道 499 號北角工業大廈 18 樓
　　　　　　http://www.hkopenpage.com
　　　　　　http://www.facebook.com/hkopenpage
　　　　　　http://weibo.com/hkopenpage
　　　　　　Email: info@hkopenpage.com

香港發行　　香港聯合書刊物流有限公司
　　　　　　香港新界大埔汀麗路 36 號 3 字樓

印　　刷　　美雅印刷製本有限公司
　　　　　　香港九龍官塘榮業街 6 號海濱工業大廈 4 字樓

版　　次　　2020 年 4 月香港第 1 版第 1 次印刷

規　　格　　32 開(147mm×210mm) 400 面

國際書號　　ISBN 978-988-8694-44-0